Gottlos von Gott reden

Theologisch-Philosophische Beiträge zu Gegenwartsfragen

Herausgegeben von Susanne Dungs,
Uwe Gerber, Lukas Ohly und Andreas Wagner

Band 14

PETER LANG
EDITION

Uwe Gerber

Gottlos von Gott reden

Gedanken für ein menschliches Christentum

PETER LANG
EDITION

Bibliografische Information der Deutschen Nationalbibliothek
Die Deutsche Nationalbibliothek verzeichnet diese Publikation
in der DeutschenNationalbibliografie; detaillierte bibliografische
Daten sind im Internet über http://dnb.d-nb.de abrufbar.

Umschlagabbildung:
Albrecht Genin, ohne Titel, zwei übermalte Bibelseiten.
Courtesy Galerie Horst Dietrich, Berlin.

ISSN 2194-1548
ISBN 978-3-631-64549-9 (Print)
E-ISBN 978-3-653-03702-9 (E-Book)
DOI 10.3726/978-3-653-03702-9

© Peter Lang GmbH
Internationaler Verlag der Wissenschaften
Frankfurt am Main 2013
Alle Rechte vorbehalten.
Peter Lang Edition ist ein Imprint der Peter Lang GmbH.
Peter Lang – Frankfurt am Main · Bern · Bruxelles · New York ·
Oxford · Warszawa · Wien

www.peterlang.de

Inhaltsverzeichnis

Vorwort

‚Gottlos' oder ‚atheistisch' heißt hier: dass wir nicht mehr auf einen jenseitigen, ‚an sich' existierenden, von uns unmittelbar erfahrenen und Direktiven vorgebenden Gott rekurrieren können. Diese Sicht auf Religion(en) ist umstritten. Diese Diskussion(en) wird im Folgenden im Blick auf verschiedene religiöse, vor allem christliche Gruppierungen, Strömungen, Positionen geführt.

Wer sich mit Religion, exemplarisch mit dem Christentum in seinen spätmodernen Erscheinungsweisen, befasst, kann in unserem Kulturkreis (mindestens) fünf Strömungen ausmachen: (1) das *bewahrende* Traditionschristentum der beiden Großkirchen und ebenso Versuche des ‚offiziellen' Islam, in Deutschland als Religionsgemeinschaft anerkannt zu werden; (2) das *säkular-atheistische* Contra, vor allem im Bemühen um laizistische Trennung von (angeblich) neutralem Staat und privatisierter Religion; (3) eine zunehmende Anzahl religiös (und auch weltanschaulich) *indifferenter* Bürger und Bürgerinnen; (4) eine im Zuge eines Neokonservatismus und einer Art Retraditionalisierung steigende Anzahl *fundamentalisierender* Religions- und Weltanschauungsangehöriger, vor allem islamischer, aber auch rechtskatholischer, *freikirchlicher*, evangelikaler Provenienz; (5) eine zunehmende Zahl von Menschen, die außerkirchlich, außerchristlich (auch außerhalb des islamischen Mainstream) nach religiöser Verortung *suchen* und dies auch in sozialpolitischem Engagement kundtun.

Die letzte Gruppierung oder Strömung soll hier vornehmlich zu Wort kommen, eine definitorisch nicht umgrenzbare Bewegung, die sich auf christliche Tradition(en) bezieht, mit diesen aber *nach-theistisch* umgeht. Sie setzen in ihrem Umgang mit der Bibel, mit Bekenntnissen, Liedern, Riten usw. nicht mehr den *einen, jenseitigen (christlichen) Gott* theistisch voraus, der sich in unmittelbaren Begegnungen Menschen in ihrer Innerlichkeit offenbart. Dieser Gott ist – im Sinne von Luther, Hegel, Nietzsche, Sölle u.a.m. – ‚tot'; seine Abwesenheit ermöglicht und zwingt Menschen, ihr Leben in eigener Verantwortung zu führen mit der unerfüllbaren Forderung, den Anderen-Nächsten zu lieben wie sich selbst. Mit dieser ‚Implosion' des Traditionell-Christlichen und des Traditionell-Säkularen ist die Aufgabe gestellt, in einem nach-theistischen (oder a-theistischen) Theologisieren gegen die sowohl religiöse (auch christliche) Zweiteilung der Wirklichkeit in Heiliges und Profanes als auch die säkulare Halbierung der Wirklichkeit durch absolute Durchschaubarkeit und Machbarkeit die *paradoxe conditio humana* hervor zu kehren: Das Leben, den Glauben, die Liebe, Anerkennung und vieles andere haben wir als uns widerfahrende Geschenke in einem (andauernden) Schöpfungsgeschehen erhalten und haben damit verantwortlich umzugehen, ohne dass wir auf göttliche Direktiven zurückgreifen könnten. Gott ist ‚tot‘: „Die Gedankenfigur der Anwesenheit des Abwesenden ist eine Formel für die Weise, wie das Heilige dem Menschen nach dem Tode Gottes erscheint. Nicht mehr auf eine wie immer auch geartete innere Gewißheit stützt sich dieses Denken, sondern auf die Erfahrung eines Mangels" (Bürger 2000, 71).

Methodisch kann diesem Anliegen nicht mit dem gewohnten teleologisch-problemlösenden Denken und Darstellen (im Sinne aristotelischer Logik) Genüge getan werden, worauf schon Luther hingewiesen hatte. Ein *Paradox* kann nicht gelöst werden, bestenfalls kann es entdeckend umschrieben, erzählt, in Bekenntnissätzen als bleibendes Geheimnis gleichsam projiziert werden. Umgangsweisen mit dem Paradox unseres Lebens und Zusammenlebens sind eher das Zweifeln, das Problematisieren und Umkreisen, also ein eher spiralisches Vorgehen als ein klassisch logisch begründendes. (Dieses Verfahren steht dem *Dekonstruktivismus* näher als der klassischen Hermeneutik). Das macht einerseits insofern vielleicht Mühe, als man nicht wie gewohnt sofort das Ergebnis mindestens angedeutet bekommt. Und andererseits macht dieses Spielerische Spaß, weil man immer selbst fragen muss, wie der gerade eingeschlagene Gedankengang Widerfahrnisse und Erlebnisse zu Tage fördert (ohne dass dahinter eine metaphysische, theistische, ‚eigentliche‘ Welt stünde). So kann man theologisches Denken als „Widerspruch gegen den Selbstentzug Gottes" vollziehen (Lewitscharoff 2011, 129f.): gottlos von Gott reden müssen und können – geduldig, zweifelnd, mit Mut vermutend, offen wie unser Leben.

Theologisch geht es auch im Folgenden um den Selbstentzug Gottes, den wir *denkend* verständlich zu machen versuchen – das ist unser metaphysisches, theistisches, auch transzendentales Erbe. Aber dieses Denken findet seine Grenze schon immer am Leben und Zusammenleben. Den Selbstentzug Gottes können wir als dessen Fleischwerdung, als dessen kommunikative Inkarnation in dem Mitmenschen Jesus von Nazareth und in anderen Menschen deuten. In seiner Tragweite *wahrnehmen* können wir dies nur körperlich-sinnlich in unserem ‚Fleisch‘, das wir Menschen *haben* und *sind* und das auf unsere grundsätzliche *Differenz* voneinander und zueinander weist. Der christliche Mythos von der Fleisch-Werdung Gottes meint mit ‚Fleisch‘ mehr als bloß Körperlich-Gegenständliches, nämlich unser Menschsein als Beziehungsgeflecht. Und dieses ‚Fleisch‘ ist schon immer unser Fremdes, das Undurchschaubare von uns, das in der grundsätzlichen Unterschiedenheit von uns Menschen versöhnt sein will.

Während Denken für uns aufgehen soll, wird Leben versöhnt in seiner jeweiligen Einzigartigkeit. Niemand von uns kann sich selbst einzigartig machen, das werden wir mit unserer ‚Geburtlichkeit' durch andere Menschen (Hannah Arendt). Dieses Geschehen hält der christliche Mythos von der Menschwerdung Gottes wach in einer Welt, die sich durch Denken, Körperperfektion, Technologie, Ökonomie, Medien ‚fleischlich' selbst versöhnen möchte. Dem soll und kann nachgedacht werden

Uwe Gerber
Schopfheim/Basel, im Juli 2013

Einführung

„Gott ist zu groß für eine Religion alleine". *(Checkpoint Gilo in Bethlehem)*

Das christliche Zeitalter ist vorbei, sofern es sich um ein theistisch (oder metaphysisch) geprägtes Christentum handelt. Wir leben im nachchristlichen, nachkirchlichen, nach- oder atheistischen Zeitalter, sofern es die eine christliche Gottes-Wahrheit nicht mehr geben kann. Die Botschaft des Christentums zeigt sich auf andere, auf transformierende Weise lebendig:

– dass wir seit dem Auftreten des sogenannten Gott-Menschen Jesus von Nazareth unser Leben und Zusammenleben als gelingendes und scheiterndes ‚Projekt' führen können ohne Rücksicht auf den traditionell jenseitig vorgestellten (theistischen, metaphysischen) Gott;

– dass mit diesem Menschwerden Gottes sich der ‚Himmel' nicht mehr als metaphysisch-theistische Oberwelt vorstellen und erfahren lässt, sondern das sich der ‚Himmel' als die eigentliche Kraft und Dynamik der Erde, unseres Lebens und Zusammenlebens, der Schöpfung erweist;

– dass mit diesem Tod des theistisch-metaphysischen, jenseitigen Gottes durch seine Menschwerdung (Inkarnation) das Nachdenken über diesen nachtheistischen, atheistischen Gott selbst nach-theistisch, atheistisch, irdisch, profan geschieht (also nicht im Sinne einer Leugnung Gottes, sondern eines uns entzogenen Widerfahrnisses Gottes);

– dass solches theologisches Denken keinen religiösen Sonderbereich hat, sondern sich im Dialog mit den verschiedensten Deutungen unseres Lebens und Zusammenlebens präzisieren, abgrenzen, einverstanden erklären kann und sich stets mit seiner unterstellten Christlichkeit entschieden äußert, die es zugleich zu korrigieren bereit bleibt. Fundamentalismus und dem Rekurs allein auf innere Erfahrungen fehlt verantwortendes Denken und Handeln, also Theologie.

– Wer von Gott redet, der und die können dies nur gottlos im Sinne von nachtheistisch tun, weil sie selbst nicht Gott oder Göttin sind. Und doch reden wir weiterhin von Gott, um sagen zu können, welchen (theistischen) Gott wir verabschieden. Theologisieren bleibt (wie Philosophieren) Streit-Gespräch, auch mit sich selbst. 'In, mit und unter' Neugier und Zurückhaltung, Zweifeln und ‚Hier stehe ich …', Freude und Niedergeschlagensein, Zärtlichkeit und In-Besitz-Nehmen, Barmherzigsein und Gerechtigkeitspathos, Lieben und Gleichmachen drängt sich atheistisches Theologisieren auf. Das theologische Denken ist in nachtheistischer Zeit durchtränkt vom sinnlichen Wahrnehmen, ist eine Angelegenheit der Sinne (Zilleßen/Gerber 1997, 14-24).

– Im Folgenden wird ein Vorschlag dafür gemacht, wie nachtheistisches, atheistisches Reden von Gott in seiner Dialektik von Neuankunft und Verabschiedung geschehen kann (Gamm 2002, 103f.). Gleichsam der Startraum dieses Versuches ist die mythologische Vorstellung, dass sich das Christentum um die Menschwerdung Gottes in dem Menschen Jesus von Nazareth und in allen menschlichen Beziehungen dreht (Ohly 2013, 28ff.).

Das Christentum ist eine Inkarnations-Religion, eine *Religion der Menschwerdung Gottes und der Menschen*. Mit dieser einmaligen bekenntnishaften Vorstellung von einem Mensch gewordenen Gott, der sich seiner Gottesgestalt entäußerte und Knechtsgestalt annahm und uns Menschen ähnlich wurde, wie Paulus in einem christologischen Bekenntnis überliefert hat (Philipper 2, 7), passte das Christentum nicht in die Reihe der bekannten Religionen. Es war von Anfang an keine klassische Religion von Vertröstung auf ein vom Diesseits geschiedenes Jenseits, sondern auf menschliche Beziehungen bezogen. So ist das Christentum seiner jesuanischen Wurzel nach die Überwindung von jenseitsorientierter Religiosität zugunsten einer Menschlichkeit, die gerade nicht auf einen perfekten Menschen setzt. Um uns Menschen, um unsere heilen und zerbrechenden Beziehungen, um unsere gelingenden und scheiternden Begegnungen dreht sich das Christentum, sofern es sich nicht durch metaphysisch-theistische Ausflüchte ablenken lässt und sich nicht zu einer Geist-Körper-dualistischen, moralistischen oder zu einer pantheistischen Religion entstellen lässt. Da sich Gott weder in einer geistigen Schau, noch in mystischer Vereinigung, noch als moralischer Imperativ, noch als Naturprinzip oder Anfang bzw. Ende anwesend macht, wird im Folgenden atheistisch, genau genommen: Anfang- und Ende-los von Gott und Mensch und Welt erzählt, argumentiert, veranschaulicht. Atheistisch bedeutet: dass Theologie nur betrieben werden kann und muss als Bestreiten des ausweisbaren Religiösen. „Am Scheitern der Theologie und an ihrem Kampf hätte das Religiöse seine Bestätigung" (Levinas 1999, 319 Anm. 16). Wie das gehen kann, soll an verschiedenen Problemfeldern gezeigt werden.

Wir *glauben* an Gott – meinen wir, glauben wir. Es ist kein Problem, zu unterstellen und so zu tun, als ob man an Gott glaubte; problematisch wird es erst, wenn man diese ständig wechselnden Unterstellungen für Gott selbst hält und absolute Glaubenswahrheiten daraus macht statt Glauben als eine von außerhalb von uns selbst evozierte leibliche Lebenseinstellung zu verstehen suchen. Wir müssen bei allem Glauben, Reden und Handeln dieser Verwechslungsgefahr, die wir Menschen nie bannen können, eingedenk bleiben. Man kann diese *unauflösbare Paradoxie* von Unterstellung und Glaubensvollzug nicht ‚vereindeutigen' – das wäre Fundamentalismus (Gerber 2008, 153ff.) –, ist sie doch unserem menschlichen Leben eingeschrieben. Wir müssen ständig unterscheiden zwischen dem uns Widerfahrend-Zustoßenden, das wir wegen seines Überführungs- und zugleich Entzogenheitscharakters mit der Symbolaussage ‚Gott in Beziehung zu uns Menschen durch uns Menschen' bezeichnen, und dem uns Menschen Erlebten, uns Möglich-Planbaren. Diese Paradoxie macht unser Leben aus, gleichgültig welchen Geschlechtes, welcher Rasse, welcher Religion, welchen sozialen Status usw. wir jeweils sind. Dasselbe geschieht in unseren Liebeserfahrungen, in denen wir die uns begegnende Person in ihrer Unverfügbarkeit, in ihrem Überfluss, in ihrer Angst und Sehnsucht einflößenden Verführungsmacht erleben und sie uns immer gegenüber bleibt, fremd und unauslotbar bleibt. Glauben, Lieben und Hoffen gehören als menschliche Grunderfahrungen zueinander. Und deswegen ist theologisches Interpretieren von vornherein auf alle unsere leiblichen Erfahrungen bezogen und muss entsprechend im Gespräch mit anderen Konfessionen, Religionen, Weltanschauungen, mit Philosophie, Literatur, Kunst und Musik, mit den uns begegnenden Menschen und mit der uns begegnenden Naturwelt geschehen. Und wir müssen Theologie in dem Sinne atheistisch betreiben, dass wir nicht direkt von einem Gott sprechen können, sondern von unseren gemachten Erfahrungen mit dem entzogenen Gott. Es geht um das Reden von dem Distanzgeschehen zwischen dem Gott, den wir als ‚produktive Lücke' in unseren Beziehungen symbolisieren, und uns, die wir uns in unserer condition humaine stets selbst entzogen bleiben und zugleich unser Leben und Zusammenleben doch planen (müssen, dürfen, können). Wer auf den theistischen Gott Rücksicht nimmt, der und die haben ein Konstrukt gewählt und überspringen den Mythos von der Menschwerdung Gottes, um Gottes in der Welt habhaft zu werden. Das ist in kurzen Worten das Programm dieses Buches.

Die grundlegende Konsequenz lautet: Es gibt nicht den christlichen Glauben als einen wenn auch vorübergehenden Besitz, wohl aber geht es um den immer neu und anders christlich gedeuteten Glauben oder eher *christlich gedeutetes Glauben*. Glauben ist ein menschlicher Akt, der als eine von ‚außen' zustoßende Widerfahrnis-Seite und als eine darauf antwortende assertorische Seite ohne Absolutheits- und Exklusivitätsanspruch geschieht. Es handelt sich um zwei untrennbare Ereignisse, nämlich um das Widerfahrnis von ‚außen', das traditionell als Gottes Gnadengabe durch andere Menschen, als Evangelium bezeichnet wird, und um die dadurch hervorgerufene befreiende und zugleich verpflichtende Antwortbeziehung zum begegnenden Anderen als ‚Stellvertreter' Gottes. Deswegen denken wir, reden und schreiben wir atheistisch, also ohne uns auf Gott im Sinne einer verfügbaren Instanz beziehen zu können und deswegen schlicht Gott-los. Wir können uns nicht direkt und unmittelbar auf Gott als Macht dieser asymmetrischen Beziehung beziehen und können über ihn zunächst sagen, dass er uns trotz aller anderslautender kirchlich-christlicher Beteuerungen entzogen bleibt, obwohl er uns unbedingt angeht, wie Paul Tillich die Gottes-Beziehung formuliert hat. Vielleicht kann man sagen: Gott ereignet sich wie ein für mich nicht verfügbares Echo zwischen anderen Menschen und mir, auch in Begegnungen mit der Natur. Ich höre ja Gottes Stimme nur in und mit den Stimmen anderer Menschen, so dass ich deren Echo in meinen Beziehungen wahrnehmen und theologisch bedenken kann mit geläufigen Vorstellungen wie ‚der versöhnende Gott‘, mit Wörtern wie ‚gerechtfertigt werden‘, mit Fachbegriffen wie ‚Sünde und Gnade‘. Und zugleich kann man versuchen, diese christliche Vorstellungswelt anders, nämlich atheistisch zu deuten in dem Sinne, dass Gott nicht theistisch als Adressat meines Glaubens und Betens vorausgesetzt wird, sondern als Metapher für bestimmte Widerfahrnis-Beziehungen figuriert. Dann können sich solche Erfahrungen als deutungsidentisch etwa mit Erfahrungen des Liebens und Geliebtwerdens, von Abhängigsein und Freiheit, von Anerkanntwerden und Eintreten für die Anderen erweisen. Atheistisches, nachtheistisches Reden von Gott geschieht von vornherein als *Dialog mit anderen Lebens-Deutungen*.

Der Kleist-Preisträger von 2012 Navid Kermani hat in seiner Dankesrede auch auf die Bibel des Christentums verwiesen: „Das macht die Bibel groß, groß auch für Ungläubige: Sie erzählt nicht von Übersinnlichem. Sondern von der irdischen Erfahrung in der gesamten Bandbreite und also über das Vertraute, das Angenehme, das Gefällige hinaus. Insofern ist die Bibel göttlich, als sie menschlich ist im Extrem". Es geht um „den Einbruch einer übermächtigen Wirklichkeit – des Schicksals – in das Leben des Menschen. Dieses Wissen um die Existenz höherer Gewalten und dazu das Gefühl, verwundbar zu sein, nicht alles selbst in der Hand zu haben und bestimmen zu können", wie gehen wir mit diesen Erfahrungen in christlicher Perspektive um? „Wie unterscheidet man *religiöse* und *säkulare Sprache* voneinander? Ist die Goldene Regel eindeutig der einen oder der anderen zuzurechnen?", fragt der kanadische Religionsphilosoph Charles Taylor (Taylor 2012, 87). Auf einen solchen dialogischen, interreligiös praktizierten und interdisziplinär ausarbeitenden Interpretationsversuch kommt es im Folgenden an.

Wenn man von Beziehungen zu Gott als Beziehungen zu anderen Menschen und auch zu sich selbst und zur Schöpfungswelt spricht, dann ist die jeweilige Beziehung schon immer geschehen und schon vorbei, so dass man darüber erinnernd, also antwortend, gewissermaßen echohaft spricht. Augustin hat diese Verwobenheit in die ‚dreifaltige‘ Zeit thematisiert und die klassische Vorstellung einer linearen, von der Schöpfung bis ans Ende der Welt sich erstreckenden *Heilsge-*

schichte dekonstruiert: „Die Zeit kommt aus der Zukunft, die nicht existiert, in die Gegenwart, die keine Dauer hat und geht in die Vergangenheit, die aufgehört hat zu bestehen". Man kann sich diese Zeiten-Sprünge klar machen an einer profanen Liebes- oder Vertrauensbeziehung, die den Betroffenen verändert hat und auf deren Wiederkehr oder Nichtwiederkehr er oder sie hofft, indem er oder sie davon erinnernd erzählt. Von solchen Beziehungen kann man genau genommen nur bekenntnishaft reden, solches Theologisieren geschieht *narrativ*, erzählend, weil es sich nicht im Feststellen erschöpft. In solchen Theologien werden keine absolut wahren Aussagen und Glaubenssätze (Dogmen) reklamiert wie dies im traditionellen Kirchenchristentum protestantischerseits immer wieder gewünscht wird und wie es im römisch-katholischen Unfehlbarkeitsanspruch des Papstes seit 1870 (Häring 2013, 36-38), wenn er ex cathedra spricht, regelrecht zementiert ist. Es gibt keine Glaubensaussagen, an die man glauben muss, um rechtgläubig zu sein, also z.B. an Gott als den allmächtigen Vater, an seinen Sohn als Sühnopfer für die Sünden der Menschen und an den Heiligen Geist als pfingstlichen Gründer der Kirche und Vermittler zwischen Himmel und Erde. An diesen und anderen klassischen Gottes- und Heilsvorstellungen hängen beide christlichen Großkirchen wie an einem ewig gültigen Überbau für die Glaubenden, damit diese sich in unserer zerrissenen modernen Welt wenigstens in dieser christlichen Jenseitswelt einrichten und ein wenig wohl und zu Hause fühlen können, gleichgültig, ob sich etwas davon im Alltagsleben wiederfindet oder dieses gar verändert. Auf diese Weise opfern sich diese Glaubenden einer vorgeschriebenen, unkritisch verwendeten Vorstellung von der einen einzigen, allmächtigen Gott-Person; sie verpflichten sich auf das immer fremder werdende altkirchliche Bekenntnis; sie engen sich ein auf einen allein gültigen Kult mit ordnungsorientierten Riten. Das alles wird eingehalten, weil man die irdische Kirchenwelt als Abbildung der überirdischen Gottes-Welt versteht und organisiert, um so eine christliche Einheit zwischen ‚oben' und ‚unten' herzustellen und zelebrieren zu können. Mag dies im römischen Katholizismus mit dem Bild einer *analogia entis* von Himmel und Erde verständlich und notwendig sein, so verrät der reformatorische Protestantismus mit solchen zum Teil zwanghaften Einstellungen – durchaus im Sinne von Sigmund Freuds Verständnis der Religion als kollektiver Zwangsneurose – seinen Ursprung in der dialektischen Erfahrung von gottgeschenkter Freiheit und Nächstenliebe.

Die traditionellen Vorstellungen von *Gott* sehen ihn als den *Bezugspunkt aller Wirklichkeit*, als den *Einen* im Sinne von Ursprung und Erstschöpfung und Zielpunkt am Ende der Zeiten oder als höchstes Sein, das man in einer ‚Theoria', in einer Geistes-Schau, als die höchste Idee denkend sehen und in einem klassischen kausal- und finallogischen Gedankenkonstrukt sogar beweisen kann (in Form der Gottes-Beweise z.B. des Thomas von Aquin, die dann in der Aufklärung durch Immanuel Kant als rein logische Konstrukte ohne Erfahrungsgehalt beiseitegeschoben wurden). Man kann sich dieses theo-philosophische Panorama wie ein christliches Gottes- und Weltbildsystem vorstellen, das in sich ruht und von demjenigen, der zu glauben sich anschickt, als Gesamtwahrheitspaket akzeptiert wird, aber auf Grund der Begrenztheit menschlichen Denkens und der Konfessionskirchen im Laufe des Erdenlebens in kleinen Rationen aufgeschnürt und umgesetzt wird. Dies kann Auswirkungen in den Alltag und bis in die Politik hinein haben: Man will je Konfession und Religion Gott an der Spitze sehen, so dass z.b. der konfessionelle *Religionsunterricht* an Schulen gegen den Versuch eines ‚Religionsunterrichtes für alle im Klassenverband' vor allem von den Kirchen (und manchen muslimischen Verbänden) verteidigt wird mit dem Argument, dass Kinder zuerst ein ‚christlich-konfessionelles (islamisches) Glaubensfundament' haben müssten, um dann in einen ökumenischen und interreligiösen Dialog eintreten zu können. Dieser religionspädagogische Konfessionalismus ist von der unchristlichen Vorstellung eines fundamentalistischen Glaubenspaketes getragen statt von der Freiheit eines Christenmenschen (Luther).

Ein anderes Beispiel aus dem Bereich des bislang *christlich verbürgten, für allgemeingültig erklärten Naturrechtes*: Die *Ehe* mit Vater, Mutter und Kind sei ‚von Natur aus' die gottgefällige Form familialen Zusammenlebens. Die Frau sei von Natur aus zum Gebären und Großziehen von Kindern auf der Welt, der Mann zum Arbeiten und Ernähren der Familie. Diese Behauptung wurde bis heute so begründet, dass Gott diese Bestimmung in die Schöpfung gleichsam so eingesetzt habe, dass alle Menschen diese ‚Natur-Verpflichtung' erkennen und entsprechend handeln können und müssen. Und das strukturell gleich gelagerte Beispiel *homosexueller Partnerschaft und Ehe* als widernatürlicher Beziehungen. Hier wird eine angebliche ‚Stimme der Natur', die Gott als Schöpfer in seine Schöpfung hineingegeben habe, theo-politisch in Anschlag gebracht. Aber Glauben als existentielle Lebenshaltung bezieht sich nicht auf ein angeblich evidentes Naturrecht, sondern solches Glauben entsteht im *Hören* oder als Hören der anderen Menschen, sagte einst Luther. Dass wir mit dem Gehörten dann kritisch mit- und gegeneinander umgehen müssen gemäß der Frage „Was Christum treibet", war z.B. für Luther selbstverständlich, sonst hätte es keine Reformation gegeben. Glauben geschieht wie die Liebe und die Hoffnung zuerst als Widerfahrnis und bleibt unverfügbar und kann nicht vorgeschrieben werden, und es befreit und zwingt uns zugleich zu eigenem Antworten, auch in den jeweiligen Lebensexperimenten von Ehe und Familie. Entsprechend hat die Evangelische Kirche in Deutschland (EKD) 2013 festgehalten, dass Familie heute in sehr verschiedenen Formen gelebt wird und dass „ein normatives Verständnis der Ehe als göttliche Stiftung und eine Herleitung der traditionellen Geschlechterrollen aus einer vermeintlichen Schöpfungsordnung" weder biblisch gewollt noch theologisch korrekt sei. Hier wird das traditionelle Verständnis von Schöpfung insofern atheistisch dekonstruiert, als man weder eine zeitlose Ordnung noch einen verursachenden und die Ordnung indirekt kontrollierenden Schöpfer hinter der alltäglich uns zustoßenden und von uns zu planenden Welt wahrnehmen kann. (Diese kritische Sicht ist auch Lessings Vorstellung eines Vernunft-Gottes hinter der Welt der Konfessionen und Religionen und Hans Küngs Welt-Ethos in den Weltreligionen entgegen zu bringen.)

Wir halten fest: Das jüdisch-christliche biblische Denken kennt keinen abstrahierten höchsten Seins-Gott als Spitze einer vom Materiellen ins rein Geistig-Ideenhafte aufsteigenden, geschlossenen Pyramide, die ideell als Schöpfungsordnung in unserer Wirklichkeit wirksam sei. Stattdessen verdankt sich Glauben dem unprogrammierbaren *Hören des durch uns Menschen vermittelten Wortes Gottes*, zum Heilwerden und zum Verzweifeln. Es ist dieser die Geschichte des Christentums durchziehende Streit, ob der eine Gott in der hellenistisch-philosophischen Tradition als absolutes Prinzip und als Grundidee des Guten, Wahren und Schönen zu denken sei und ob entsprechend Glauben im Für-wahr-Halten zeitlos gültiger Dogmen zum Zweck christlicher Einheit und Gleichschaltung bestehe und dass Glauben deswegen einen logisch ausweisbaren Grund namens Gott habe. Oder ob Gott in einer personalen, offenen Distanz-Beziehung zwischen uns leiblichen Menschen wahrgenommen wird, was z.B. an den Berufungs- und Beauftragungsgeschichten einiger *Propheten* in Israel und an *Jesu* Adoptionserlebnis bei seiner Taufe im Jordan (Markus 1, 9-11) deutlich wird. Und wenn *Mose* Gott sehen wollte, dieser aber den Wunsch des Mose ablehnte, weil wir Menschen Gott nicht direkt begegnen können ohne sterben zu müssen (2. Mose 33), dann geschieht das Begegnen mit Gott in diesem Fall so, dass Gott Mose und uns als ,Wirkung' zustößt, die wir als unsere leiblichen Erfahrungen wahrnehmen. Aber Mose und wir können nicht Gott als Gott erfahren (auch nicht den Anderen als Anderen, auch nicht uns selbst als ich-selbst), weder als Gott-Person noch als eine schöpferische Wirkkraft oder ein höchstes Sein. Deswegen geschah die Berufung des Mose durch den Herrn (Gott) nicht von Angesicht zu Angesicht, sondern durch die Stimme des Herrn aus dem brennenden, selbst nicht verbrennenden Dornbusch (als Audition), den zu berühren für Mose tödlich gewesen wäre (2. Mose 3). Ebenso wird Gott in sogenannten Visionen nicht als Gott bzw. der andere Mensch nicht ,als solcher' wahrgenommen, sondern die Begegnungswirkung auf mich, zu mir, an mir, in mir. Wir Menschen können Gott und anderen Menschen nur hinterherschauen (und hinterherhören) (Zilleßen/Gerber 1997, 5), d.h. wir können andere Menschen (und uns selbst) nie ,im Kern' erfassen. Es bleibt immer ein produktiver Überschuss, eine Art Rest, eine dynamische Leere, die entzogen bleibt und uns einmal zu Demut und ein andermal in das Extrem eines Allmachtswahns treibt (Meyer-Drawe 1990, 7-24).

17

Wir begegnen den Anderen (und der Natur) in einer Weise, dass wir ihre Wirkung auf uns *sinnlich-leiblich* im Hören, Sehen, Anfassen, Riechen, Schmecken wahrnehmen und durch Vergleiche interpretieren, aber wir können diese Person (und uns selbst) nicht als einzigartige, selbstständige Person erfahren und verstehen. Man kann vielleicht sagen, dass unsere als Begegnung mit Gott gedeuteten Erfahrungen insofern paradox geschehen, als diese – wie bei Mose – von einem Anderen ausgehen und zugleich unsere eigenen Erfahrungen dieses Anderen sind. Diese komplexen Begegnungs- und Wahrnehmungsprozesse sollen mit Begriffen wie Widerfahrnis, Ereignis, „Erfahrung mit Erfahrungen" (so Eberhard Jüngel) erläutert werden.

Während das Modell des theistischen Theologisierens, Glaubens und Kircheseins auf eine *erlösende Vereinigung* in einem perfekten Jenseits hinausläuft, weist das zweite Modell einer jüdisch-christlichen, biblisch orientierten Beziehungs- und Befreiungstheologie auf die genannte *Distanz* hin, aus der wir irdisch-sterblichen Menschen in unserer heillosen Existenz und Welt dennoch Glauben, Lieben, Hoffen erhalten. Nimmt man Nietzsches Deutung der europäischen Umbruchsituation ernst, dass diese die von uns Menschen inszenierte Manifestation des ‚Todes Gottes' sei, dann kann pointiert paradox gesagt und später näher erläutert werden: *Die Distanz und das Entzogensein eines (bislang) unmittelbar erfahrenen und gedachten Gottes ist die heutige Begegnungs- und Gegenwartsweise Gottes, damit wir in der Dynamik der Menschwerdung Gottes in der Person Jesus von Nazareth selbst Menschen werden.* Der Philosoph Peter Bürger hat formuliert: „Die Gedankenfigur der Anwesenheit des Abwesenden ist eine Formel für die Weise, wie das Heilige dem Menschen nach dem Tode Gottes erscheint. Nicht mehr auf eine wie immer auch geartete innere Gewißheit stützt sich dieses Denken, sondern auf die Erfahrung eines Mangels" (Bürger 2000, 71). Glauben und Theologie geben eben keine endgültigen Antworten und Lösungen unserer grundlegenden Fragen wie z.B. der Frage nach unserem Verbleiben im Tod, sondern sie halten unser Fragen, unsere Zweifel, unser Hin und Her wach. Theologie sei, so schreibt Sibylle Lewitscharoff in ihrem Blumenberg-Roman: „das Stolzieren vor der verborgenen Majestät, der Widerspruch gegen den Selbstentzug der Gottheit" (Lewitscharoff 2011, 129f.). Glauben und Theologie erfüllen nicht unseren Wunsch nach Transzendenz gegen den Terror der Immanenz und auch nicht unsere Sehnsucht nach einem Jenseitshimmel mit einem kleinen Vorgeschmack im Irdischen, sondern sie stimulieren unseren Wunsch nach *Transzendieren dieser Welt als deren Verändern zugunsten der Armen, der Benachteiligten und Prekären, der Ausgeschlossenen und der geschundenen Schöpfungswelt.* Nicht das religiöse Herbeiarbeiten einer himmlischen Überwelt ist gefragt, sondern das sozial gerechte, solidarische, friedensorientierte Umgestalten unserer Welt ist die profane, atheistische Botschaft des Christentums, z.B. in Erinnerung an die Erzählung von den Arbeitern im Weinberg (Matthäus 20, 1-16). Umgekehrt fällt in Gottesdiensten die steigende Anzahl der Fürbitte-Gebete auf, vielleicht als Ausdruck einer infantilen Flucht in den Theismus, als Ohnmachtsbekundungen. Gehört zu einem nach-theistischen Glauben, das Katastrophale, z.B. in Afghanistan oder die letzten Überschwemmungskatastrophen, als sinnlos, unverständlich, grausam zu akzeptieren und zugleich dort dagegen zu kämpfen mit Leib, Seele und Verstand, wo wir zur Katastrophe beitragen (Neiman 2006, 457ff.)? Erwachsenwerden im Glauben beinhaltet Kampf mit immer noch dominierenden Vätern und Übervätern.

Zu solchem nach- oder atheistischen Theologie-Betreiben gehört Mut sowohl auf der ‚theologischen' Seite, da überlieferte Glaubensvorstellungen umzuformulieren, zu transformieren und etliche aufzugeben sind. Und dasselbe gilt für diejenigen Menschen, die aus einem anderen Lebens-, Motivations- und Deutungszusammenhang heraus sich auf das Christentum einlassen, wie z.B. der genannte Philosoph Bürger oder Jürgen Habermas, der sich mit christlichen Traditionen befasst mit dem expliziten Hinweis auf seine ‚religiöse Nichtmusikalität'. Als Argumentationsfigur kehrt auf beiden Seiten oft das *Paradox* wieder, dass uns Entzogenes widerfährt und dass wir zugleich in unserem Antworten Eigenverantwortung tragen. Dieses Lebensparadox wird mit Symbol-Begriffen wie z.B. Würde, Gottebenbildlichkeit, Geburtlichkeit (Hannah Arendt), gegebene Leiblichkeit umschrieben bei gleichzeitigem Hinweisen auf unsere Verantwortung. Gegenmodelle wären die Selbstermächtigung des sich autonom wähnenden Subjektes unter Verlust der Verantwortlichkeit für Andere (Lempp 1996) und der sich für ein religiöses oder weltanschauliches Programm selbst aufgebende Fundamentalist.

Wenn wir also annehmen, dass das Paradox-Problem als Modus unseres Existierens und Kommunizierens angesehen werden kann, dann stellt sich die Aufgabe, hierfür ‚Belege' zu finden und diese in eine Diskussion zu bringen. Wer sich mit der Gottes-Frage befasst, der und die machen dies zum Beispiel: weil sie nach dem Sinn ihres Lebens, nach Anerkennung, nach der Rechtfertigung ihres Lebens (die Martin Walser in „Über Rechtfertigung, eine Versuchung" 2012 diskutiert hat) und nach Möglichkeiten sinnvollen Zusammenlebens fragen. Mit dem Paradox ist theologisch gemeint, dass auch das Christentum nicht einen göttlich verfügten Sinn in unser Leben bringt, sondern dass die Glaubenden mit diesem von ‚außen' kommenden Geschenk oder Widerfahrnis des Glaubens zum Thematisieren eines Lebenssinns befreit und zugleich zu einem solchen Antworten gezwungen werden, ohne dass sie dabei auf einen verbürgenden Gott rekurrieren könnten. Leben und Zusammenleben werden in Zweifel-, Such- und Experimentierbewegungen in einer komplex gewordenen (post-)modernen Welt und unübersichtlich gewordenen, rasenden Zeit geführt und reflektiert (Rosa 2005;

Rosa 2012). In diese Überlegungen sind der Autoritäts- und Bedeutungsverlust und die Konflikthaftigkeit der Kirche(n) in *nachkirchlicher* Zeit ebenso einzubeziehen wie der Einflussverlust des Christentums in seinen institutionellen Formen wie Protestantismus, Katholizismus, Anglikanismus, Orthodoxe Kirchen u.a. und die partielle Gewaltbereitschaft und fundamentalisierende Politisierung der global fungierenden Religionen. So sollen in den folgenden Überlegungen vornehmlich diejenigen zu Wort kommen, die im Sinne Nietzsches die Notwendigkeit eines ,irdenen' Umgangs mit der christlichen Religion zu thematisieren versuchen: „Dass Gott Mensch geworden ist, weist nur darauf hin, dass der Mensch nicht im Unendlichen seine Seligkeit suchen soll, sondern auf der Erde seinen Himmel gründe" – und dass andererseits der Mensch nicht im Übermenschen auf einer Himmel-Erde aufgehen wird (Detering 2010, 166-169).

Die klassischen christlich-kirchlichen Lebensstile und Orientierungen, die Glaubenseinstellungen insgesamt sind eingebettet in unsere spätmoderne Welt mit ihren folgenschweren Grunderfahrungen einer befreienden, aber ebenso aufsplitternden *Pluralisierung*, einer verselbstständigenden und zugleich vereinsamenden *Individualisierung*, einer sowohl *Profanisierung* als auch *Neoreligiositäten* hervorbringenden *Säkularisierung* und in eins damit der Auflösung allgemeingültiger, sowohl christlicher als auch im Namen von Wissenschaft generierter Wahrheiten. Manche Bürger und Bürgerinnen reagieren auf diese verunsichernden Entfremdungs- und Auflösungserscheinungen mit selbstinszenatorischem ,religiösem Neoliberalismus' und verabschieden Religion als überflüssig gewordenes Accessoir einer zu Ende gehenden Kulturepoche. Andere ziehen sich zurück auf ewig gültige (fundamentalistische) Wahrheiten und teilen unsere Welt achsenhaft ein in ihre geretteten und zu rettenden guten Glaubensfreunde und -freundinnen und in den großen Rest der zu bekämpfenden verlorenen Bösen. Wieder Andere gehen mit dieser unsicheren und unübersichtlich gewordenen Situation in suchender und experimentierender Offenheit um und versuchen ein entsprechend offenes Gottes-, Menschen- und Welt-Bild zu entwerfen, mit dem sie sich sowohl gegen eine Verankerung in einer besseren Ewigkeit als auch gegen Verklärungen und Heilsmythologisierungen dieser unserer Welt wehren um uns Menschen und unserer Erde willen. Sie verzichten auf einen in kirchlichen Riten und Lehren und ebenso in persönlichen Geist-Offenbarungen dauerhaft-gegenwärtigen Sakral-Gott und hoffen – als Ausdruck paradoxen Glaubensantwortens – im Wissen um das unerfüllbare Nächstenliebe-Gebot auf das Geschehen gewährten Lebens und Zusammenlebens.

Wir sehen: Auch das (scheinbar monolithische) Christentum ist in seiner ,Substanz' und in seinen Dialogen mit anderen Religionen, vor allem mit den abrahamitischen Geschwistern des Judentums und des Islam, und ebenso mit Atheisten und Anhängern von Weltanschauungen und Ideologien, von der allgemeinen Krise betroffen, die Nietzsche prognostiziert hatte: von dem europäischen ‚Nihilismus' als Ausweglosigkeit aus dem System einer verfügbaren und zugleich durch Götzen aller Art idealisierten, zugemauerten Welt ohne Alternativen. Diese sich ökonomisch, kulturell und politisch manifestierende Gefahr wird verstärkt durch die fortschreitende *Mediatisierung* (Digitalisierung, Virtualisierung) unserer Welt (Dungs 2006, 377ff.; Baudrillard 1994): Wir Menschen sollen zu Verkörperungen der von uns erschaffenen und sich z.T. selbst weiterproduzierenden Medien, also zu rein funktionalen, sinn-entleerten Informations-Zeichen ohne Selbstständigkeit, ohne eigenständige Körperlichkeit, ohne eigene Gedanken- und Gefühlswelt werden (Illouz 2006, 115ff.). Wir werden zu Menschen, die sich bloß an sich selbst erinnern, „höchstens noch an Fernsehfiguren, die sie kopieren, oder die, schlimmer noch, nach ihnen kopiert sind", so beobachtet von dem Schriftsteller Bodo Kirchhoff (Kirchhoff 2007, 106). Wir entindividualisieren und entwerten uns gewissermaßen zu globaler Informationsoberfläche ohne Inhalt, ohne Zeit, weil in strikter Gegenwart, ohne Leiblichkeit, weil identisch mit dem Medium. Hier fallen Angebotsinformation und Verbrauchsnachfrage, gesellschaftlicher Zwang und persönlich gemanagtes Bedürfnis zusammen (Bröckling 2007). Solchen Identifizierungsintentionen gegenüber ist das Christentum in dem Sinne durch Distanzierung geprägt, dass das sinnliche Wahrnehmen der Anderen und der Welt, dass Vorsorge und Achtung der Anderen und der Schöpfungswelt gegenüber konstitutiv für unser Leben und Zusammenleben sind. Der Einzelne wird durch sein Anerkanntwerden durch die Anderen erst zum Ich-Selbst als einer antwortenden Person. In diesen Anerkennungsbegegnungen wird der Betroffene befreit und zugleich gezwungen zu eigenem Personsein, zu eigenständigem Antworten. Indem der Andere mich anspricht und mich mit seinem Anspruch anerkennt, fordern er und sie von mir meine Antwort – und eben nicht die imitierende Wiederholung seines und ihres Anspruches – und er und sie ermächtigen mich zugleich zu eigenständigem Antworten.

Dann stellt sich die Frage, wer dieser sich in theologischem Horizont bewegenden Kurzbeschreibung menschlichen Zusammenlebens und Lebens zuzustimmen vermag? Dieser Dialog soll im Folgenden an einigen Problemfeldern wie z.B. Gottes-Vorstellungen, Theodizee-Frage, Glauben, Religionsfreiheit gemäß unserem Grundgesetz, in Auseinandersetzung mit den theologischen Entwürfen von Karl Barth, Rudolf Bultmann, Dorothee Sölle geführt werden. Dabei müssen wir in unserer Religionskultur weiterhin ‚Gott' als Metapher unseres Lebens und Zusammenlebens verwenden, obwohl wir erfahren und wissen, dass dieser schon immer religiös vereinnahmte, ideologisierte, kapitalisierte, mediatisierte Gott ‚tot' ist im Sinne einer völligen Vergegenständlichung und einem sowohl sakralisierenden als auch säkularisierenden Verfügbarmachen. Dieses Paradox, das Theologen wie Karl Barth, Rudolf Bultmann, Paul Tillich,

Johann B. Metz, Theologinnen wie Dorothee Sölle, Carter Heyward, Elisabeth Moltmann-Wendel je auf ihre Weise als das Herz lebendigen Christentums thematisiert haben, wollen wir im Dialog mit Stimmen, die dieses Paradox als Grundstruktur menschlichen Lebens und Zusammenlebens ohne explizit christliche Orientierung hervorheben, unsererseits aufdecken, beschreiben, nicht aber lösen (denn ein Paradox kann nicht gelöst werden, sondern es wird gelebt und hinterher als Lebensparadox wahrgenommen und gedeutet). Wir werden darzustellen versuchen, wie der ‚tote' Gott, dieser uns Menschen nicht mehr unmittelbar begegnende Gott uns Menschen nach- oder atheistisch unerwartet Lebens- und Gestaltungsraum öffnet, eigentlich: geöffnet hat, und wie wir dieses Ereignis, dieses Widerfahrnis in Worten, Bildern, Symbolen, Mythen einander mitteilen und miteinander und gegeneinander diskutieren können und müssen.

Vielleicht: „Ich suchte meinen Gott und er entzog sich mir. Ich suchte meine Seele und ich fand sie nicht. Ich suchte meinen Bruder (sc. Schwester) und ich fand sie alle Drei" (von einem Menschen, der viele Jahre in Sibirien im KZ saß).

I. Wir betreiben atheistisch-weltliches Reden von Gott, Mensch und Schöpfungswelt, weil wir nicht aus der heiligen Perspektive Gottes reden können.

Das Anliegen der folgenden kritischen wie konstruktiven Überlegungen zum gegenwärtigen Christentum in unserem europäischen Kulturkreis lautet kurz gefasst: Die christlich-kirchlichen Glaubensüberlieferungen, Glaubenssätze, Symbole und Riten werden immer unverständlicher und verlieren ihre einstige Plausibilität und werfen die Frage auf, ob und wie sie dialogisch transformiert werden können und müssen in die postmoderne Lebens- und Kommunikationswelt im Dialog mit anderen religiösen und weltanschaulichen Heils- und Sinngebungsangeboten. (Die sogenannte Postmoderne ist eine typisch westliche Kulturerscheinung, so dass die Frage nach der Transformation in andere Kulturen hier nicht erörtert wird.). Viele Menschen möchten mit ihren Sehnsüchten nach Heilwerden und mit ihren Wünschen nach persönlicher heilender Kommunikation in Verbindung bleiben mit der bislang dominierenden christlichen Tradition und den damit verbundenen Institutionen wie Kirchengemeinde, Diakonie, Caritas, konfessionellem Kindergarten und Seniorinnenheim. Sie fühlen sich auf der Grenze zwischen schwindender traditionsgebundener Christlichkeit und einer Beheimatung in einer erfüllenden Religiosität. Mit diesen kritisch-zweifelnd Glaubenden verbindet der vorliegende Versuch die Stoßrichtung, solche Begegnungen und Beziehungen in den Blick zu nehmen, die man als von Gott gestiftet und getragen deutet, ohne sich dabei dem herrschenden Zeitgeist zu verschreiben und ohne in eine diffuse privatisierte Religionslandschaft abzudriften.

Die Zweifler und Sucher gehen auf einer Gratwanderung zwischen mehr oder weniger unkritischer Traditionsselbstverpflichtung oder religiöser Verbrämung des Zeitgeistes und atheistischer Interpretation und Gestaltung der Postmoderne. Dabei stößt man sofort an die bereits erwähnte Grenze, dass wir irdisch-sterblichen Menschen weder aus der Perspektive Gottes, noch einer säkularen Neutralität reden können und entsprechend keine (neuen) absoluten Wahrheiten über Gott, Mensch und Welt formulieren können. Christlich können wir unsere Welt und uns selbst nicht im Namen eines auferstandenen Ostersonntag-Jesus-Christus vom Himmel herab sehen. Wir bleiben als Sterbliche an der Seite des irdischen Jesus mit seinem Scheitern und mit seinen Hoffnungen. Wir bleiben an der Seite dieses Jesus als der personhaften Präsenz oder Manifestation des menschgewordenen Gottes.

Wir müssen noch einen Schritt weiter gehen: dass nämlich unser Reden und Nachdenken Gott und uns selbst und die Schöpfungswelt immer schon zu etwas Vorfindlichem, Vergleichbarem, ‚Objektivem' machen. Wir müssen die Einsicht teilen: Einen Gott, den es *gibt*, den gibt es nicht. Mit dem Wort Gott (und ebenso mit den Worten Mensch und Welt bzw. Schöpfung) bezeichnen wir bestimmte *Beziehungen*, bei denen es um unser Zusammenleben und unsere eigenen Lebensentwürfe geht. Wir erzählen einander von wohltuenden und von zerstörerischen Begegnungen, die immer auch eine entzogene, fremde Dynamik haben, die nicht in diesen Beziehungen aufgeht und von uns nicht begriffen und begründet werden kann. Jede unserer Beziehungen hat paradoxerweise mit dem beschreibbaren Vorgang immer auch zugleich eine entzogene, vergangene wie zukünftige, offene, für uns nicht einsehbare Aktualität, Vitalität, Gezwungenheit. Theologisch können wir nicht im ‚Himmel' beginnen (oder landen) – wie es in vielen Predigten besonders an Ostern geschieht –, sondern wir beginnen bei unseren menschlichen Beziehungen. Diese geschehen als ein unerwartbares, kontingentes Widerfahrnis und zugleich mit einer von uns zu verantwortenden Seite. Die Frage ist dann, inwieweit wir in solchen Begriffen, Bildern, Kategorien unsere Gottes-Begegnungen interpretieren können und müssen.

Unser Anliegen eines atheistischen, ‚profanen' Theologisierens scheint zunächst ganz einfach zu sein: von Gott, von uns Menschen und von uns selbst und von der Welt als Schöpfung zu reden in Bildern unserer Alltagssprache, damit unsere Beschreibungen unserer als Gottes-Erfahrungen interpretierten Erfahrungen verständlich und diskutierbar sind. Es geht um ein Reden von einem Glauben, der bzw. das sich dem Widerfahrnis verdankt, das man christlich als Menschwerdung Gottes in unseren Beziehungen bezeichnet. Dies soll in sogenannter *nichtreligiöser Sprache* geschehen. Nicht-religiös, nach- oder atheistisch meint den Verzicht auf metaphysische Jenseitsorientierungen, auf eine christlich-religiöse Innerlichkeit und auf eine ewige Welt jenseits des Todes, wie Dietrich Bonhoeffer das traditionelle ‚religiöse' Christentum kritisiert hat. Manche sprechen von „profanreligiöser Lesart" (Beuscher/Zilleßen 1998, 23ff.) oder von "Religion elementar" (Zilleßen/Gerber 1997, 14ff.) oder von „nicht-religiöser Interpretation biblischer Begriffe" in einer mündig gewordenen Welt, so Gerhard Ebeling im Anschluss an Dietrich Bonhoeffer (Ebeling 1960, 90-160). „Die in der Profanität der (sc. jeweiligen) Position implizierten religiösen Gehalte sind zu entdecken und zu erörtern" (Beuscher/Zilleßen 1998, 15), um den oft entrückten oder esoterischen Charakter des traditionell-christlichen Redens von Gottes Begegnung mit uns

Menschen und von seinem Schöpfer-Wirken zu überwinden. Und Soziologen wie Wolfgang Welsch weisen darauf hin, dass „es künftig Phänomene religiöser Profanität ins Auge zu fassen gilt" (Welsch 1988, 128f.).

Solche Überschneidungen oder Schnittmengen in den Anzeigen, Analysen und Aufarbeitungen von Problemen religiöser, in unserem Fall biblisch-christlicher Überlieferungen deuten auf die Aufgabe hin, diese weder um einer angeblich säkular-religionslosen Gesellschaft willen zu verabschieden noch sie in der ‚Sprache Kanaans' unverstanden und unverständlich weiterhin zu verwenden. Jürgen Habermas, der von sich sagt, dass er religiös gleichsam unmusikalisch sei, hat eine „kooperative Übersetzung religiöser Gehalte" in unserer „postsäkularen Gesellschaft" eingefordert: „So glaube ich nicht, daß wir als Europäer Begriffe wie Moralität und Sittlichkeit, Person und Individualität, Freiheit und Emanzipation – die uns vielleicht noch näher am Herzen liegen als der um die kathartische Anschauung von Ideen kreisende Begriffsschatz des platonischen Ordnungsdenkens – ernstlich verstehen können, ohne uns die Substanz des heilsgeschichtlichen Denkens jüdisch-christlicher Herkunft anzueignen. Andere finden von anderen Traditionen aus den Weg zur Plethora der vollen Bedeutung solcher, unser Selbstverständnis strukturierender Begriffe" (Habermas 1988, 23). „Säkulare Sprachen, die das, was einmal gemeint war, bloß eliminieren, hinterlassen Irritationen. Als sich Sünde in Schuld, das Vergehen gegen göttliche Gebote in den Verstoß gegen menschliche Gesetze verwandelte, ging etwas verloren" (Habermas 2001, 24). Diese Verlustanzeige weist auf unser Problem hin: nämlich auf den ständigen Prozess des gegenseitigen hörenden, sehenden, eben sinnlich-leiblich induzierten Interpretierens der explizit religiös-christlichen Sprache und Bilder und der (ja nicht per se) säkularen Sprache und Bilder. Beide Prozesse: sowohl das religiös-christliche Vorstellen und Sprechen als auch das säkulare Vorstellen und Sprechen sind lebendige, sich ständig ändernde Symbol- und Sprachwelten, die man nicht einfach wie zwei objektiv feststehende Welten aufeinander beziehen und abbilden oder gar austauschen oder im klassischen Säkularisierungsschema etwa am Beispiel der Menschenrechte kausal wie Ursache = Christentum und Wirkung=Säkulare Welt aufeinander beziehen könnte (auch nicht in dem Modell religiös-säkular-postsäkular). Beide ‚Welten' sind aufeinander bezogene und sich abgrenzende Beziehungsgeflechte. Solche Analysen, Deutungen und Transformationen erfordern ein interdisziplinäres Theologisieren in verschiedenen symbolischen Lebenswelten, was im Folgenden vornehmlich im Gespräch mit religionssoziologischen, -wissenschaftlichen und -philosophischen Überlegungen und Vorschlägen geschehen wird.

Also: Wir wissen ebenso wenig, was ‚Welt', ‚weltlich', ‚profan', ‚säkular' ist und können entsprechend von ‚Gott' (und von anderen Menschen, von uns selbst und von der kosmischen Schöpfungswelt) nicht einfach in ‚weltlicher' Redeweise reden wie über einen Gegenstand, denn wir sind selbst betroffen, wir sind dieser ‚Gegen-Stand' in eigener Person, unsere Beziehungen. Es geht in dieser Dimension um Befreiungs- und Vertrauensbeziehungen, um Unterdrückt- und Zerstörtwerden, um unsere Lebenseinstellung, um unser Abhängigsein von Menschen und Natur und zugleich um unsere Freiheit durch, von und für andere Menschen und die Schöpfung (ohne dies als radikale Autonomie deuten zu dürfen). Dies alles kann man nicht objektiv feststellen und nicht planen, wohl aber können und sollen wir davon im Nachhinein aus Betroffenheit subjektiv, also bekenntnishaft erzählen.

Als Christ und Christin reden wir bekenntnishaft von dem *Widerfahrnis* ‚*Gott*' als Kraft unserer Begegnungen mit anderen Menschen, mit uns selbst und mit der Schöpfungswelt (Marx 2010, 57ff.; Gerber 2008, 243ff.). Aber selbst dies können wir genau genommen nicht, weil Gottes Zuwendung durch andere Menschen zu uns für uns eine Unmöglichkeit bleibt, denn Gott kann nicht herbeigeredet werden – so wie ich die Liebe des Anderen zu mir von mir aus nicht bewirken, bestenfalls erbitten und erhoffen kann. Als Menschen können wir von Gott, vom anderen Menschen, von uns selbst und von der Welt als Schöpfung nur in Unterstellungen, Vorurteilen und Projektionen, aus unserem ‚Vorverständnis' und in unseren Illusionen von Gott reden, indem uns Gott durch andere Menschen dazu ermächtigt, was theologisch als Rechtfertigung des Sünders durch Gottes zuvorkommende vergebende Zuwendung aus Gnade bezeichnet wird (Bultmann 1958, 26-37). Diese Situation ist *paradox:* Wir müssen antworten, reden, denken, weitererzählen in unserer weltlichen Symbol- und Sprachwelt und können dies nur, indem wir durch andere Menschen im Namen Gottes gerechtfertigt werden. Unsere weltliche Symbol- und Sprachwelt wird im Widerfahrnis des Glaubens von Gott geheiligt als Akt heilmachenden Begegnens und kann nicht von uns aus geheiligt werden. Es gibt keine von vorherein heilige Sprache; deshalb gibt es auch keine Blasphemie, wohl aber strafbare Beleidigungen von Glaubenden. Diese paradoxe Erfahrung ist als Geschehen jeglichen Glaubenslebens uns nicht direkt greifbar. Dieses Paradox ist als Grundstruktur menschlichen Lebens nicht auflösbar, im Gegensatz etwa zu einer lösbaren mathematischen Aufgabe. Man kann sich dieses Paradox an der Beziehung zweier Liebender, an einem Vertrauensverhältnis, an der Begegnung von Kind und Erziehendem, von Lernendem und Lehrendem klar machen, da es in diesen Beziehungen nicht um Sicherheit im Sinne von Garantie geht (Wimmer 2006).

Das Paradoxe kann abgekürzt aufgefasst werden als das (vom Heiligen Geist durch Andere geschenkte) Verhältnis von ‚vorausgehender' Gabe des Lebens und eröffneter Aufgabe der Lebensgestaltung in Nächstenliebe (Körtner 2010, 51ff.). Die Einsicht in diese prozesshafte Paradoxalität unserer Existenz hatte Luther dazu geführt, die Frage nach dem gnädig schenkenden Gott als religiös-metaphysische, nur-menschliche Frage zu enttarnen, denn: Allein unser Betroffensein und Erkanntwerden durch Gott bringt uns das Erkennen Gottes als der uns entzogenen Macht unserer Beziehungen. In diesem befreienden und zugleich auf den Nächsten verpflichtenden Betroffenwerden öffnet sich für den Glaubenddenkend-Interpretierenden die kirchlich vermittelte christliche Symbolwelt in seinem ganzen Lebenskontext. Das ist lebensgefährlich und lebensnotwendig: Alles kann für Glaubende plötzlich heilig und Manifestation Gottes (gewesen) sein, aber niemals im Sinne empirischen Identifizierens. Es gibt keine ‚an sich' heiligen Bücher, Lehren, Sakramente, Personen, Räume, wie es z.B. im römischen Katholizismus im Hostienkult der Realgegenwart Gottes oder in biblizistisch-fundamentalistischen Kreisen mit der Verbalinspiriertheit (der wörtlichen Eingebung durch Gott bzw. Gottes Geist) der Bibel angenommen wird. Umgekehrt leben sogenannte entkirchlichte oder nachkirchliche Christen und Christinnen insofern häretisch (lehrabweichend), als sie nicht auf normativ vorgefertigte Glaubenswahrheiten setzen, sondern ihre eigenen Dogmen und Gebote (Dekaloge) entwerfen, wie Luther die Freiheit des Christenmenschen beispielhaft umschrieben hat. Diese ‚Abweichler' werden seitens Theologie und Kirche(n) kritisch bis ablehnend beäugt, weil sie das Reden vom jenseitigen Gott auf das Reden allein vom Menschen reduzierten (so auch einst die Kritik an Bultmanns existentialer Theologie) und weil sie ihre persönlichen Glaubenserfahrungen willkürlich als Begegnungen mit Gott bestimmten. Aber hier gilt: Wenn wir wüssten, wer ‚der Mensch' sei, dann könnten wir die Theologie ‚anthropologisieren'. Man sollte in Glaubenssachen dem anderen Menschen nicht Willkür unterstellen, weil wir ihn nie als einzigartige ‚Person' verstehen können und ihm mit dem Stempel der Willkür seine geschöpflich gegebene und grundgesetzlich prädizierte Würde und Eigenständigkeit absprächen. Diskutiert werden muss und kritisiert werden kann jede theologische Meinung, ohne dass dadurch die Person missachtet würde.

Die genannte Befreiung von der kirchlichen Verpflichtung auf gängige christliche Grundwahrheiten wie der (beweisbaren) Existenz (des dreifaltigen) Gottes, Jungfrauengeburt, Auferstehung Jesu, Gottes Realgegenwart in der Abendmahlshostie, geschieht als *Wunder*, so wie Liebes-Begegnungen uns als Wunder zustoßen, von denen wir eben auch nur im Nachhinein bekenntnishaft erzählen können und denen wir nur nachdenken können nach dem Motto ‚Erde und Himmel stehen den Liebenden (Glaubenden) offen'. (Auch die rote Rose ist kein ‚Beweis' für Liebe, sondern ein Symbol für erfahrene, gewünschte, erhoffte, verworfene, unbeantwortete Liebe.) Von solchen Begegnungen und Beziehungen als Widerfahrnissen und Gestaltungen von Glauben, Lieben, Vertrauen, Hoffen, ebenso von Zweifeln und Scheitern erzählen wir aus unserem Betroffensein heraus z.B. mit biblischen Gleichnissen, Legenden und Mythen, in Bildern, Symbolen und Metaphern, als

Phantasien, Fiktionen und Träumen, in Verleugnungen und Obsessionen, in Hoffnungen und Depressionen, himmelhoch jauchzend und in Trauer zu Tode betrübt.

Wir unterstellen erinnernd, hoffend, bangend, streitend, dass eine bestimmte Erfahrung eine Begegnung mit Gott gewesen sei. Wir vermuten, dass Gott diese unsere Liebes-Begegnung als Liebes-Beziehung zwischen uns Menschen evoziert habe, ohne dass wir dabei Gott und den anderen Menschen greifen und haftbar machen könnten. Als Beispiel lässt sich die eingangs bereits angesprochene Begegnung zwischen Gott Jahwe und seinem Diener Mose anführen, als Mose Gott in seiner Herrlichkeit von Angesicht zu Angesicht sehen und mit ihm reden wollte: „Und der Herr sprach: Siehe, da ist Raum neben mir; tritt auf den Felsen. Wenn nun meine Herrlichkeit vorübergeht, will ich dich in eine Kluft des Felsens stellen und meine Hand schützend über dich breiten, bis ich vorüber bin. Und wenn ich dann meine Hand weghebe, darfst du mir nachschauen, aber mein Angesicht kann niemand sehen" – weil dieser Mensch sterben müsste (2. Mose 33). Und hätte Mose bei seiner Berufung durch die Stimme Gottes aus dem brennenden Dornbusch diesen Busch als Vergegenwärtigungszeichen des entzogenen, für Mose abwesenden Gottes berührt als Zugriff auf Gott selbst und hätte Mose nicht sein Antlitz verhüllt, dann wäre er des Todes gewesen (2. Mose 3).

Gott können wir nur ,von hinten', vermittelt durch andere Menschen und durch anderes wie z.B. den Dornbusch, ereignishaft und beziehungshaft begegnen (Zilleßen/Gerber 1997, 5). Wir sind ,erden' und bleiben ,irdisch' und haben die Erde als unseren mittelbaren Lebensraum, wie es im zweiten Schöpfungsbericht lautet: „Gott der Herr bildete den Menschen aus Erde vom Ackerboden und hauchte ihm Lebensodem in die Nase; so ward der Mensch ein lebendes Wesen" (1. Mose 2, 7), das „wieder zur Erde kehrt, von der es genommen ist; Erde ist der Mensch und er muss zurück zur Erde" (1. Mose 3, 19). Da ist nichts Überirdisches an uns, auch keine unsterbliche Seele, die sich durch unsere Verwandlungen auf ewig durchhielte. Als Menschen leben wir irdisch, vergänglich, sterblich und können von Gott als dem Schöpfer, der – symbolisch gesprochen – unsere Beziehungen stiftet als Schöpfungen aus dem Nichts (als creatio ex nihilo) und der unsere Beziehungen schon immer trägt im Prozess der „fortgesetzten Schöpfung" (als creatio continua), nur menschlich, ,weltlich', ,geschöpflich', in Beziehungsbildern reden. Wir versuchen dies als Geschöpfe Gottes, als Geschaffene, als (in) der Schöpfungswelt Ausgesetzte mit der Vorgabe eines individuellen, einzigartigen Leibes. Die damit signalisierte *Abhängigkeit* von Gott dem Schöpfer, von anderen Menschen, von der Schöpfungswelt und unsere *Befreiung* zu eigenverantwortlichem *Antworten* liegen wie bei einem Spagat beieinander. Oder anders formuliert: Unser irdisches *Geborensein* und unsere eigenverantwortliche *Lebensgestaltung* bleiben auch im Glauben paradox, denklogisch nicht auflösbar beieinander, untrennbar für uns, aber ebenso wenig eindeutig unterscheidbar.

Gäbe es für uns diese Eindeutigkeit, dann würden wir gleichsam aus der Himmelshöhe, vom Standpunkt eines jenseitig-metaphysisch vorgestellten Gottes aus unser Leben und Zusammenleben betrachten und gestalten können. Diesen Allmachtswunsch kennen wir alle, aber eben als Allmachtsphantasie (Meyer-Drawe 1990). Wie wurde mit diesem Problem in der Geschichte des Christentums umgegangen? Hier soll die sogenannte christologische *Zwei-Naturen-Vorstellung* exemplarisch dafür herangezogen werden, wie mit diesem Dogma das Zueinander von Gott und Mensch bestimmt wurde und warum solche Vorstellungen heute anders interpretiert werden.

Hierzu kann ein kurzer Blick auf die Entstehung der *Christologie* hilfreich sein. Hinter dieser Kontroverse werden nämlich zwei Vorstellungen von der Person des Heilandes, Retters, Erlösers Jesus Christus sichtbar: Zum einen haben wir in jüdischer Tradition die Figur des Messias (=Gesalbter, Christos, König in der Nachfolge Davids), den Jahwe bei der Taufe im Jordan durch Johannes zu seinem König-Sohn adoptiert hat (Markus 1, 9-11, unter Bezug auf die Inthronisationsformel aus Psalm 2, 7). Zum anderen gibt es bei Paulus im hellenistischen Rahmen der Fleisch-Geist-Polarität die Vorstellung von der Erhöhung des Daviden Jesus von Nazareth zum himmlischen Gottessohn: „(das Evangelium) über seinen Sohn, der aus der Nachkommenschaft Davids hervorgegangen ist nach dem Fleisch, der eingesetzt ist zum Sohne Gottes voll Macht nach dem Geist der Heiligkeit kraft der Auferstehung von den Toten: Jesus Christus unser Herr" (Römer 1, 3.4). Und wenig später ist der bis heute das kirchliche Glaubensbekenntnis prägende Erlöser-Mythos vom herabsteigenden, auf Erden leidenden und aufgefahrenen Herrn Christus Jesus bei Paulus (unter Verwendung eines älteren Hymnus) ausformuliert: „Diese Gesinnung heget in euch, die auch in Christus Jesus war, es nicht für einen Raub hielt, wie Gott zu sein, sondern sich selbst entäußerte, indem er Knechtsgestalt annahm und den Menschen ähnlich wurde; und der Erscheinung nach wie ein Mensch erfunden, erniedrigte er sich selbst und wurde gehorsam bis zum Tode, ja, bis zum Tode am Kreuz. Daher hat ihn auch Gott über die Maßen erhöht (sc. mit der Auferweckung) und ihm den Namen geschenkt, der über jeden Namen ist, damit in dem Namen Jesu sich beuge jedes Knie derer, die im Himmel und Erden und unter der Erde sind, und jede Zunge bekenne, dass Jesus Christus der Herr ist, zur Ehre Gottes, des Vaters" (Philipper 2, 5-11). Mit eingegangen in die christologischen Bilder von Jesus als dem irdisch-messianischen und zugleich himmlischen Erlöser sind auch mythologische Vorstellungen von der kosmischen Sophia (Weisheit) als Gespielin Gottes und von Engeln und vom kosmischen Urmenschen oder Menschensohn, der mit seinem Kommen die Menschheit erlöst.

Daraus entwickelte sich der Zwei-Naturen-Disput: Auf der 4. Allgemeinen Synode von 451 in Chalcedon nahm man die bereits aus dem 2. Jahrhundert stammende Vorstellung auf, dass Jesus als der Christus-Gottessohn zwei ‚Naturen' (Substanzen) habe, nämlich eine göttlich-geistig-ewige und eine menschlich-materiell/körperlich-sterbliche ‚natura'. Wie gehören diese beiden Naturen zusammen, wenn Gott in der Person Jesus Christus Mensch geworden ist und deswegen diese Zwei-Naturen-Vorstellung als Grundmodell für die Beziehung von Gott zu uns Menschen gelten sollte? Die Synode von 451 entschied, dass die beiden Naturen in Jesus Christus weder getrennt seien, was der extreme ‚Dyophysitismus' lehrte, noch dass die beiden Naturen vermischt seien, was ‚monophysitisch' die Annahme einer einzigen ‚Natur' des Erlösers um seiner Göttlichkeit willen bedeutete. Diese Kontroverse brachte schlussendlich die Auflösung der Reichskirche und 484 das erste Auseinanderbrechen der östlichen und westlichen Kirche(n). Das Anliegen der Zwei-Naturen-Lehre von Chalcedon 451 war es, die Gott-Mensch-Einheit exemplarisch in der Christologie zu zeigen unter Wahrung sowohl der Göttlichkeit als auch der Menschlichkeit des Erlösers, denn: Wäre er nur göttlich gewesen, dann hätte er uns unserer Menschlichkeit nach nicht erlösen können, und wäre er nur menschlich gewesen, dann hätte er nicht die Erlösung, sondern nur eine ethische Höchstqualifizierung bringen können (wie es den Arianern vorgeworfen wurde, die Jesus als zwar mit Gottes Geist begabten, aber rein menschlichen Retter verstanden).

Aber es zeigte sich im Laufe der Theologiegeschichte, dass man mit hellenistischem Denken in Naturen (Substanzen) und einem rein logischen Argumentieren dieses Paradox von Einheit und Differenz im Gott-Menschen nicht einmal zu Gesicht bekam (Huber 2005, 82-85). Erst das Verständnis des Gott-Mensch-Verhältnisses als einer spezifischen Begegnungs- und Beziehungsweise fordert die Interpretation dieses Problems als paradox im Gegensatz zur Logifizierung der Gott-Mensch-Verbindung in Jesus als dem Christus, indem die ‚göttlich-ewige Natur' dominiert. Jürgen Habermas hat diese vor allem seitens des Protestantismus kritisierte „Hellenisierung des Christentums" im Blick, wenn er mit Johann B. Metz zusammen die damit vollzogene Entfremdung des Christentums von seinem „eignen Ursprung aus dem Geiste Israels" mit diesem israelitisch-jüdischen Ursprung in kritischer Erinnerung konfrontiert: „Ohne diese Unterwanderung der griechischen Metaphysik durch Gedanken genuin jüdischer und christlicher Herkunft hätten wir jenes Netzwerk spezifisch moderner Begriffe, die im Begriff der kommunikativen und zugleich geschichtlich situierten Vernunft zusammenschießen, nicht ausbilden können. Ich meine den Begriff der subjektiven Freiheit und die Forderung des gleichen Respekts für jeden – auch und gerade für den Fremden in seiner Eigenheit und Andersheit. Ich meine den Begriff der Autonomie, einer Selbstbindung des Willens aus moralischer Einsicht, die auf Verhältnisse reziproker Anerkennung angewiesen ist. Ich meine den Begriff des vergesellschafteten Subjekts, das sich lebensgeschichtlich individuiert und das als unvertretbarer Einzelner zugleich Angehöriger einer Gemeinschaft ist, also nur im solidarischen Zusammenleben mit Anderen ein authentisches eigenes Leben führen kann. Ich meine den Begriff der Befreiung – sowohl als Emanzipation aus entwürdigenden Verhältnissen wie als utopischer Entwurf einer gelingenden Lebensform. Der Einbruch des historischen Denkens in die Philosophie (sc. in die Theologie) hat schließlich die Einsicht in den befristeten Charakter der Lebenszeit gefördert, hat die Erzählstruktur der Geschichten, in die wir uns verstricken, den Widerfahrnischarakter der Ereignisse, die uns zustoßen, zu Bewußtsein gebracht. Dazu gehört auch das Bewußtsein von der Fallibilität des menschlichen Geistes, von der Kontingenz der Bedingungen, unter denen dieser gleichwohl unbedingte Ansprüche erhebt" (Habermas 1999, 249f.).

In anderen Worten: Unser Ins-Leben-gebracht-Werden durch Andere und dass wir zu eigenem Antworten ermächtigt und gezwungen werden, diese beiden ‚Bestimmungen' sind in unseren leiblichen Glaubenserfahrungen untrennbar miteinander verbunden und müssen diskursiv mit anderen Deutungen solcher Erfahrungen abgegolten werden. Diese beiden Erfahrungen sind nicht auf gleicher Augenhöhe in Gegenseitigkeit symmetrisch verbunden, sondern in dem Sinne *asymmetrisch*, dass die Gabe unseres Lebens die Aufgabe der selbstverantwortlichen Gestaltung dieses Lebens zugleich mit auf den Weg bringt. Das (als Glück wie als Verdammnis erfahrene) Geschenk des Lebens, das von Anderen an mich gerichtete (Befreiungs- wie Zwangs-)Wort, das sich mir zuwendende (Liebes- wie Forderungs-)Antlitz des Anderen gehen meinem eigenen Antworten, Entscheiden, Handeln voraus, ohne dass ich den Anderen als Ursprung gleichsam isolieren könnte oder mein Antworten isoliert vom begegnenden Anderen vollziehen könnte (Dungs 2006, 17ff.) Theologisch wird diese Beziehungs- und Begegnungsweise mit der Unterscheidung des extra me und des pro me (der Wirksamkeit) Gottes umschrieben. Atheistisch formuliert: Der mir begegnende andere Mensch bleibt auch im Moment unseres Begegnens der einzigartige, fremde Andere und geht nicht (auch nicht irgendwie mystisch oder holistisch-pantheistisch) in der Begegnung mit mir in dem Sinne auf, dass ich ihn emotional, rational, körperlich in meinen Gefühls-, Verstehens- und Körperhorizont einverleiben und ihn verstehen könnte. Nur als Gegenüber-Mensch schenkt er mir Anerkennung und damit mein Menschsein. Auf diese Lebens- und Begegnungsparadoxie werden wir immer wieder zurückgeführt, wenn wir das Christentum als Religion der Beziehungsfülle im Horizont des entzogenen Gottes oder *als Religion der Alterität* im Sinne eines atheistischen Redens von unseren im Geist Gottes durch Andere gestifteten Beziehungen zu umschreiben versuchen (Gerber 2008, 235ff., mit Rekurs auf Levinas). Der Theologe Ingo U. Dalferth hat dieses

Paradox im Blick auf die Gaben als ‚profanem' Ausdruck für ‚Gnade' formuliert: „weil sie keine Gaben wären, wenn sie lebensweltlich nicht so verstanden werden könnten: für mich, aber weder von mir noch durch mich sind sie das" (Dalferth 2011, 105) – man könnte ergänzen: allein *zu* mir.

An dieser Stelle drängt sich eine Beschäftigung mit diesem Phänomen und dem Begriff der *Lebensparadoxie* auf. Diese Paradoxie können wir nur ‚rückwärts' wahrnehmen und ‚als von außen gekommenes Widerfahrnis' interpretieren. Ein Beispiel hierfür: Hannah Arendt hat mit dem Hinweis auf unsere ‚Geburtlichkeit' (Natalität) auf dieses Paradox von vorgängigem, ursprungslosem Entstehen und einzigartiger Selbstentfaltung und Selbstgestaltung aufmerksam gemacht (Arendt 2006, 18). In dieser Intention ist philosophisch und theologisch wiederholt versucht worden, das Handeln Gottes als Zwischenmenschlichkeit oder überhaupt als ein schöpferisches *Zwischen* verständlich zu machen. Zum Beispiel hat der französische, von Emmanuel Levinas beeinflusste Religionsphilosoph Jean-Luc Nancy wohl im Sinne einer Gottes-Prädikation von dem „Zwischen" gesprochen, das „weder eine eigene Existenz, noch Kontinuität" hat im Sinne einer vorfindlichen, beschreibbaren Existenz (Nancy 2004, 25). Für Kunst hat zum Beispiel Hanno Rauterberg ähnlich formuliert: „Hier begründet sich der eigentliche Sinn der Kunst: in einer Erfahrung der Offenheit, des Unabsehbaren, auch der Willkür – und erst im Ergebnis dieser Erfahrung kann sich, wenn es gut geht, ein bestärktes, ein verändertes ethisches Bewusstsein entwickeln. Es ist tatsächlich eine paradoxe Freiheit: Denn erst, wenn sich die Kunst von der üblichen Verantwortung löst, öffnet sie den Betrachtern einen Raum, in dem sich die eigene Verantwortlichkeit neu begreifen lässt. Nur das Unabsehbare der ästhetischen Erfahrung birgt die Chance, sich auf ein neues Sehen einzulassen, vielleicht sogar auf neue Selbsterkenntnis" (Rauterberg 2012, 46). Der an Barth, Bultmann und Heidegger geschulte Theologe Heinrich Ott ist der Auffassung, „daß das ‚kleine Zwischen' (womit wir das *zwischenmenschliche* Zwischen bezeichnen wollen, in welchem wir als Menschen immer schon existieren) zum großen Zwischen (sc. Gott) in einer *konstitutiven* Beziehung steht. *Das kleine Zwischen ist im großen Zwischen enthalten, durch dieses eröffnet und begründet, durch dieses erläutert, wie es seinerseits umgekehrt das große Zwischen uns erläutern hilft.* Von daher – und nicht von einem abstrakten Analogieprinzip her – ist es zu verstehen, daß wir in der Theologie nicht umhin können, die Personalbeziehung zu Gott jeweils am Modell der menschlichen Personalbeziehungen verständlich zu machen" (Ott 1969, 162) – wobei dies weder als komparative noch als negative Theologie geschehen sollte.

Dietrich Bonhoeffer hatte sich und uns diese Aufgabe gestellt in einem Gefängnis-Brief vom 30. April 1944: „Wie sprechen (oder vielleicht kann man aber nicht einmal mehr davon ‚sprechen' wie bisher) wir ‚weltlich' von ‚Gott', wie sind wir ‚religionslos-weltlich' Christen, wie sind wir ekklesia, Herausgerufene, ohne uns religiös als Bevorzugte zu verstehen, sondern vielmehr als ganz zur Welt Gehörige? Christus ist dann nicht mehr Gegenstand der Religion, sondern etwas ganz anderes, wirklich Herr der Welt. Aber was heißt das?" (Bonhoeffer 1951, 180). (Wobei in unseren Überlegungen im Gegensatz zu Bonhoeffer davon ausgegangen wird, dass wir nicht bzw. nur partiell in eine religionslose Zeit gehen, wohl aber vielfältige Transformationen der Religionen einschließlich des Christentums erleben.) Das Nadelöhr für die Notwendigkeit ‚weltlichen (nach-, atheistischen, profanen) Theologisierens' liegt, wie bereits angedeutet, in dem mythologisch erzählten Geschehen der Menschwerdung Gottes, wie es z. B. der Apostel Paulus in dem bereits zitierten Erlöser-Hymnus (in Philipper 2, 6-11) bekannt hat. In diesem mythologisch geschilderten Geschehen der Selbstentäu-ßerung Gottes bzw. dessen Sohnes durch Inkarnation in der Gestalt des Jesus von Nazareth liegen Zwang und Befreiung zum atheistischen (‚weltlichen') Reden von Gott, sofern es sich von Metaphysik, von Erlösungsmythen mit einem Christus-Sühnopfer an Gott, von der Vorstellung einer Ewigkeit nach dem Tod und von innerlicher Glaubensgewissheit zu verabschieden vermag (Jörns 2006; Bonhoeffer 1951, 226). Mythen wie die von der Menschwerdung Gottes und der Auferstehung Jesu und Wundergeschichten wie die Heilungen und Bekehrungen atheistisch (‚weltlich') zu interpretieren und nicht einfach zu verabschieden, das ist die hier gestellte theologische Aufgabe.

Ein solcher Verabschiedungs-, Aufbruch- und Erkundungsprozess ergreift den betroffenen Menschen in seiner sinnlichen Leibhaftigkeit: Religion, auch die christliche, wird nicht mehr als innerliche, unsere Erfahrungen und Bedürfnisse in eine Jenseitswelt transzendierende Ausdrucksweise angenommen, sondern „als eine Dimension des *unstillbaren* Begehrens nach humanen Beziehungen in allen erfüllbaren Bedürfnissen" (Zilleßen/Gerber 1997, 7). Religion drückt sich aus in der Sehnsucht und in dem unableitbaren, kontingenten Widerfahrnis, dass wir unser unhintergehbar gegebenes Leben nicht als Zwang, sondern zugleich als Befreiung geschenkt bekommen, erfahren, gestalten und thematisieren.

Begibt man sich auf das Feld solcher *‚sinnenhafter', begegnungs- und beziehungsorientierter Religiosität,* dann gerät man sofort in die Auseinandersetzung z.B. mit biologistischen Verortungen ‚Gottes' etwa in unseren Genen, in unseren Gehirnprozessen, in unserer Evolution, also meistens mit Naturalisierungen oder Biologisierungen unserer Glaubenserfahrungen. Ebenso muss man sich auseinandersetzen mit pantheistischen Identifizierungen von Gott und kosmischer Natur und unserer sogenannten naturgegebenen Ganzheitlichkeit, von Gott als dynamischer Urkraft und als Integral der Welt und mit eher mystischen Vertiefungen des Säkularen, mit denen man die Unverfügbarkeit von Gott, Mensch und Welt zu unterlaufen unternimmt. (Theologen wie Tillich, Bonhoeffer, Dalferth, die Theologin Sölle, Philosophen wie Levinas, Derrida, Ricoeur, Nancy kritisier(t)en solche Identifizierungsversuche als besitzergreifende Vermenschlichungen Gottes durch das denkende und moralisch handelnde Subjekt, das sich gegen das ‚von außen kommende' inkarnatorische, zustoßende, unverfügbare Begegnen wehrt.

Psychologen wie Horst-Eberhard Richter, Erziehungswissenschaftlerinnen wie Käte Meyer-Drawe entdecken in solchen Identifizierungs- und Autonomisierungsversuchen Allmachtsphantasien und Usurpationen des ehemals Göttlichen in einem „Gotteskomplex", indem sich der Mensch im Prozess der Neuzeit an Gottes Stelle setzt (Richter 2005). In traditioneller römisch-katholischer Theologie wird diese radikale Offenheit und Unverfügbarkeit mit der platonischen Vorstellung von der theistisch-metaphysischen Seinsanalogie zwischen Himmel und Erde, der sogenannten analogia entis, unterlaufen und teilweise verfügbar gemacht.)

Es lässt sich seit gut 20 Jahren beobachten, dass ‚Gott' nach einer Etappe der Sinngebung und Moralisierung: Gott als Moral- und Orientierungs-Garant, und parallel zu den gezeigten Naturalisierungstendenzen anthropomorphisierend transformiert wird in die beiden Funktionen *der Integration*: zum einen auf der gesellschaftlichen Ebene als Kitt für unsere auseinanderdriftende Postmoderne und als Reduktion der Komplexität und zum anderen auf der individuellen Ebene in therapeutische und beratende Funktionen hinein (Illouz 2006). Das Christentum wird funktionalisiert zum Therapeutikum und zum Integrationskitt unserer narzisstisch werdenden Gesellschaft. Der Gottesdienst wird entsprechend, wie Friedrich Graf kritisiert, zum „Kundendienst" (Graf 2011). Michel Foucault hat in Analysen gezeigt, dass die „Pastoralmacht" aus Psalm 23 „Der Herr ist mein Hirte, mir wird nichts mangeln …" sich „im Zuge der Säkularisierung und Aufklärung keineswegs verflüchtigt, sondern nur subjektiviert hat", so dass der Hirte und die Herde eins geworden sind und das ‚Schaf' sich selbst zu managen gelernt hat, aber dazu auch verdammt ist, wenn es sein muss mit Therapie, Droge, Ersatz- und Quasireligion (Bartmann 2012, 138). Der sich selbst nie einholende, nie sichere, wohl aber (wie in der Liebe) gewisse Gottes-Glauben soll von Beratungsmanagern, Therapeuten, Drogen- und Enhancementhändlern, von Gefühlsbeschaffern und Selbstfindungsprogrammierern beerbt und auf sichere Erfolge gestellt werden (Bröckling 2007, 65ff.), um das Auseinanderklaffen von (meist virtuell vermittelten) Allmachtsphantasien und real-sinnlicher Erfahrung, also unser unaufhebbares Lebens-Paradox, eben doch aus der Welt zu schaffen oder mindestens in den Griff zu bekommen – wie man einst Jesus gefangen genommen und aus der Welt geschafft hat, weil er Religion und Religiosität in die durch andere Menschen schenkenden Hände Gottes zurückzugeben versuchte und keine Gute-Taten-Religion als Verwirklichung des Reiches Gottes auf Erden zuließ. ‚Gott' wird marktgerecht präsentiert im Marktmodell einer „Erleichterungsreligion" durch pseudoreligiöse, weltanschauliche, heilspolitische, spirituelle, kosmologische und apokalyptische Heilsangebote in und außerhalb des Christentums (Hauser 2004; Gerber 2008, 131ff., 155ff.; Beck 2008, 191-195). Dieser ‚Gott' wird als Allheilmittel einer narzisstischen Gesellschaft, als politisch-moralisches Integrationsmittel, als effektiv nachweisbares Therapeutikum für alle Unpässlichkeiten in unsere Optimierungsgesellschaft (wie ein Accessoir) eingebaut.

Wer in Situationen, wo es um *Begegnen,* um *Angesprochenwerden* und *Antworten,* um *Schuld* und *Befreiung,* um *Gewissheit* und *Chaos,* um Gelingen und Scheitern von Glaubens- als Lebensexperimenten geht, dennoch auf sichere, wasserdichte Lebensprogramme setzt, der wird Gott, Menschen und die Schöpfungswelt im Trend der durchschlagenden Ökonomisierung und Mediatisierung unserer Gesellschaft zu Programmen und Marktgegenständen machen und sich selbst des paradoxen Lebens als eines unvorhersehbaren ereignisreichen Experimentes entledigen – und glauben, lieben und hoffen verabschieden. Erkennen können wir uns selbst und die Anderen nicht mittels gemeinsamer Programme, sondern einzig durch das hindurch, was uns leibhaftig widerfährt und also ‚diversifiziert'. Sinnlichkeit und Begegnung, Leibhaftigkeit und Performance machen Glauben, Lieben und Hoffen aus. „Protestantischer Glaube soll nicht nur Denkglaube und Weltfrömmigkeit im alltäglichen Beruf, sondern soll und darf auch Herzensfrömmigkeit sein. Und die religiöse Rede soll auch Trost spenden, auferbauen. Aber dazu muß man den Stachel des Negativen im Leben der Endlichen, Sterblichen ernst nehmen, und davon ist in vielen Predigten nicht mehr die Rede. Statt dessen wird die ‚Bewahrung der Schöpfung' – eine theologisch nur gedankenlose Formel aus dem politischen Betrieb – beschworen oder die Mülltrennung im Dreitonnensystem zu einem vestigium trinitatis stilisiert. Gustav Seibt, ein religionssensibler Bildungsbürger per excellence, hat dazu jüngst bemerkt: ‚Den Protestantismus als Religion und Lebensführung gibt es nicht mehr, dafür haben wir die Nachhaltigkeit'. Nun wird man einem protestantischen Theologen nicht übelnehmen können, dass er den ‚Protestantismus als Religion und Lebensführung' bewahren, stärken will. Aber Seibts polemische Bemerkung verweist auf ein Folgeproblem der neuen protestantischen Wellnessreligion: Wer das gedankliche Anspruchsniveau des Christlichen fortwährend absenkt, hat den Leuten bald nichts Relevantes, Lebensdienliches mehr zu sagen" (Graf 2011, 63) – wobei es nicht nur um ein gedankliches Anspruchsniveau geht, sondern um die Einsetzung menschlicher Existenz durch Andere in das Lebensparadox, das als aus der Unendlichkeit zustoßend nicht gedacht werden kann, weil wir die Selbstvermittlung Gottes und unsere Subjektwerdung, Versöhnung und Gericht, Unendlichkeit und Gegenwart, den Anderen und uns selbst nur retrospektiv denken können.

Also: Es geht hier um den nie endgültig lösbaren, aber immer mutig und mit Interesse zu unternehmenden und bisweilen verzweifelten Versuch eines ‚weltlichen‘, ‚profanen‘, nach-, atheistischen Redens von paradoxen Phänomenen Gott, Menschen und Schöpfungswelt, wie es der Theologe Paul Tillich exemplarisch in seiner Schrift „Der Mut zum Sein" ausgeführt hat. Den von „Sinn-Angst" freimachenden Mut nennt er die Haltung des „absoluten Glaubens" an den „Gott über Gott", der nicht wie im Theismus ein Teil des Ganzen ist, sondern der „Grund des Ganzen" und zugleich der Mittler des Muts zum Sein (Tillich 1991). Im Folgenden wird auch die Prädikation „Grund des Ganzen" dekonstruiert werden, weil der Begriff des Grundes einen metaphysischen Anfang suggerieren könnte. Solches Theologisieren macht so lange Spaß und nährt permanent Zweifel, solange wir mit anderen Menschen unter Berufung auf den in Jesus von Nazareth Mensch gewordenen und vergebenden Gott zur Nächstenliebe befreit und gezwungen lieben und leiden, schweigen und reden, essen und hungern, feiern und arbeiten, glauben und zweifeln, leben und sterben.

II. Der Diskurshorizont:
Sind nach der Entzauberung von Gott, Mensch und Welt in der Moderne neue Zauberer oder/und Atheisten oder/und eine Wiederkehr der Religion(en) dran?

Schaut man auf die europäische religiöse Landkarte mit den beiden immer deutlicher schrumpfenden christlichen Volkskirchen des römischen Katholizismus und des Protestantismus, mit einem konsolidierten Judentum und einem anwachsenden Islam, dann stellt sich die Frage: Was ist mit Gott, mit uns Menschen, mit unserer Welt passiert? Die einen sagen: Der von Nietzsche diagnostizierte Nihilismus realisiert sich und Gott erübrigt sich. Andere meinen: „Das Land von Luther, Marx und Nietzsche hat den Glauben an die Gottlosigkeit verloren" (Smoltczyk 2006, 25). Wieder Andere lehnen wie der Berliner Senat 2009 die in GG Art. 7, 3 garantierte, in Berlin (und Bremen) aber auf Grund einer Sonderregelung von 1949 außer Kraft gesetzte und von einer Bürgerinitiative geforderte Einführung von Religionsunterricht ab zugunsten des bestehenden ‚neutralen' Ethik-Unterrichtes für alle. Der angeblich säkular-gottferne Westen diskutiert zugleich mit Säkularismus-Programmen vor allem der laizistischen Trennung von Kirchen (Religionsgemeinschaften) und Staat (wieder) religiöse Fragen: Zölibat, Mischehen und Zulassung zur Eucharistiefeier, Papsttum, Kopftuch, Gebetsecke in Schulen, Beschneidung, Kindesmissbrauch in kirchlichen Einrichtungen. Unsere Gesellschaft hat sich in den letzten Jahren verändert und ineins damit haben sich sowohl Bekennend-Glaubende in der Ausübung ihres Glaubens als auch bekennende Nichtglaubende in ihrer atheistischen Einstellung verändert. Das Erstarken des Islam in seinen Varianten der Schiiten, Sunniten, Aleviten, der saudiarabisch verwurzelten Salafisten und anderer Gruppierungen, die von einem aufgeklärt-europäischen Islam bis zu einem fundamentalistischen, bisweilen terroristisch aktiven ‚Islamismus' reichen, fordert die christlichen Konfessionen in unserem Kulturraum zur Standortbestimmung in den eigenen Reihen und im Dialog mit Judentum und Islam in ihren jeweiligen Facetten heraus. Die letztere Fragestellung nach dem interreligiösen Dialog zielt vornehmlich auf die Anerkennung des Islam als Religionsgemeinschaft mit dem Status einer Körperschaft öffentlichen Rechtes durch die Länder und auf die Einrichtung eines Islamischen Religionsunterrichtes (IRU) durch die Bundesländer als weitere Integrationshilfe. Dieser Dialog soll im Folgenden eher im Hintergrund bleiben (Gerber 2006). Im Vordergrund steht die Überlegung, wie in heutiger spätmoderner Zeit eine *christliche Glaubenseinstellung ohne den traditionellen metaphysisch-dogmatischen* und *rituell-gottesdienstlichen Überbau* eher atheistisch plausibel gemacht werden kann.

Zunächst kann festgehalten werden: Der Protestantismus lebt als *Religion der Selbstveränderung* durch die *Verkündigung* des biblischen *Wortes Gottes*, gemäß Luther: ecclesia (und ineins damit: theologia) semper reformanda (Körtner 2010, 7ff.). Veränderung ist aber auch eines der Markenzeichen unserer (westlichen) beschleunigt-flüchtigen Spätmoderne im „Unabhängigkeitsjahrhundert" (Bauman 2007; Rosa 2005; Gross 1999), aber statt in Richtung der Achtung der Ungleichen-Einzigartigen in der gesellschaftlichen Gleichbehandlung hier als radikales Gleichmachen in der ökonomischen Ideologie unter Wahrung der Unterschiede in den sozialen Folgen durch die Machthabenden. Mit diesem Vereinheitlichungsschub ist der ‚vertikale' Gott ‚im Himmel oben' mehr oder weniger geräuschlos aus der relevanten Öffentlichkeit verabschiedet worden – und nicht neu gedacht worden in der Symbolwelt des ‚Horizontalen', atheistisch wie wir heute sagen. Mit dieser Art Erdung wurden Widerfahrnisse wie Gnade, Erlöstwerden, unmittelbare Gottes-Begegnungen anders, nämlich als sich ständig verändernde Beziehungen erlebt, und sie drängten zu neuen Interpretationen wie z.B. Anerkanntwerden, Menschenwürde, Lebensparadox. Die christlichen Kirchen haben sich – im Katholizismus mehr, im Protestantismus etwas weniger – auf das Tradieren und auf die Selbsterhaltung verlegt und haben es zu selten gewagt, sich auf experimentelles Leben und Denken und auf demokratisches Selbst-Organisieren ‚von unten' einzulassen, bestenfalls eingeschränkt etwa bei Kirchentagen. Lebendige Religiosität abseits der Kirchen ist nicht verschwunden, weder mit der schleichenden Verabschiedung des ‚vertikalen' (metaphysisch-theistischen) Gottes noch mit dem Austrocknen durch bloßes Überliefern (Leonhardt 2008; Graf 2004). Sie ist in verschiedenen Erscheinungen greifbar, z.B. als ästhetisiertes Christentum, das weder eine vertikale noch horizontale Verpflichtungsdimension in sich trägt, sondern als Accessoir, als immer noch modisches Zubehör, z.B. bei der Beerdigung von Michael Jackson in LA im Juli 2009 zelebriert wurde: Der altbekannte ‚Gott da oben' wurde von einigen normalerweise selbstgenügsamen Pop- und Filmstars wie ein angestammter Vermieter für den King of Pop, der das Quartier wechselte, angerufen, ja angefleht. Wir haben hier ein Beispiel dafür, wie Religion im Stadium der bloßen Event-Zelebration verbleiben kann und für die rites de passage einschließlich Sterben und Kinderträumen funktionalisiert und zugleich mythologisiert wird. Zusammen mit solchen traditional-zivilchristlichen Inszenierungen,

38

Symbolwelten, Stabilisierungs- und Sehnsuchtsphantasien haben sich die religiösen Ansprüche und Erwartungen in ein kognitives Sinngebungs- und körperbezogenes Beratungsreservoir verwandelt und die religiöse Landschaft ins Unzählig-Plurale, nur noch vermutungsweise Religiöse ausgeweitet bis hin zu den persönlichen Religionspatchworkwelten: Sei dein eigener Held! Sei dein eigener Lover! Sei dein eigener Showman! Sei dein eigener Gott! (Beck 2008, 123ff.).

Nebeneinander findet man nachkirchliche, postchristliche und postsäkulare, christlich-fundamentalistische und explizit säkulare Ersatz-, Steigerungs- und Nachfolge-Religionen, Weltanschauungen wie z.B. Scientology, die neuerliche Atheismus-Mission aus England und Atheisten-Stammtische, ideologisch aufgeladene Beratungs- und gewinnträchtige Therapie-Angebote mit psychoanalytischem Hintergrund, ein medien-, medizin- und drogen-, intensiv enhancement-gesteuerter Kult des scheinbar verfügbaren Körpers, der gesuchten ,baumelnden' Seele und der wiederzubelebenden Emotionen, ebenso säkular-apokalyptische Wissenschaftsheilsbotschaften im Gewand von Genetik, Neuro-, Nano- und sonstiger Bio-Wissenschaften und weitere Heilsvisionen zur Selbsthilfe. Solche Angebote rücken in das vom schwindenden traditionell-kirchlichen wie zivilbürgerlichen Christentum hervorgerufene Vakuum an Sinngebung und Orientierung, an Selbstverwirklichungs- und Vergesellschaftungskonzepten ein, wie Eva Illouz in „Gefühle in Zeiten des Kapitalismus" gezeigt hat (Gerber 2008, 131ff.).

Diese unterschiedlichen Religions- und Sinngebungsangebote, heilversprechenden Weltanschauungen und Geheimbotschaften, solche religiösen Suchbewegungen und Selbsthilfegruppen stellen den Einzelnen ständig vor die Entscheidungsfrage: ,Wie halten Sie es mit dem, was oder wer Sie unbedingt angeht, ohne dass Sie dies oder den identifizieren können? Was oder wer bestimmt Ihren Erfahrungs- und Wahrnehmungshorizont, Ihre Denk- und Gefühlswelt, Ihre Bedürfnisse und Befriedigungen, Ihre Sehnsüchte und Abspaltungen von Angst und Schwäche? Wer oder was hält Sie und die Welt schon immer ,am Laufen' und kann doch durch uns nicht eingeholt und endgültig definiert und deswegen nicht verfügbar gemacht werden?' Gibt es da für die individuelle Lebensgestaltung, für die Zweierbeziehung und für Familie, Beruf und Freizeit, für Leistung und Krankheit, für Glücksmomente und Erschöpfung etwas Heilsames, Vor- und Verschreibbares, Brauchbares, Erfolgversprechendes mit klaren Verhaltensanweisungen und Regeln, Beipackzetteln, Medikamenten, Therapien, Drogen, Biotechnischem, Spiritualität, Mystik, regenerativem Klosteraufenthalt? Kann man diesen Rat für den Selbsthilfeweg zu Sinn und Glück, den jede und jeder individuell auf sich selbst anwenden muss, nur glauben und gar nicht direkt umsetzen in Aktionen der Selbstinszenierung? Steckt in solchen Fragen, Hoffnungen und Zweifeln, ob wir überhaupt fit sind für diese rasante Spätmoderne-Welt und wie wir uns dann als Erschöpfte fit machen müssen und können, irgendwie auch die traditionelle Gottes-Frage nach der ‚Kompetenz' des (jüdisch-christlichen) Schöpfers und der Wirksamkeit des christlichen Erlösers Jesus von Nazareth, aber jetzt eben in nach-christlichem, nicht-religiösem oder spätmodern-post-säkular-religiösem Gewande des Fragens nach Sinn, Identität, Autonomie, Glück, Ganzheitlichkeit, Anerkennung? Statt nach der Glaubensfitness für den vertikalen Weg von hier in den Himmel wird jetzt eben nach der erlösenden Fitness für das ständig zu verbessernde ‚do it yourself' nach vorne horizontal Ausschau gehalten. Das Management des Himmels hat sich verwandelt in das unternehmerische Selbstmanagement, das alle in seine Ambivalenz von Erlö-sungsbild und Schreckbild bannt (Bröckling 2007, 7-18) – geschlossen in die Vergangenheit, versehen mit einer machbaren Zukunft, unerreichbar in der Ge-genwart und trotzdem verpflichtend. Die von Luther *incurvatio in se ipsum* ge-nannte *Sünde* soll zum Programm werden.

Zugleich gibt es aber auch Anzeichen, dass die Epoche der Selbsthilfe und Selbstermächtigung, des ‚yes, we can', und ihre Kehrseite, dass wir zu Rädern des ökonomisch dominierten Gesellschaftssystems mit seinem Wachstums- und Selbstoptimierungswahn degradiert werden, an ihre eigenen Grenzen und an Begrenzungen durch Andere, wie im Extremfall durch Islamisten, und durch anderes, wie z.B. die Ökologie-Krise, Ressourcenverknappung und Ökonomie-Krisen gelangt. Immer mehr Menschen kritisieren auf Grund ihrer Negativerfah-rungen von gesellschaftlichem Druck, von Zwängen, Enttäuschungen und Er-schöpfungszuständen, dass mit der „Absicht, das Selbst zu emanzipieren" in Akten der Selbstinthronisation (Richter 2005), die gesamte Gesellschaft mit einer Koket-terie des Unheil- und Krankseins pathologisiert und durch normierende Idealbil-der von perfektem Menschsein entmündigt wird und dass das „Individuum handhabbar und diszipliniert" wird (Illouz 2009, 13). „Du musst Dein Leben ändern" – zum Beispiel durch Abkehr von den bisher dominierenden (christlich-) religiösen Praktiken und Lehren, empfiehlt der Guru-Philosoph Peter Sloterdijk (Sloterdijk 2009), und tappt mit solchen Imperativen in die alte Falle der Selbst-ermächtigung. Soll entsprechend das religiöse Vorbild Jesus von Nazareth, der zur Buße (Umkehr) im Hören auf den nahen Gott aufrief, jetzt marktgerecht in das Vorbild für eine Vernunft-Religion, für irgendwie spirituelle Selbstverbesse-rung durch übungsbeladene Selbsttherapien umgestylt werden, was in Ansätzen in manchen Jesus-Christus-Bildern der Aufklärungsepoche schon anklang, oder soll er gar als Störenfried (wie vor 2000 Jahren einmal wieder) ganz aus dem Ver-kehr gezogen werden (Sloterdijk 2007, 50-57)? Dieser Jesus von Nazareth hatte damals den jüdischen und späteren christlichen Sich-selbst-Verwirklichern ge-genüber für Einhalt und für einen Perspektivenwechsel plädiert, dass nämlich zu-erst der menschenfreundlich erfahrene Gott uns durch andere Menschen (und durch die Schöpfung), und nicht in denkerischen Selbstverwirklichungen, segensreich anschauen möge: "Der Herr erhebe sein Angesicht über uns", in der Begegnung mit anderen Menschen (4. Mose 6, 22-26). Gott möge uns Geschöpfe zuerst durch Andere ansprechen und uns profane, atheistische Anerkennung widerfahren lassen: „Ich habe Dich bei Deinem Namen gerufen, Du bist mein" (Jesaja 43, 1). Dieser Gott hat uns Menschen ins Leben gerufen, wie es der zweite biblische Schöpfungsmythos handwerklich erzählt: „Da bildete Gott der Herr den Menschen aus Erde vom Ackerboden und hauchte ihm Lebensodem in die Nase; so war der Mensch ein lebendes Wesen" (1. Mose 2, 7). Gott hat Arbeit mit uns Menschen. In solcher anthropomorpher Vorstellung und Redeweise lässt sich sagen, dass Gott seine Geschöpfe anerkennt und würdigt: „Was ist doch der Mensch, dass Du seiner gedenkst? Und des Menschen Kind, dass Du Dich seiner annimmst? Du machtest ihn wenig geringer als Engel; mit Ehre und Hoheit krönst Du ihn. Du setztest ihn zum Herrscher über das Werk Deiner Hände" (Psalm 8, 5-7). Das Christentum (und das Judentum) lebt in seinen Manifestationen von einer Botschaft, die sich in einer „relationalen Deutung des Menschen als Würdeträger" durch Gottes Einsetzung konkretisiert und nicht auf einen Verbesserungszwang der Selbstzentrierung zum würdigen Menschen hinausläuft (Graf 2009, 201). Hier schneiden sich biblisch thematisierte religiöse Erfahrungen von einem Leben und Sterben mit Gott, von Geschöpflichkeit und Verantwortung für die Schöpfung, von Angesprochenwerden mit dem eigenen Namen und der Verheißung der heilsamen Wegbegleitung Gottes mit profanen ‚Setzungen' von Würde und von Erfahrungen mit Würde (wie sie im Grundgesetz GG 1, 1 als „unantastbar" vorausgesetzt wird), von Geboren-Werden und Angewiesen-Sein, von Ernährt- und Gebildet-Werden. Religiöse (heilige) Erfahrungen und Deutungen und profane (weltliche) Erfahrungen und Interpretationen sind schon immer aufeinander bezogen und ineinander verwoben, aber sie sind nicht hintergehbar auf die Beschwichtigungsformel ‚Wir haben doch alle den gleichen Gott'. Sie sind nur zu unterscheiden in einem persönlichen Entscheid, gemäß Luther allein im Glauben (Dalferth 2011, 50ff.). Jede dieser Entscheidungen bleibt auch atheistisch-theologisch stets umstritten. Dies wird sich auch in den folgenden Beobachtungen und Überlegungen zeigen.

Offenes Theologisieren mit Phantasie ist nur möglich im Dialog mit Verbündeten, die andere Menschen und die Schöpfung (und damit auch sich selbst) nicht als verfügbare und nach Nützlichkeitsgesichtspunkten zu optimierende Staffage und Fakten verwenden, sondern diese in ihrer „fremden Würde" als Gaben und Aufgaben wahrnehmen (Altner 1998, 35-72). Entsprechend liegt das leitende Anliegen der folgenden Denkvorschläge darin, Informationen zu geben und Diskussionen im Umgang mit zwei miteinander verknüpften Fragen zu entfachen: (a) Im Blick auf das Christentum selbst ist zu fragen, in welche spätmodern-religiöse Gestalt(en) es sich in seiner Vielfalt derzeit *transformiert und verwandeln möchte und kann* (Huber u.a. 2006; Graf 2007)? Das 'Wesentliche' des Christentums kann entgegen früheren Zeiten heute nicht mehr substantiell-zeitlos, jenseitsorientiert (theistisch) in allgemeingültigen Dogmen und Glaubensbekenntnissen oder als programmhaftes Profil ausgesagt werden, obwohl einem diese Haltung ständig als Selbstverständlichkeit begegnet in Gottesdiensten, Religionsunterricht, kirchlichen Festansprachen, und umgekehrt in der Berufung von Politikern und Politikerinnen auf *das christliche Menschenbild,* als ob es nicht unzählig viele Menschen-Bilder in der Bibel und in der christlichen Tradition gäbe. Jede und jeder muss sich immer wieder für ein erfahrungsbezogenes Menschen-Bild entscheiden, diese Entscheidung aber zugleich offenhalten für Korrekturen und sogar für das Aufgeben. Und es stellt sich in unserer Gesellschaft, die sowohl durch die Brille der Postsäkularität als auch der Säkularität wahrgenommen und interpretiert werden kann, (b) die eingangs gestellte Frage, ob es so etwas wie ein *profan-religiöses, nach- oder atheistisches Theologisieren* geben kann, in Fortführung des Anliegens einer nicht-religiösen, ikarnatorischen Interpretation biblischer und überhaupt religiös-christlicher Begriffe und Traditionen, wie es z.b. Dietrich Bonhoeffer begonnen hatte (Gerber 2008, 191ff.)?

In unserer pluralistischen, individualisierten, gleichsam verflüssigten Welt hält protestantisches Christentum an der *reformatorischen Glaubenseinsicht* fest, dass leistungs- und belohnungsfreie Lebensgestaltung uns von Gott, also 'umsonst' durch andere Menschen widerfährt, geschenkt wird (Ebeling 1975, 359f.; Körtner 2010, 27ff.). Wir müssen aber deswegen nicht hinter den neuzeitlich-egozentrischen, personalen Ansatz, der nicht verwechselt werden darf mit einem abzulehnenden egoistischen Ansatz, zurückgehen auf einen jenseitig und unabhängig vorgestellten Gott. Was in unserer Gesellschaft mit ihren immer stärker fragmentierten und segmentierten Lebensbereichen und parzellierten Institutionen mit der 'Entfernung' von christlicher Religiosität zur Debatte steht und ständig zur Diskussion gestellt werden muss in religiöser bzw. religionspolitischer, kultureller, sozialer Perspektive, ist die kritische Wahrnehmung, Analyse, Brandmarkung und Überwindung eines in Teilen beinahe autistischen Lebensstils der multiplen 'self-made-person' mit ihren „Illusionen von Autonomie" (Lempp 1996). Diese Selbstzentrierung wird dann fatal und tendenziell suizidal, wenn sie nicht mehr unterscheiden lässt zwischen dem Entdeckungszusammenhang durch den Einzelnen und dem 'auslösenden' Generierungs- oder zustoßenden Entstehungszusammenhang. Letzterer kann weder induktiv erhoben werden, wie es in liberaler Theologie bisweilen mit dem Postulat eines religiösen Aprioris vorkommt, noch darf er als Spitze einer Deduktion vorausgesetzt werden, wie Karl Barths Ansatz von manchen als Offenbarungspositivismus des 'senkrecht von oben' kritisiert wird (Bonhoeffer 1951, 179, 184, 219; Wüstenberg 1996; Dalferth 2010, 227ff.). Das heißt: Ich kann mit meinen Wahrnehmungen und meinem vermutend-entwerfenden Interpretieren nur bei mir selbst einsetzen, wobei ich mir selbst und die Welt mir vorgegeben sind, so dass es so etwas wie neutrales Wahrnehmen ohne meine subjektiv-individuelle Betroffenheitsbrille und ohne ein Vorverständnis nicht geben kann. Auch das „extra me" der anderen Menschen, der Welt, Gottes kann nur ein von mir sinnlich, emotional, kognitiv vollzogenes „vor mir, zu mir und außerhalb von mir" sein. Allein Andere können uns eine andere Perspektive eröffnen, ein anders anderes Leben als unsere selbst gewählten Lebensalternativen zusprechen, indem sie uns anerkennen in unserer Einzigartigkeit und sich uns gegenüber nicht nur tolerant-duldend verhalten.

Derzeit setzen Politik, soziale Arbeit, Kultur immer mehr auf *Selbstversorgung* der Bürger und Bürgerinnen, was auf der Rückseite z.B. eine sich ausweitende *Juridifizierung* als Strategie der Selbstbehauptung und Absicherung und eine ungeheure Überforderung der Einzelnen mit sich bringt. Die Kultur setzt auf Selbstinszenierung des „unternehmerischen Selbst" zwecks Sicherheit, auch in Fragen der Religiosität (Bröckling 2007, 46ff.). Auch der religiöse Zwang verlagert sich in den Selbstzwang des reflexiven Ich als „Detektiv seiner selbst", der „sich über sich und andere in allen möglichen und unmöglichen Hinsichten Rechenschaft" ablegen muss, auch im Religiösen (Beck 2008, 29). Die meisten Konfessionen, Religionen, religiösen Gemeinschaften spiegeln mit ihren Imperativen zur Selbstanstrengung diese gesellschaftliche Individualisierung und Atomisierung wider (Beck 1986, 121ff.; Beck/Beck-Gernsheim 1990, 7ff.). Sie geben ein Bild von Autonomie vor, die im Blick auf den (deistisch) als Uhrmacher vorgestellten Gott Schicksal, Vorherbestimmung, Ohnmacht und im Blick auf die religiösen Eigenkräfte Autonomie, Selbstverwirklichung, Allmacht suggerieren (sollen). Solche Autonomie- und Allmachtsphantasien kritisiert der Theologe Friedrich Wilhelm Graf: „Aber die Würde des Menschen liegt gerade darin, dass allein Gott selbst ein angemessenes Bild jedes Einzelnen seiner vornehmsten Geschöpfe zu erzeugen vermag" (Graf 2009, 202) – durch andere Menschen, alteritätsbestimmt, atheistisch (Gerber 2008, 235ff.), indem die Logik unseres zum planenden Koexistieren notwendigen Gleichmachens durch uns begegnende Menschen durchbrochen, aufgehoben wird (was man als Dekonstruieren bezeichnet).

Wie aber lässt sich dieses gegenläufige christliche Bekenntnis von Glauben, Lieben und Hoffen als Alteritätserfahrungen, als Erfahrungen von Beschenktwerden und Dank, von Gezwungenwerden und Zurückweisen in unserem Zusammenleben und Leben in verständlicher Sprache und Begrifflichkeit buchstabieren, wenn Gott eben nicht mehr theistisch und metaphysisch als Deduktions- und Zielpunkt, als ordnender Schöpfer und seine Ehre durch seinen sühnenden Erlöser herstellender Gott vorausgesetzt werden kann? Wenn die Überbauten wie König-Gott, himmlisches Jenseits, heilige Trinität, sündloser Gottessohn auf Erden, stellvertretendes Sühnopfer, heilige Sakramente, also die traditionelle christliche Errettungs- und Glaubens-Kultur als einst tröstende, heute aber kompensatorische Religionswelt einer christlichen Sonderwelt und religiösen Parallelgemeinschaft ihre Kraft und Geltung verlieren, wenn – wie Paul Tillich gezeigt hat – viele dieser christlichen Symbole vergehen, wenn sie „sterben"? Es nützt aber nichts, wenn Theologie und Kirchen dazu anhalten, symbolisch und ‚metaphorisch' von Gott zu reden, wenn Metaphorik das bebildernde Hin- und Herspringen zwischen der vorgegebenen Gottes-Ebene und der vermeintlich klaren oder zu klärenden Situation der Menschen meint. Wenn die *Metapher* aber aus dieser bindenden Identifizierungsfunktion befreit wird in eine sich narrativ artikulierende, situativ vollzogene, performative Suchbewegung, dann werden Perspektiven nachtheistischen Theologisierens mit eingezogen: Entscheidungshaftigkeit (Stichwort: freier Willen), Pluralität, Paradox, Ambivalenz, Dezentrierung des Subjektes (‚extra me', Rechtfertigung), Differenz, Verantwortung, Reformulierung von Dualismen wie Gott-Mensch, Glauben-Sünde, extra me-pro me, Schuld-Vergebung (Gamm 2002, 115, 121). Die umgekehrte Bewegung des Fundamentalisierens macht den Menschen, das Subjekt, vergessen, leugnet dieses, um eine Glaubensrichtung, eine Religion begrifflich als einzig ‚objektive' Wahrheit und dann ritualisierend als exklusiven Heilsweg durchzusetzen. Der springende Punkt dekonstruierenden Theologisierens ist die schon von Luther reklamierte *Orientierung am Anderen*, wobei diese Beziehung des Anderen zum Angegangenen nie vorweg gekannt werden kann und deswegen dieser Betroffene sich auf den Angehenden weder diakonisch noch moralisierend noch mystifizierend einstellen kann. Der Andere-Nächste bricht herein in unseren Lebenskreis als unvorhersehbares Widerfahrnis und versetzt uns gewissermaßen in Neuland und neu in Beziehungen – wie im Gleichnis vom Barmherzigen Samariter, sofern dieses christologisch und nicht diakonisch-moralistisch verstanden wird (Läuchli 2001). Damit stehen Entscheidungen an, z.B. wie mit den benachteiligten, prekär lebenden, ausgeschlossenen Menschen und mit den rücksichtslos ausbeutenden Menschen und mit dem immer mehr zerstörten Reichtum unserer Schöpfung umzugehen sei. Ebenso sind in Kirche(n), Theologie und in der persönlichen Glaubensüberzeugung „notwendige Abschiede" zu nehmen, wozu einst Luther und andere Reformer, in unserer Zeit die Theologin Dorothee Sölle, neuerdings der Theologe Klaus-Peter Jörns, auch Eugen Drewermann, feministische Theologinnen und andere Engagierte eingeladen haben und Mut machen (Sölle 1982, 1994; Jörns 2006, 70ff.).

Vielleicht kann eine biblisch überlieferte Symbolhandlung solches *Verabschieden* verdeutlichen: „Und der König stieg herab von seinem Thron" (Jona 3, 6b): Der König von Ninive hoffte, mit diesem Schritt herab vom Allmachts-Thron das Ende Ninives abzuwenden, indem er aus der Konkurrenz zu Gott

Jahwe und zu seinen Mitmenschen herauszutreten sich vornahm (Zilleßen/Gerber 1997, 7; Gerber 2012, 118f.). Es ging in Ninive und es geht heute um die Macht und Ohnmacht solchen Hoffens, eines Lebens und Zusammenlebens mit Widersprüchen, Kontingenzen und Konflikten, um die Präsenz und die Abwesenheit Gottes; es drehte sich um die Ambivalenz und die Paradoxien unserer Welt als gegebener Schöpfung und als zu verantwortendem Gebrauchsgegenstand, also ums Ganze unseres nie eindeutigen, stets fragmentarischen Lebens und fragilen, netzartigen Zusammenlebens in einer Welt, die schon immer Illusion ist und auf der Kippe steht (Luther 1992, 22ff., 160ff.). Wir haben – mit Max Webers Worten – die okzidentale Welt entzaubert, ihr das Religiöse als fascinosum und tremendum – wie Rudolf Otto Religion umschrieben hat –, das Geschöpfliche, auch das Mythische und Magische weitgehend genommen (Habermas 1985, Bd. 1, 225ff., 262; Bd. 2, 118ff.). Wir rauben uns unsere gemäß 1. Mose 2 durch Einhauchung (mythisch) ins Leben gerufene göttliche Lebensseele durch Funktionalisierung schrittweise selbst. In unseren einseitig gewordenen Glückserfahrungen verabschieden wir die vielgestaltige Potenz der altgriechischen Schicksalsgöttinnen (die ihrerseits von Zeus entmachtet wurden) und streichen damit auch das Geschenkt-Kontingente immer gründlicher. Wir haben unseren Krankheiten die biblisch bezeugten Dämonen mittels Geräte-, Gen-, Nano-Medizin und Selbsttherapie ausgetrieben und ineins damit nahezu die gesamte Gefühlswelt. Wir nehmen der Natur als Schöpfung durch pures Verwerten die bislang beschworenen Geister und bleiben an der Oberfläche hängen, ohne Achtung und Nachhaltigkeitsideen. Wir sperren aus den Wohnungen durch zweckmäßige Architektur Anmutung und früheren Spuk aus, so dass nichts zu verändern bleibt. Wir entleeren unser Kommunizieren zusehends durch Nützlichkeitsdominanz und gehen Vertrautheit und Verführungskunst und gelegentlichen Zaubers verlustig. Kurz: Wir haben alles rationalisiert, ins Verfügbare und Mediatisierbare vorstellig gemacht, verwissenschaftlicht, in Herrschaft und Ausbeutbarkeit logifiziert und ökonomisiert, profanisiert zu toten Gegenständen und gleichzeitig zu säkularen Kulten gemacht mit neo-religiösen neuen Mythen. Und jetzt stehen wir entgeistert da, pfeifen im Walde unserer verrechneten entgleisten Welt, oft ratlos, aber auch trotzig. Den unbeugsamen (christlichen, religiösen) Rest haben wir zum Subreligiösen, Archaischen, noch zu Zähmenden erklärt und/oder nach Möglichkeit verdrängt und abgespalten. Aber dieser *undefinierbare Rest* bleibt sperrig, hartnäckig und subversiv lebendig. Freilich verliert er in Kirchen und Zivilgesellschaft immer mehr an Bindekraft: An Weihnachten wird er in Kirchen und Familienfeierlichkeit wie ein christlicher Kokon zelebriert, meistens erfahrungs- und folgenlos, eben als religiöses Vorspiel angeschaut. Trauungen bleiben oberflächlich in Mode und werden von mancher ansonsten ‚heidnischen' very important person, wie z.B. vormals Boris Becker, im Bund mit der aus Prestige- und Geldgründen mitspielenden Kirche zelebriert. TV-gepasste Taufen der ansonsten gemeinderesistenten high society, der Adels- und Geldadelshäuser erfreuen das anspruchslos gewordene TV- und Zaungastpublikum. Das Geschenkbestaunen und -konkurrieren anlässlich Konfirmation und Firmung, Beerdigungen, Jubiläumsfeiern und Gottesdienste zu Schuljahresbeginn und -ende und zur Eröffnung der Legislaturperioden und weiteres Zivilreligiöses gelten als gern gepflegte ‚kirchliche Anlässe', aber – bitte – ohne Folgen für den ‚Alltag' und ohne Schuldgefühle (weil es Sünden ohnehin nicht mehr gibt). Man trägt solche Religion modisch leicht und wandelbar, zivilreligiös je nach Situation, Anlass, Zeiten, Erinnerungskraft und Karrierezutat und in religious correctness wie ein Gewand für bestimmte Anlässe, aber nicht ‚fürs Leben'. Man spricht sogar von „stellvertretender Religion", dass man nämlich selbst nicht zur Kirche geht, wohl aber für deren Fortbestand plädiert als einer der wichtigsten moralischen Instanzen, als einer grundlegenden bürgerlichen Werte- und Anstandsvermittlerin etwa in Evangelischen/Katholischen Kitas und Privatschulen für die Kinder ohne Ausländerkinder und ohne Drogen, als gelegentlich benötigte Riten-Verwalterin für Kontingentes, für die rites de passage und Besonderes von der Geburt bis zum Tod (Berger 2006, VIII).

Dieser unauslotbare, aufsässige Rest, dieser belebende wie zerstörende Mangel meldet sich ebenso in Retraiten und Meditationskursen, in Engelseminaren und Spiritualitätswochenenden, in klösterlichen Burn-out-Präventionsseminaren und in der Wünschelruten-Prüfung des Baugrundstückes, in neureligiösen Erlösungsversprechen bis hin zum vulgär-wissenschaftlich umrankten Selbst-Therapieren mittels Beratungs- und Anleitungshilfen, wo das psychotherapeutisch zu bearbeitende ‚Seelische' das geschenkte ‚Christliche' ersetzt hat. In solchen Aktionen und Meditationen aber wird dieser mit Herbeisehnen und Verdrängen phantasierte Rest zurückgebogen weg vom Entzogenen, vom Nicht-Herstellbaren auf das fragile, punktuell irdische Erlösung suchende Menschensubjekt, also weg vom Anderen als meinem Nächsten, der mich befreit und zugleich fordert, hin in die monadische, fast autistische Ich-lichkeit (Lempp 1996). Luther sprach hier von der Sünde als incurvatio in se ipsum, als Einbiegung in sich selbst, als Verlust lebendiger Beziehungen. Diese Bewegung und Einstellung beherrscht unser spätmodern-flüchtiges Leben: Stärke deinen Glauben an dich selbst! Diese Parole mahnt in Kindergärten und Schulen, in Beruf und Sport (als Slogan in den Bundesligen von der erfolgreichen Spielermoral), in unserer Beziehungsarbeit und für die rites de passage (Übergangsriten) zur Selbst-Arbeit. Die von Peter Sloterdijk und anderen angestrebte „Wiederverweltlichung des asketisch zurückgezogenen (und fälschlich zu einer Substanz überhöhten) Subjekts" ist ebenso im Gange wie die Veränderung der christlichen und überhaupt religiösen Landkarte. Nur wenn die „Verweltlichung" als eine Art Selbstverpuppung und Selbstermächtigung des autonomen Subjektes von Statten gehen soll, dann ist *alteritäts-theologisch* Widerspruch anzumelden. Christlicherseits soll diese Doppelbewegung von ‚Verweltlichung‘ und ‚Subjektwerdung‘ offen gehalten werden. Diese Doppelbewegung soll im Folgenden weiter thematisiert werden mit den paradoxen Topoi der Menschwerdung Gottes in Jesus von Nazareth und von dem „Tode Gottes" als der Absenz des allmächtig und menschenunabhängig gedachten Gottes und der Präsenz des menschgewordenen, undenkbaren Gottes, wie er seit Luther und durch Nietzsche ein protestantisches Thema ist (Valentin 2009). Vielleicht können wir heute, wie bereits angedeutet, *die Anwesenheit Gottes nur als seine Abwesenheit* thematisieren? Hier stößt theologisches Denken wie unser Erkennen überhaupt an eine Grenze: Wir müssen „etwas als wirksam anerkennen, ohne es mit unseren Mitteln identifizieren zu können, weil es schon immer zu unserer Geschichte gehört, ohne je Gegenstand einer unmittelbaren Erfahrung gewesen zu sein" (Meyer-Drawe 1990, 13) – dies trifft auf nachtheistisches, atheistisches Reden von Gottes-Beziehungen von Menschen zu.

Gehen wir nochmals einen kleinen Schritt zurück in die Analyse. Der gezeigte Widerstreit von Selbstermächtigung und Anerkanntwerden durch Andere scheint derzeit zum Pol des sich selbst als autonom bestimmenden und verhaltenden Subjektes (das sich dadurch zum Objekt macht) verschoben zu werden. Die *Paradoxien* des Lebens und Zusammenlebens sollen ‚aufgelöst‘ und als störende Faktoren ausgemerzt werden (Wimmer 2006, 13f.). Wer sich philosophisch diesem Widerspruch stellt und diesem „Ende der Eindeutigkeit" (Bauman 2005) nicht ausweicht durch Abspaltung unseres Abhängigseins und unseres Angewiesenseins auf Menschen und Natur, der und die deuten diesen Widerstreit als unauflösbares, weil schon immer unsere conditio humana ‚verlebendigendes‘ Paradox in der asymmetrischen Zuordnung von Beschenktwerden und Subjektwerden zu eigener Verantwortung in „relationaler Autonomie" (Dungs 2006, 17-32; Gamm 2002, 122-124). Theologisch wird diese unauflösbare Paradoxie mit der Vorstellung einer ‚vorauslaufenden‘ Gnade und deren Aneignung durch den Sünder im zugesprochenen Glauben, der sich in Nächstenliebe konkretisiert, verdeutlicht. Diese Aussagen kann man nur als Interpretationen von Begegnungen auffassen, deren ‚von außen‘ zustoßende Neubelebungen uns in ihrer direkten Prozesshaftigkeit entzogen sind gerade in ihrem Geschehensein. (An solchen beinahe gestelzten Wendungen kann man erkennen, dass nach- oder atheistisches Reden von Gott, Mensch und Welt einer anderen Sprache, anderer Bilder und Symbole bedarf.)

Die Aufgabe lautet hier demnach: Wie lassen sich diese Grunderfahrungen von Angewiesensein und Selbstsein, von Geschöpfsein und Verantwortung für Gott, Menschen und Welt, von Beschenktwerden und Eintreten für andere Menschen und für die Schöpfung, von Verantwortung und Schuld, die uns nur ‚von außen‘

vergeben werden kann, in einer zeitgemäßen Theologie atheistisch rekonstruieren, kommunizieren, diskutieren, plausibilisieren? (Wer diese Aufgabe anpackt, der und die können sich Wissen um die christlich-theologische Tradition(en) und die Beschäftigung mit anderen Religionen nicht ersparen und sie können sich in den hier in Ansätzen mitvollzogenen theologischen, religions- und sozial-philosophischen, religionssoziologischen und religionswissenschaftlichen Diskursen jeweils problembezogen schrittweise heimisch machen, bisweilen mittels der ausführlich angegebenen Literatur.)

Die heute unerlässliche globale Betrachtung von Religion(en) wird hier eingenommen im Blick auf die „*Theologie der Religionen*" (Bernhard 2005; Gerber 2008, 256ff.; Danz 2005), sofern diese für die Analyse und Interpretation unserer typisch abendländisch-westlichen Religionen-Landschaft erklärend und weiterführend sein kann. Dasselbe gilt für den eingangs bereits eingenommenen Blick auf das Erscheinungsbild des Islam, auf seine Gruppierungen, Bewegungen, Selbstdefinitionen, Auseinandersetzungen und entsprechend für den Interreligiösen Dialog (Gerber 2006). Der in Europa mit der Aufklärung initiierte und sich gegenwärtig flächendeckend und effektiv vollziehende tiefgreifende Wandel „von einer Kultur der religiösen ‚Vererbung' zu einer Kultur der freien Religionswahl und des Religionskonsums" macht den monotheistischen Religionen des Christentums, des Islam und des Judentums und Weltanschauungen mit Absolutheitsanspruch gleichermaßen zu schaffen und verlangt von ihnen, das freie Anbieten ihrer Religion auf dem Markt der Religionen und die freie Wahlmöglichkeit einer Religion durch Konsumenten zu akzeptieren mit der Gefahr, dass eine experimentierende Patchwork-Religiosität herausspringt (Beck 2008, 191-195). Dann wird zu fragen sein: ob und wie das Christentum (Judentum, Islam, Weltanschauungen u.a.) eine Art Identität und Authentizität als Prozess gegenseitigen Achtens (und nicht bloß Tolerierens) in dieser globalen wie innerchristlichen Pluralisierung zu artikulieren vermag? Und als Schlüsselfrage formuliert Ulrich Beck, „inwieweit das wiederbelebte Christentum die intellektuelle Kraft findet, eine *bessere Moderne* zu imaginieren, die aus der Mitte der reflexiven Modernisierung kommt" (Beck 2008, 206). Anders gefragt: Kann das Christentum mit der Paradoxie produktiv umgehen, dass mit der Individualisierung der Religion als Chance und Zwang achtungsvollen Koexistierens der Religionen zugleich die Kompetenz relativen Vertretens eigener Positionen gestärkt wird? Es geht um die Fähigkeit, „angesichts unaufhebbarer Fraglichkeit menschlichen Lebens und unausweichlicher Mehrdeutigkeit entschieden Position zu beziehen, ohne diese zu verewigen. Positionen müssen revidiert werden können. Es geht darum, Glauben konkret zu machen und jede Konkretion wieder in Frage stellen zu können: Vertrauen in den Glauben gewinnen heißt vertrauen, daß Glaube beweglich, nämlich lebendig bleibt und sich in immer neuen Gestalten darstellt. Religion ist nicht Ansammlung autorisierter Lehrsätze und normierter Verhaltensregeln, sondern Kompetenz, vertrauensvoll mit dem labilen und fragmentarischen Leben umzugehen" (Zilleßen/Gerber 1997, 11). Absolutheit und Exklusivität einerseits und die Reduzierung und Fundamentalisierung religiöser Erfahrungen und Gestaltungen andererseits sind gleichermaßen unzeitgemäß und nicht sachgemäß.

III. Kann die Frage: „(Warum) Glauben Sie an Gott?", überhaupt beantwortet werden?

1. Antworten gibt es viele.

Kann es in der heutigen Lebenssituation noch sinnvoll sein, an (einen) Gott zu glauben? Zumal, wenn die meisten Menschen heute ihr Leben als persönliches Glücksprojekt inszenieren? Und wenn mit Religion in unserem Kulturkreis immer noch eher Gehorsam, auch Selbstverleugnung und Askese verbunden werden als dass die Möglichkeit erwartet wird, mit Religion menschlich(er) zu leben? Und wenn jemand Gott kennt und um dessen Existenz weiß, warum und wie kann und muss er oder sie an ihn glauben (können)? Wie können diese Fragen lauten im Blick auf unser Anliegen einer nicht-religiösen, atheistischen, ,weltlichen' Theologie? Oder ist diese Frage nach dem absoluten, metaphysisch verbürgten Glauben an einen Gott gar keine angemessene Frage, weil sie insofern nicht beantwortet werden kann, als nach Gott (und uns Menschen) gar nicht mit dem metaphysisch-theistischen Begriff des Sinns gefragt und geantwortet werden kann? Tillich hat deswegen von der Befreiung von der Sinn-Angst gesprochen. Vielleicht könnte es so gehen: Ist es sinnvoll, das Widerfahrnis einer Liebe zu erwarten, darauf zu hoffen – und im Fall dieses Widerfahrnisses dann dankbar zu sein (Liebsch 2010, 79f.)? Was erwarte ich von solcher Liebe, und warum bin ich post festum dankbar ineins mit dem Wissen, dass Dankbarkeit immer auch so etwas wie ein Nachruf ist? Kann ich also an die Liebe des Anderen nur glauben? Kann ich den Anderen lieben als diesen von mir grundsätzlich unterschiedenen Anderen, der mir immer gegenüber und fremd bleibt und mich zugleich zum Antwortenden macht, wenn Ulrich Beck dazu meint: „Enttraditionalisierte Liebe ist alles in Ichform: Wahrheit, Recht, Moral, Erlösung, Jenseits, Authentizität. Diese moderne Liebe hat – ihrer Schematik nach (sc. als quasireligiöser, nachreligiöser Liebeserlösungsglaube) – ihren Grund in sich selbst, *also* in den Individuen, die sie leben. In dieser Selbstbegründung und ihrer subjektiven Entscheidbarkeit liegt auch ein totalisierender Anspruch: nämlich die *Abweisung* von Zurechnung, Verantwortung, Ausgleich, Gerechtigkeit aus Gefühl, Spontaneität und *Aufrichtigkeit*" (Beck/Beck-Gernsheim 1990, 225)? Kann ich den Anderen nach seiner oder ihrer Liebe zu mir fragen: „Liebst Du mich?", wohl: Nein, denn Liebe fragt nicht, oder eben dann, wenn sie sich in Verliebtheit verwandelt. Dann ist auch die Frage, ob es heute noch sinnvoll sein kann, an Gott zu glauben, folgerichtig atheistisch zu entlarven als traditionell-metaphysische Frage. Mit Sinn werden Definierbarkeit, Verfügbarkeit und Macht unterstellt. Das Pochen auf Sinn für unser Leben verstellt die Kontingenz, Situationsgebundenheit, die Narrativität von Gottes-Beziehungen. Sinn macht Glauben nützlich, zu einem brauchbaren Instrument, zu einer Tausch- und Opferangelegenheit.

Dennoch gibt es klassische Antworten. Fünf davon lauten:

(1) Wenn es Gott nicht gibt, dann hat Glauben nicht geschadet; wenn es ihn gibt, dann steht man auf der richtigen Seite. Also praktiziert man sicherheitshalber – utilitaristisch eingestellt – einen zivilreligiösen, minimalistischen und recht unverbindlichen Umgang mit Gott und Kirche(n). So ähnlich spukt die Pascalsche Wette bis heute im ‚zivilbürgerlichen‘ Religions- und Frömmigkeitsverhalten, das neben der Anerkennung der Existenz Gottes auch den Glauben an die ausgleichende Gerechtigkeit (im Jenseits am Ende der Zeiten) und entsprechend die Vorstellung eines Ewigen Lebens beinhaltet.

(2) „Es gibt (mit an Sicherheit grenzender Wahrscheinlichkeit) keinen Gott", und deswegen gilt: „Ein erfülltes Leben braucht keinen Glauben". So lautet das wahrscheinlich ebenso bürgerliche „Unglaubensbekenntnis" oder besser Nichtglaubensbekenntnis auf den roten Bussen der von Großbritannien ausgehenden Atheismus-Kampagne, mancher Atheisten-Vereine und sich aufgeklärt nennender Wissenschaftler, Politiker, Pragmatiker. Also auch eine Wette auf Wahrscheinlichkeit? Prompt haben gläubige Christen auf ihre weißen Busse gemalt: „und wenn es ihn doch gibt... Gott kennen.de". Auflösung der Wette (im Internet)?

(3) Glauben ist ganz einfach: Mindestens folgende Grundaussagen sind für bare Münze zu nehmen und als ‚objektive Wahrheiten‘, als Fakten zu glauben (ein Faktum ist zu glauben?): Gott hat die Welt in sieben Tagen erschaffen als einen intelligenten Kosmos, wie es im ersten Schöpfungsbericht der Bibel (1. Mose 1) als unumstößliches Bekenntnis aufgeschrieben sei (Stichworte: Kreationismus contra Evolution, intelligent design, Fundamentalisten, Evangelikale). Dieser Gott hat seine Schöpfermacht nochmals bewiesen (hier geht es um Beweise): Er hat seinen göttlichen Sohn Jesus von Nazareth vom Himmel auf die Erde zu uns sündigen Menschen gesandt, damit dieser durch seinen stellvertretenden Sühnopfertod am Kreuz die Sünden der Menschen wegnahm und Gottes Zorn versöhnte und dann leibhaftig auferweckt wurde und gen Himmel fuhr. Nur wer auf Grund dieser und weiterer, in der Bibel vorgegebener Fakten und Beweise wie etwa Heilungswunder, Bekehrungserfahrungen, Eingebungen beim richtigen Bibel-Lesen und Zungenreden (Glossolalie) an Gott glaubt, dieser Mensch ist hier auf

Erden schon gerettet, während die Ungläubigen in die Hölle gestürzt und auf ewig verworfen werden. (Eine andere fundamentalistische Variante haben streng Gläubige in den USA und muslimische Extremisten gewählt. Sie politisieren ihre Religion bis zum Diffamieren und Töten der Anderen, bis zur „Achse des Bösen" und zum ‚Heiligen Krieg', zu Terrorismus und Selbstmordanschlägen im Namen des christlichen Gottes und des islamischen Allah. In modernen, demokratischen Staaten wie der Bundesrepublik Deutschland tritt man solcher gewaltorientierten Politisierung und Funktionalisierung ebenso entgegen wie der laizistischen Privatisierung der Religion(en) mit den Folgen der Flucht in religiöse Hinterzimmer und versucht stattdessen religionspolitisch ein „balancierendes Verhältnis" beider zu pflegen (Pfleiderer/Stegemann 2004, 103ff., 255ff., 289ff.).)

(4) Der Kirchenchrist glaubt an die überlieferten christlichen Haupt-Lehren und grundsätzlichen Gebote und nimmt die Rituale und Ordnungen wahr, sofern diese nicht zu sehr seinem ‚gesunden Menschenverstand' widersprechen. Er entwickelt für sich so etwas wie ein geistliches Filter. Er besucht mehr oder weniger regelmäßig den sonntäglichen Gottesdienst, hält Taufe, Konfirmation, Abendmahl, Trauung, Beerdigung für sinnvolle lebenslauforientierte Riten, von denen manche freilich etwas entstaubt werden sollten, und er schätzt die Unterschiede der Konfessionen meistens als unbedeutend ein (bis auf Papst und Zölibat). Schließlich gibt es nur einen Herr-Gott, mögen auch die Vorstellungen von ihm und die Wege zu ihm verschieden sein, wie es z.B. der Aufklärer Lessing in seinem Drama „Nathan der Weise" dargestellt hat (Beck 2008, 243f.). (Hans Küngs reduktionistisches „Ethos der Weltreligionen" fußt auf ähnlicher Voraussetzung und hat manches Echo und noch mehr berechtigte Kritik gefunden (Beck 2008, 201f.).) Solche Toleranz – eigentlich geht es um Achtung und nicht bloß um Toleranz als Duldung – findet bisweilen schnell ihre Grenzen, wenn es z.B. um Mischehe, Verhütung und Aids, um Homosexualität und gleichgeschlechtliche Ehe, um Kopftuch und den Bau einer Moschee oder Synagoge, um Antisemitismus und Holocaust, um Schwangerenberatung und Abtreibung geht. *Toleranz* war und ist – leider immer noch oft – die christliche Duldungsform anderer Religionen gegenüber auf dem Boden des christlichen Abendlandes, mit dessen Verschwinden gegenseitige Achtung der Bürger und Bürgerinnen in einem ‚säkularen' Staat gefragt ist. Demgegenüber wird hier *Anerkennung* als asymmetrische Begegnungsweise verstanden, die stets vom Anderen her uns widerfährt und entsprechend von Christen und Christinnen als Ereignis göttlicher Gnade bezeugt werden kann; *Achtung* ist dann die Antwort auf das eigene Anerkanntwerden durch Andere.

(5) Viele Menschen interessieren sich – im Zuge der Wiederkehr oder Transformation von Religion(en) – für religiöse Lebensstile, ohne sich kirchlich, eher

nachkirchlich zu orientieren, oder ohne sich überhaupt christlich oder in einer religiösen Gruppierung binden zu wollen. Sie suchen etwas Transzendentes und Orientierendes, sie fragen nach einer das Leben und Zusammenleben übersteigenden Sinngebungs-Instanz und entsprechend nach einem ‚roten Faden' und harmonischem Übereinstimmen, nach Identität(en) in ihrem Leben und nach Phasen heilen Lebens und authentischen Zusammenlebens. Sie suchen und finden z.b. in der Natur etwas Göttliches, dessen Wirkung sie pantheistisch oder panentheistisch als Ganzheit, Einheit, Geborgenheit, Verbundenheit, Harmonie bezeichnen (Gerber/Höhmann/Jungnitsch 2002, 93ff.). Inwiefern führt dies über das klassisch theistische Reden von Gottes-Begegnungen hinaus?

In den ersten drei Antworten wird Gott vorgestellt wie ein Etwas, das es gibt bzw. das es eben nicht gibt, weil man es nicht empirisch, ‚objektiv' ausweisen oder umgekehrt sogar beweisen kann. Gebt mir logische und empirisch belegte Gottes-Beweise und ich werde glauben! Aber es geht doch nicht um Beweisbares, so wie es in Liebesbegegnungen nicht um Beweisbares geht, sondern um andere Erfahrungen, nämlich um die nie vorher festlegbare Begegnung mit dem befreienden wie zerstörenden Anderen-Fremden (wie es Pasolini inszenieren konnte z.B. in „Theorema"), um das Widerfahren befreiender und zugleich ausgrenzender Beziehungen, um die Ambivalenz(en) unseres Lebens und Zusammenlebens. Wer will ernsthaft zu einem Menschen, den er oder sie zum Freund oder zur Freundin hat oder haben möchte, sagen: Gib mir Beweise Deines Vertrauens und Deiner Liebe und ich werde Dich (auch) lieben? Hier geht es um andere Erfahrungen als um empirisch-‚objektiv' beweisbare und rechtlich einklagbare Verhaltensweisen, die ihrerseits für unser Zusammenleben selbstverständlich dann notwendig und hoffentlich sachgemäß sind, wenn es um Festlegungen, um vergleichende, beurteilende und instrumentalisierende Umgangsweisen, um Funktionieren geht. Da geht es um Rechnen und Tauschen. Aber das Problem besteht darin, dass diese Tauschbeziehungen einerseits und Liebe als Gabe-Beziehung andererseits, dass planendes Organisieren und Vertrauen ohne Sicherheit nicht zusammen laufen, aber von uns schon immer vermengt werden. Wir können Liebe und Vertrauen nicht haben, wir können sie nicht festhalten (gemäß dem Wunsch: „Verweile doch, du bist so schön!"). Wir können sie nicht besorgen – ebenso wenig wie das Glauben. Lieben, vertrauen, in Frieden leben, glauben, hoffen sind weder beweisbar noch andemonstrierbar, wie es eine hellenistisch-metaphysische Theologie mindestens in Form von Gottes-Beweisen und ein platter Empirismus zu vermögen meinen. Solche Erfahrungen fallen uns als Geschenke und Gaben zu: überraschend und plötzlich, unerwartet und nicht wiederholbar, umsonst und ohne Vorleistungen, von anderen Menschen als Widerfahrnis Gottes her, wie die vierte und fünfte Antwort vermuten lassen und wie nicht nur Christen und Christinnen solche vergehenden Erfahrungen und Erlebnisse interpretieren (Dalferth 2011, 112, 231ff.).

Zugleich reden wir Menschen munter oder enttäuscht von Gott in seinen Begegnungen mit uns, an den wir glauben möchten und auf dessen Begegnen wir uns freuen und vor dem wir uns als Schicksal fürchten. Dies geht aber nur unterstellend und projektiv, indem unser schon immer verallgemeinerndes, abstraktes Reden die konkreten Beziehungen gebrochen und entstellt erzählt. Wir können und müssen vermuten, dass unser Reden ,ankommt' wie in der didaktisch unterstellenden Situation des Lehrenden und Erziehenden dem Lernenden gegenüber, wobei das Ver-Muten darauf hinweist, dass unser Mut allein nicht hinreicht (Wimmer 2006, 35ff.). Und auch symbolisch oder metaphorisch können wir von Gott-in-Beziehung nachtheistisch nur reden im erfahrenen Wissen, dass wir von Gott in Beziehung zu uns, von anderen Menschen als dessen Botschaftern, von uns selbst nur ,objektivierend' im Sinne von sündig reden können. *An Gott glauben*, das geht demnach nicht, auch weil es keine Gegenwart *gibt*. Die Frage nach Gott ist eine *menschliche Frage*, die im Glaubensvollzug überwunden wird, die sich uns aber immer stellt, weil wir im Glauben „gerecht und sündig zugleich" bleiben, wie Luther das Paradox des Glaubens umschrieben hat. Mit unseren Vorstellungen und Reden von Gott und seinen Menschen-Botschaftern verfehlen wir schon immer Gott und Menschen und uns selbst; wir kommen immer hinterher, zu spät. Wir können von unseren durch andere Menschen vermittelten Gottes-Begegnungen nur immer sündig reden, weil wir sie mit unseren Vorstellungen schon immer festlegen, vergleichen und beurteilen, und deswegen auf Vergebung und Rechtfertigung durch andere Menschen im Namen Gottes angewiesen bleiben (Bultmann 1958, 35-37). Wir *müssen* von Gott und seinen Menschen als unseren Mitmenschen und von uns selbst reden, obwohl wir dies *nicht ,eigentlich' können,* so dass wir *unterstellend auf die Hoffnung hin* reden, dass uns unser Schon-immer-Verfehlen vergeben wird. Oder mit dem jüdischen Religionsphilosophen Emmanuel Levinas formuliert: Das Antlitz des Anderen in der Spur Gottes lesen lernen, so geschieht mein Bildmachendes Antworten auf ihn, den ich nie endgültig kennen kann und auf dessen Vergebung ich angewiesen bleibe.

Die eingangs gestellte Frage, ob ein Glauben an einen Gott sinnvoll sei, ist sowohl eine notwendige Frage, sofern über Glauben in seinen Äußerungen, über Kirche und Religionsunterricht vernünftig zu verhandeln ist, als auch eine unsinnige, unbeantwortbare Frage, sofern Glauben als Widerfahrnis – wie Lieben als Widerfahrnis – eine Unmöglichkeit bleibt. Wir stehen schon immer in Dialogen über Sinn, Nutzen, Gewalt- und Friedensförmigkeit von gelebten Religionen. Mit diesen Fragen und Antworten bleiben wir im Bann der gestellten Frage und möglicher Antworten. Das In-Frage-Gestellte können wir nicht befragen, weil dieses uns zuallererst fragt und ermächtigt, sowohl die Frage im Blick auf unsere Möglichkeiten zu stellen als auch zugleich ihre Unmöglichkeit zu akzeptieren. Wir sind gespalten, und diese Spaltung zwischen einem von außen Gerechtfertigtwerden und unserem Welt- und Selbstgestalten verwirklicht die dezentrierte Subjekt-Werdung im Sinne der Menschwerdung. Dieser Widerspruch, dieses Paradox wird auch philosophisch thematisiert, z.B. von Alexander G. Düttmann: „Der Philosoph spaltet die Wahrheit in eine vorausgesetzte Wahrheit, die unbefragt bleiben und letztlich als unbefragbar gelten muß, und in einen Wahrheitsbegriff, in eine Wahrheit, die zum Gegenstand einer Frage wird. Die Voraussetzung einer unbefragbaren Wahrheit hat zur Folge, daß sich die Frage kritisch ausnimmt und den Schatten eines Zweifels auf die Wahrheit wirft, auf die sich bezieht. Es gibt aus der verstellten Perspektive dieses Widerspruchs, aus der Perspektive der Philosophie, keine Wahrheit, die sich nicht schon auf die Äußerlichkeit eines Wahrheitsbegriffs hin geöffnet, und keinen Wahrheitsbegriff, der die zu begreifende Wahrheit nicht schon preisgegeben hätte" (Düttmann 2002, 73; vgl. Critchley 2008, 76).

Diese Paradoxie, die z.B. in Luthers sogenannter *Zwei-Reiche-Lehre* und Verhältnisbestimmung von Christ-Person und Welt-Person waltet (Ebeling 1964, 198ff., 219ff.), macht verständlich, dass z.B. Slavoj Zizek sich anschickt, „den christlichen Glauben zu verteidigen" (Zizek 2002). Im strengen Sinn gibt es keinen christlichen Glauben (mit dogmatischer, ritueller Korrektheit), sondern christlich interpretierten menschlichen Glauben. Wir glauben schon immer mehr als wir glauben. Und der Einbruch des ‚Glaubensmehrs' hat keinen Rückschluss, da er die Subjektwerdung des Glaubenden als dessen Dezentrierung und gleichzeitiger Ermächtigung zum eigenverantwortlichen Antworten bringt. Übersetzt in die Terminologie von Düttmann, kann man formulieren: Mit Theologisieren als Nachdenken über Gott-Widerfahrnisse begehen wir den paradoxerweise notwendigen Sündenfall des unmöglichen Rückschlusses. Dieser Widerspruch bleibt menschlichem Existieren eingeschrieben.

2. Glauben (und beten), aber an wen oder was?

Ich glaube, also bin ich – dies könnte das Motto der Christen und Christinnen und all derer sein, die sich als Bekennende und Glaubende verstehen und verhalten. Was aber ist *Glauben*? Also frage ich mich: Wann habe ich das letzte Mal richtig geglaubt? An wen und was habe ich geglaubt, warum und wofür habe ich geglaubt und soll ich glauben? Vielleicht habe ich (hoffend) geglaubt, dass sich eine bestimmte Situation und Stimmung in der Begegnung mit einem bestimmten Menschen wiederholen möge – oder gerade nicht? Glaube ich an eine von mir damals geglaubte Erfahrung oder gegen eine solche? Das zunächst problemlose „Ich glaube an Gott, den Vater ...“ wird zum doppelten Problem. Was meint hierbei ‚glauben‘ und welchen Stellenwert hat dabei der Inhalt, z.b. das Glaubensbekenntnis zu Gott als Vater, Sohn und Heiligem Geist? (Der Religionssoziologe Peter L. Berger, 2006, geht dieses Credo ‚laientheologisch‘ durch.)

Für die einen, die *kirchlichen Traditionalisten (a)*, bleibt klar: Ich glaube an den jenseitigen, allmächtigen Gott und an seinen Sohn, der für unsere Verfehlungen (Sünden) gestorben ist, und an den Heiligen Geist als den pfingstlichen ‚Organisator‘ der Kirche(n) (in Erinnerung an das erste Pfingstfest, wie es in der Apostelgeschichte 2, 1-13 erzählt und überliefert wird). Das dreigliedrige Glaubensbekenntnis zu Gott als Vater-Schöpfer, Sohn-Versöhner und Heiligem Geist-Erlöser gibt traditionell die Glaubensvorstellungen und -inhalte vor. Glaube ist hier orientiert am kognitiven Umgehen mit christlichen Grundwahrheiten und biblischen Texten, verbunden mit einem frommen Gefühl, das festgemacht ist an Tonlagen, Haltungen, Stimmungen, Anmutungen. Oft fehlt kritische theologische Reflexion, so dass die Gefahren des Fundamentalisierens und des Rückzuges auf kirchenfromme Innerlichkeit bestehen.

Andere (b), *kirchliche Zweifler, Nachkirchliche und Kirchenferne*, die an religiösen Fragen interessiert sind, möchten an jemanden glauben, jemandem glauben, ‚etwas‘ glauben, eine Wahrheit glauben, vielleicht auch ‚glauben wie ...‘ (etwa wie einst Jesus oder wie Mutter Theresa oder wie ein Kind), jemandem und dessen Wort vertrauen. Sie haben an und mit ihrer Religiosität nicht alles im Griff. Für sie bleibt ein unerklärbarer Mangel, Rest, Überschuss an Überraschendem, Unabgegoltenem, Ausstehendem. Ihre Perspektive ist so etwas wie das Offenhalten der Welt, wie ein meditatives, kontemplatives Beten, wobei sie nicht wissen (können), wohin und woher ihr Lebensweg und ihre Beziehungsnetze verlaufen werden, und obwohl sie wissen, dass sie von sich aus die Welt stets ‚abschließen‘ und diese als auf sie zukommende Welt von sich aus nicht offenhalten können. In diesem Sinne hat Paul Tillich Glauben und Beten als zwei Weisen des Antwortens auf Heilswiderfahrnisse zusammen gesehen und die Situation der (im Glauben) Betenden umschrieben: „Sie wissen um den paradoxen Charakter jedes Gebets, in dem zu jemandem gesprochen wird, mit dem man nicht sprechen kann, weil es kein jemand ist; indem an jemanden eine Bitte gerichtet wird, von dem man nichts erbitten kann, weil er gibt, oder nicht gibt, ehe man ihn bittet; in dem man ‚Du‘ zu jemandem sagt, der dem Ich näher ist als das Ich sich selbst. Jedes von diesen Paradoxen treibt das religiöse Bewußtsein zu einem Gott, der über dem Gott des Theismus ist“ (Tillich 1991, 138). Tillich hat hier das Anliegen atheistischen Redens von Gott auf seine Weise formuliert (Gerber 2008, 212ff.).

Die Frage nach dem *Adressaten des Betens und Glaubens* lässt sich diskutieren an Hand der biblisch-neutestamentlichen Erzählung von der Heilung eines epileptischen Jungen durch Jesus (Markus 9, 14-29). Der verzweifelte Vater, so wird überliefert, bittet Jesus: „Wenn Du etwas vermagst, so habe Erbarmen mit uns und hilf uns!". Er sagt nicht: Dann heile meinen Sohn! Jesus antwortet: „Alles ist möglich dem, der glaubt!" – daraufhin „rief der Vater des Jungen laut: ,Ich glaube; hilf meinem Unglauben!'". Von sich aus kann dieser Vater seiner eigenen Erfahrung nach nicht glauben, sondern nur wenn ihm Glauben geschenkt wird. Und der Sohn kann sich nicht selbst gesund machen. Deswegen geht die Geschichte weiter: Nachdem Jesus den „stummen und tauben Geist" des Jungen ausgetrieben hatte und seine Jünger traurig waren angesichts ihrer Unfähigkeit, diesen Geist austreiben zu können, zieht Jesus sein Fazit: „Diese Art kann durch nichts ausgetrieben werden außer durch Gebet" – im Glauben.

Hier lässt sich die obige Frage anschließen: An wen und was, warum und wozu konnte der Vater glauben und beten, und (wie) können wir heute glauben und beten, wenn es um Heilung geht? Ein solches *Heilungswunder* durch Geistaustreibung kann man nicht geschwind so machen (so wenig wie ein Arzt oder eine Ärztin ,von sich aus' etwa mit Eingriffen und Medikamenten gesund machen können, denn der Kranke bzw. Genesende selbst ,macht mit', und auch dieser erfährt dieses Heilungsparadox, dass er ,mitmachen' muss und kann, aber dies von sich aus nur immer als Antworten auf seine körperliche, von ihm vermutete Gesamtverfassung und als Vertrauen auf die Ärzte und Ärztinnen vermag). *Wunder* sind Begegnungsgeschehen und ereignen sich mit uns und an uns ,von außen', sie stoßen uns zu als Widerfahrnis. Wunder stellen sich stets erst hinterher als Wunder heraus. Wir können sie als Wundergeschehen bekenntnishaft, bezeugend erzählen. Wenn Menschen zu wem auch immer betend um ein Wunder bitten, dann zeigen sie damit ihre leibliche Bedürftigkeit und sie bekennen, dass sie sich nicht von sich selbst aus helfen können und dass sie die mit ,Gott' symbolisierte Lebenskraft für sich heilsam wünschen. Es ist ein Wunder, dass wir geboren, ins Leben gerufen wurden; ob dieses Wunder uns passt oder nicht, das beantworten wir mit unserem Antworten auf die Anderen und die Schöpfungswelt. Es ist ein Wunder, dass wir am Leben erhalten werden, dass wir als Menschen konstituiert und als Person durch Andere anerkannt und zu eigenverantwortlichem Leben und Zusammenleben befreit werden – ein freilich ambivalentes Wunder-Geschenk, für das man danken, für dessen Erhaltung man bitten, über dessen Sinn man streiten, über das man traurig sein kann, aber das man nicht ablehnen, von sich aus nur durch Suizid beenden, aber nicht ungeschehen machen kann. Diese Wunder bleiben unserem Leben als Stigmata eingeschrieben. Wir sind in zwei Lebensgeschehnisse gespalten, die untrennbar verwoben sind: ein anderes, gleichsam vorauslaufend präsentes Leben und unsere Lebensgestaltung.

Dieses Paradox, diese Spannung erleben wir so, dass unser Leben, das wir als unfassbares *Begehren* – als eingehauchte ‚Seele' des lebendigen Gottes – in der ‚Realität' durch unsere Bedürfnisse und deren Stillung erfahren, in ‚Wirklichkeit' schon immer weiter gegangen ist. Theologisch gesprochen: Es hat sich schon immer eine Schöpfungsdynamik, ein Schöpfer-Geschöpf-Dialog, eine creatio continua ereignet, in die und den wir einbezogen sind, bevor wir dies bewusst wahrnehmen, thematisieren, mit planen können und müssen. Wir kommen uns irgendwie immer hinterher und erleben unser Leben anarchisch im Sinne von anfangslos, nach rückwärts wie nach vorwärts offen, dass es schon immer begonnen hat, indem jede Eigeninitiative „sich selbst vorausgeht und nicht schlechthin bei sich selbst beginnt" (Waldenfels 2006, 10f.). Pointiert lässt sich philosophisch wie theologisch sagen, dass wir für unser Tun und Lassen Bedürfnisse und Anlässe, nicht Gründe, Ursprünge, erstes Beginnen angeben können. Und theologisch könnte man fortfahren: Glauben geschieht als eine in der Begegnung mit anderen Menschen sich ereignende Grund- und Zwecklosigkeit, die wie ein Echo im Antwortenden die Gewissheit seiner Antwort hervorruft. Anders formuliert: Wir können unser Leben weder durch ständig uminterpretierendes Erinnern noch durch ständig uminterpretierendes Hoffen einholen und durchschaubar machen. Wären wir uns selbst gegenwärtig und könnten uns wie eine laufende Filmkamera selbst wahrnehmen, dann bräuchten wir die Anderen und die Schöpfungswelt nicht, wir wären selbst (wie der traditionell vorgestellte allwissende, theistische) Gott. Wir könnten nicht lieben, lernen, hoffen, menschlich leben, sterben.

Die *Zweifelnden* thematisieren entsprechend eine Sehnsucht nach „gutem Leben", das sie fragmentarisch in alternativen Lebensweisen, in Resonanzerfahrungen finden gegen zunehmenden Resonanzverlust und gegen wachsende Entfremdungserfahrungen, wie es Hartmut Rosa darstellt: „Es kann kein Zweifel daran bestehen, dass die Neuzeit zugleich (sc. mit einer Entfremdungssteigerung) auch durch eine ungeheure Steigerung der Resonanzsensibilität gekennzeichnet ist … dass wir heute die Natur und die Kunst und die Liebe (sc. und Religion) als mächtige Resonanzquellen erfahren, ist ja selbst eine Leistung und ein Ergebnis der modernen Romantisierung der Welt im positiven Sinne" (Rosa 2012, 8f.). Die angesprochenen Zweifler versuchen dabei der Erfahrung eingedenk zu bleiben, dass wir Menschen unsere Sehnsucht nach erfülltem Leben nicht durch Leistung, Besitz, Ansehen, Versenkung, Askese, Pilgern, Spenden selbst stillen können. Vielleicht geht es in heutiger selbstreflexiver Religiosität darum, diese Sehnsucht als das irdische, sterbliche Lebenselixier zu akzeptieren und Abschied zu nehmen von den Erlösungsvisionen für unser Leben nach dem Leben, wie es der Religionssoziologe Peter Gross formuliert hat (Gross 2007, 9-11)? Springen nicht alle Religionen und Weltanschauungen und sonstigen Heilsangebote, selbst die materialistischen, in solche Erlösungsüberwelten und -nachwelten im Himmel oder auf Erden und vergessen uns sterbliche Menschen (Liessmann 2007)? Gehört die Einsicht in eine solche Endlichkeit, gerade auch im Denken und des Denkens von Jenseits und Ewigkeit, zu einem Glauben, der erwachsen wird? Und sollte man dann nicht mit Peter Gross und dem Theologen Rudolf Bultmann und Anderen interpretierenden Abschied nehmen von den mythologischen Verdiesseitigungen des Jenseits, des entzogen-abwesenden Gottes: „Für den Menschen von heute sind das mythologische Weltbild, die Vorstellung vom Ende, vom Erlöser und der Erlösung vergangen und erledigt" (Bultmann 1980, 15). Und religionssoziologisch: „Das Erlöschen des Erlösungswillens, der Zweifel am Heil und das Erkalten der Erlösungsbedürftigkeit verlangen also die Restitution einer neuen Religiosität, die nicht auf Erlösung, Endgültigkeit und Ewigkeit, nicht auf Frist und Finale, nicht auf Endzeit und Endlösung gegründet ist. Der christliche Glaube bleibt, so die Behauptung, lebensfähig, auch wenn ihm das soteriologische Zentrum entzogen wird. Der Zweifel an der Heilsvorstellung bereitet den Boden für eine Wiedergewinnung unter anderen Vorzeichen für ein Christentum ohne die Erlösungsvorstellung, ohne den Glauben an Erlösung, die Überwindung des Todes und das Eingehen in ein ewiges Leben. Es lässt sich ein Christentum denken, welches sich der Vorläufigkeit und nicht der Endgültigkeit verschreibt ... Vollendet sich das Projekt Moderne in der Akzeptanz ihrer prinzipiellen und immer wieder herausfordernden und damit letztlich tröstlichen Unvollendbarkeit?" (Gross 2007, 10f.). Kann dies ein Konzept atheistischen Umgehens mit der Glaubensvorstellung des menschgewordenen-atheistischen Gottes sein?

Die Zweifler wünschen sich meistens kein ort-, zeit- und erlebnisloses Schlaraffenland oder Paradies oder buddhistisches Nirwana. Es geht ihnen um die Gestaltung des Erden-Lebens in seiner Endlichkeitsfülle, die mit ihrer Unvollendbarkeit identisch ist. Sie kennen das nicht destillierbare, in seinem Entzug widerfahrende Lebens-Begehren und dessen entgrenzende, zwingende und zugleich befreiende Lebendigkeit über alle Bedürfnisbefriedigungen hinaus, ohne dass sie diese ‚In-tention' oder diesen Überstieg, diese Selbstüberschreitung im Sinne von Jean-Luc Nancy (Nancy 2002), am Jesus-Geschehen oder an der Verkündigung der Auferstehung Jesu als des Christus oder am End-Geschehen im Sinne der Offenbarung des Johannes legitimieren könnten und dürften. Das Ziel der Zweifler ist nicht ein kompensatorischer Himmel als extramundaner Erlösungsort oder eine sichere Glaubensgemeinschaft ohne Fehl und Tadel als extrazölestrisch-irdischer Erlösungsort, sondern sie kümmern sich um die Gestaltung der unendlichen Forderung der Anderen (und der Schöpfungswelt), die sie nicht erfüllen können und im Verzweifeln Rechtfertigung ‚von außen' bekommen. Diese Umkehrung durch Rechtfertigung, die sich als Buße oder Perspektivenwechsel manifestiert, ergibt sich nicht in einem Denkakt als widerspruchsfreies Denkprodukt, weil das Gottes-Widerfahrnis Grundwiderspruch bleibt, und auch nicht als Erfüllung des dreifachen Liebesgebotes als grundsätzlicher, nicht erfüllbarer Forderung der Anderen. Diese Umkehrung oder solches „neu erschaffen werden" (2. Korinther 5, 17) stößt uns zu als entgrenzender Akt „von außen", der „außen" bleibt so wie der uns Begegnende immer „außen" bleibt und darin seine Würde hat, die unzerstörbar bleibt und unsere Achtung verlangt. Wir erfahren ihn als irgendwie geschenkten selbstverschwenderischen Vollzug, als einen Überstieg, der keine Eigenleistung ist, und der als eine dezentrierende Grenzüberschreitung ohne vorgewusstes Ziel und Wege-Garantie bezeichnet werden kann.

3. Ohne Glauben geht weltlich-atheistisches Reden von Gott nicht – aber Glauben können wir weder herstellen noch haben.

Glauben Sie an (einen) Gott?, diese immer wieder gestellte Frage möchte unsere Meinung über Gott wissen, ähnlich der Frage, ob wir an die Qualität eines bestimmten Autos oder der Deutschen Bundesbahn oder eines Fußballbundesligaclubs glauben und entsprechend wählen. Entsprechend reichen die Antworten auf die Gottes-Frage von sofortiger überzeugter Zustimmung bis zu ebenso selbstbewusster Ablehnung. Ab und zu trifft man neben diesem eher Schwarz-Weiß-Umgang mit dem Glauben an Gott, als ob dieser ein beweisbarer bzw. nicht vorhandener Gegenstand oder Sachverhalt wäre, auf eine andere, nämlich auf eine zweifelnde Antwort: „Ich weiß es nicht. Wenn ich es wüsste, dann wäre Glauben ja überflüssig"! Beim Glauben geht es um Nicht-Verfügbares, um ein gerade nicht wählbares Ereignis und um eine Begegnung, die in dem Augenblick schon wieder vorbei ist, wenn ich sie mir vorzustellen beginne. Es ist wie bei Liebeserlebnissen und Vertrauenserfahrungen. Glauben und Lieben widerfahren grundlos und umsonst, sie brechen unerwartbar in unser Leben ein, in Gestalt eines anderen Menschen, der mir in den Weg tritt und mich mit seiner totalen Beschlagnahmung betroffen macht (wie es Levinas immer wieder beschrieben hat in seiner Alteritäts-Philosophie des Querkommens des Anderen). Erst im Nachhinein können wir solche Geschehnisse uns christlich-theologisch bewusst machen als Widerfahrnisse Gottes. Paul Tillich hat diese Beschenkung und den Bruch im Geschenk des Glaubens auf den Nenner gebracht: „Der Mut zum Sein gründet in dem Gott, der erscheint, wenn Gott in der Angst des Zweifels untergegangen ist" (Tillich 1991, 139).

Reden von Erfahrungen mit Gott, anderen Menschen und der Schöpfungswelt bleibt erdenperspektivisch, aber im Bruch zwischen der kontingenten Widerfahrnis-Erfahrung und der Deutungs-Erfahrung. Im Verschwinden des vorgestellten Jenseitsgottes manifestiert sich – anthropomorph ausgedrückt – der sich um unseretwillen distanzierende Gott als Zuspruch unserer Lebendigkeit (im Sinne der Einhauchung der Seele als Lebendigkeit gemäß 1. Mose 2,7) und als „Kraft unserer Beziehungen", wie es die feministisch orientierte Theologin Carter Heyward formuliert hat (Heyward 1986). In unseren Vorstellungen von Gottes-Begegnungen haben wir deren Leiblichkeit schon immer übersprungen. Marx, Nietzsche, Freud und andere Religionskritiker haben angemerkt, dass mit christlichen Überbau-Bildern das „Provisorische, Vorläufige und Imperfekte", das Reale und die ‚condition humaine' unseres sterblichen Menschenlebens übersprungen werden durch ein christliches „Definitivdenken". Der Soziologe Peter Gross hat aus diesem Grunde gefragt: „Vollendet sich das Projekt Moderne in der Akzeptanz ihrer prinzipiellen und immer wieder herausfordernden und damit letztlich tröstlichen Unvollendbarkeit?", also ohne ein Ausweichen in christliche Sondergefilde vor oder nach oder über unserem irdisch-sterblichen Leben (Gross 2007, 11)? Er begründet seine Interpretation des Christentums: „Die Auslegung der christlichen Gehalte lässt nicht eine neue Religion ..., sondern eine Neudeutung der Religion, präziser: eine Neudeutung des christlichen Glaubens notwendig werden" (Gross 2007, 10). Aber kommen wir mit der Neudeutung, die „den Makel in ein Heilszeichen umdeutet und eine immerwährende Passion ohne endgültige Erlösung feiert", nicht eher zu Arthur Schopenhauers (Mit-)Leidensphilosophie, wenn auch ohne Ende in einem Nirwana, und zu Friedrich Nietzsches ‚ewiger Wiederkehr des Gleichen' und bleiben nicht im Horizont jesuanisch-christlicher Versöhnungstheologie (Safranski 2002, 226ff.)? Nietzsche befreite mit seinem Postulat der ‚ewigen Wiederkehr' „die Geschichte und damit das Dasein insgesamt davon, unbedingt ein Ziel und einen Sinn haben zu müssen. ... Es geschieht, was geschieht und immer geschehen wird. Etwas von der in dieser Lehre mitschwingenden Gelassenheit wäre vielleicht den von der Zukunft gebeutelten Zeitgenossen zu wünschen" (Liessmann 2007, 93). Zustimmen kann man der Vorstellung von einem Christentum, das „sich der Vorläufigkeit und nicht der Endgültigkeit verschreibt", und sich auf das Leben vor dem Tod in der Weise einlässt, dass Sterben und Tod nicht (wie etwa bei Heidegger) die Überhand gewinnen und unser Leben und Zusammenleben lähmen. Gemeint ist damit aber nicht die Erwartung eines leidensfreien Lebens und auch nicht die „posthumanistisch" intendierte Aufhebung des Sterbens und Todes. Bejahung des Lebens schließt Bejahung von Schmerz, Leiden und Sterben ein, freilich nicht apathisch-schicksalhaft, sondern in der Sensibilisierung für widerfahrendes Leid und im verändernden Engagement gegen solche sozialen, von uns Menschen gemachten und aufrechterhaltenen Bedingungen, unter denen Menschen leiden (Dalferth 2006, 201ff.). Dorothee Sölle hat den unterschiedlichen Umgang mit Leiden an Dostojewskis

Brüdern Karamasow, an Iwan und Aljoscha, dargestellt: Während Iwan in seiner Empörung gegen das Leiden das Leben zu verlieren droht, geht Aljoscha – wie vor ihm schon Hiob – den anderen Weg: „Christi Bruder werden. Er enthält den Verzicht auf die Gesamtlösung und der Blick richtet sich vom Himmel fort auf die hier Leidenden hin. Iwan ist metaphysisch orientiert in seiner Empörung, Aljoscha irdisch in seiner Solidarität" (Sölle 1989, 215).

Wir fragen: Glauben Sie jetzt immer noch an Gott? Und vielleicht stellt sich wieder die Antwort ein: Ich weiß es nicht, wüsste ich es, dann wäre Glauben überflüssig. Glauben ist unerfüllbar. Glauben und die Forderung der Nächstenliebe zu erfüllen hieße: selbst wie ein allmächtiger Gott handeln können. Glauben ist stets *menschliches* Glauben. „Christ zu sein bedeutet daher nicht, sich irgendeiner Form eines mehr oder weniger obskuren metaphysischen Glaubens an die Inkarnation, die Auferstehung oder etwas Ähnliches zu verschreiben. Vielmehr bedeutet es, dass die ganze eigene Existenz völlig auf das Faktum der ethischen Forderung ausgerichtet sein soll, insofern diese Forderung in der Beziehung zum anderen zum Ausdruck kommt. Religion ist Ethik" (Critchley 2008, 66; Körtner 2010, 34ff.). Dies ist in dem atheistischen Sinne gemeint, dass – wie bei Jesus – Glauben als eine Erfahrung einer heteronomen Forderung geschieht, die mich in Frage stellt und mich zum Antworten zwingt, letztlich zu einem Antworten, das ich von mir aus nicht erfüllen kann. Während wir geläufig *subjektphilosophisch* Glauben und daraus entspringendes Handeln in Nächstenliebe als einen Selbstvollzug des Ichs für einen Anderen auffassen, zu dem wir uns autonom entscheiden, wird hier in einem anderen Modell (in Anlehnung an Levinas) argumentiert: Der Andere fordert mich asymmetrisch von sich aus und setzt mich in meine antwortende Entscheidung ein, die zugleich mein autonomes (im Sinne von selbst zu verantwortendem) Handeln in Gerechtigkeit hervorruft, ohne dass ich diese Forderung erfüllen kann. Ich als Subjekt bin – im Sinne von Critchley – gleichsam gespalten in ein ‚mich' und in die für mich unerfüllbare Forderung des sich als (in) Nächstenliebe vollziehenden Glaubens, die ich ‚von mir aus' nicht erfüllen kann, die mich aber vom Anderen her zum Subjekt macht. Es gibt eben keinen kausal-logischen, darstellbaren und damit erzwingbaren Übergang zwischen geschenktem Glauben (als Art Motivation) und (politischem) Handeln (als dessen Konkretion), theologisch formuliert: zwischen Gottes Gabe und unserer Aufgabe. Erst im Nachhinein, wenn der Andere mich gezwungen und frei gemacht hat, kann ich mein Verhalten, mein Entscheiden und Handeln, das den Anderen schon immer verfehlt hat, im Horizont von Gerechtigkeit, Recht, Sitte interpretieren im Wissen um die Unerfüllbarkeit der Forderung.

Glauben können wir nicht ‚haben', so wie Erich Fromm einst „Haben oder Sein" gegenübergestellt hat. Sein (oder vielleicht besser: Werden, Geschehen) und Glauben können wir nicht ‚haben' wie ein Ding oder eine Eigenschaft. Es kann weder eine Strategie noch einen Leitfaden für ‚richtiges Glauben' geben. Man kann natürlich fragen, wann ein Geschenk wie der Glauben ‚richtig' sei? Und dann landläufig antworten: wenn wir es gebrauchen können. Aber dann ist es kein *Geschenk*, kein Ge-Schenk, sondern die Befriedigung eines meiner Bedürfnisse und gerade nicht das im Stil der Symbolhandlung des Schenkens geschehende Hereinbrechen von etwas ganz Neuem, Fremden, Anderen in mein Gewohntes und Erwartetes. Ein Geschenk bringt mir immer ein unvorhersehbares ‚Mehr' über das äußere sicht- und greifbare (und von mir erwartete) Geschenk hinaus, so etwas wie einen Mehrwert, den ich im Nachhinein nicht exakt bestimmen kann, eigentlich nur ‚bekennend' erzählen kann. Die Absicht des Schenkenden bleibt mir entzogen und ich kann diese meinerseits nur unterstellend deuten. Deswegen beginnt Theologisieren mit einer Enttäuschung, genauer: mit einer *Ent-Täuschung*, nämlich mit der Erfahrung, dass wir den uns durch andere Menschen ‚glauben' schenkenden Gott und die uns dieses ‚glauben' gebenden Menschen nur *antworten* können und müssen, aber diesen und diese nie ‚einholen' können. In diesem Sinne bleibt ‚glauben' als Begegnen immer in der Schwebe, im Zweifeln, im antwortenden Danken und Verfluchen, im Stiften und Trennen von Beziehungen, als Leben und Sterben. Und unser Theologisieren bleibt immer hinterher, bekenntnishaft behauptend und zugleich offen im Sinne von uneindeutig und deswegen spannend und notwendig. Indem wir von Widerfahrnissen reden, sprechen wir insofern paradox, als wir unsere Glaubensdeutungen zugleich als Enthüllungen und Verstellungen formulieren, ja formulieren müssen.

4. Gottes-Bilder unterstellen Gott als distanzierende Kraft unserer Beziehungen.

Dietrich Bonhoeffer hat immer wieder auf die *Elementarisierung der christlichen Botschaft* gedrängt. Darunter verstand er aber nicht die Reduktion auf ein christliches Konzentrat und Vademecum, kein Fundament christlichen Glaubens in Kurzform für Jung und Alt, sondern ein im Horizont menschlicher Grunderfahrungen sich konkretisierendes Übersetzen der herkömmlichen biblisch-christlichen Gottes-, Menschen- und Welt-Vorstellungen. Texte ‚materialisieren' sich im deutenden Leser, in dessen leibliche Kommunikationen hinein; ihm widerfährt „in, mit und unter" dem Lesen die vielgestaltige Menschwerdung Gottes als vielfältige Menschwerdung von vieldeutigen Texten. Während gemäß Bonhoeffer klassische Theologie und Kirche(n) mehrheitlich auf ein theistisches Gottes-Bild und fromme Innerlichkeit im Sinne eines individualistischen Seelenheil-Glaubens setzen und die dualistische Verdoppelung in einen ideellen Jenseitshimmel und eine todgeweihte Materie-Erde festschreiben, ging es Bonhoeffer: „Nicht um das Jenseits, sondern um diese Welt, wie sie geschaffen, erhalten, in Gesetze gefaßt, versöhnt und erneuert wird ... Was über diese Welt hinaus ist, will im Evangelium *für* diese Welt da sein; ich meine das nicht in dem anthropozentrischen Sinne der liberalen, mystischen, pietistischen, ethischen Theologie, sondern in dem biblischen Sinne der Schöpfung und der Inkarnation, Kreuzigung und Auferstehung Jesu Christi" (Bonhoeffer 1959, 184). Diese biblisch-christlichen Aussagen sind *Geheimnisse*, die wir aber nicht von uns aus durch Nachdenken aufdecken könnten, sondern die wir nur als Geheimnisse wahrnehmen, aufnehmen, stehen lassen können, weshalb Dietrich Bonhoeffer vom *Arkanum* und einer Arkandisziplin geschrieben hat (Bonhoeffer 1951, 185; Jüngel 1978, 340ff.).

Wenn jemand dabei sich Gott als männliche oder weibliche *Person* vorstellt, dann ist dies für den Betreffenden eine in diesem Augenblick, in dieser Begegnungssituation als für ihn oder sie zutreffend angenommene symbolische, anthropomorphe Deutung. Für einen Anderen mag dies bei einem Spaziergang mit der Wahrnehmung eines Baumes oder, wie Paul Tillich geschrieben hat, mit der Manifestation durch einen Baum oder durch ein Tier als Geschöpfen symbolisiert sein. In herkömmlichen christlichen Glaubensvorstellungen steht Gott an oberster Stelle einer personengleichen Engel- und Gefallenen-Hierarchie; er wird vorgestellt als eine (Mann-)Person-Gestalt, ewig existierend und wie eine zeitlose Ikone idealen Menschseins. Dieser hyperanthropomorphe Gott rettet unser Inneres, unsere Seele über Zeit und Raum, durch Verfall und Tod. Aber diese Person-Symbolisierung für Gott aus unserer Menschenperspektive ist nicht per se und ausschließlich die einzig mögliche ‚Bebilderung' des Gottes-Glaubens. Da unsere Vorstellungen von Gott aus Begegnungserfahrungen entspringen, sind sie stets personal und anthropozentrisch im Sinne von ‚begegnen' zu verstehen. Aber das heißt nicht, dass wir uns Gott ausschließlich als ‚Person' vorstellen müssten. Es gibt viele symbolische Deutungen für Gottes-Begegnungen.

Was bedeutet dabei ein *Symbol*? Ein Symbol ist nicht bloß ein Zeichen, wie z.B. ein vereinbartes Erkennungszeichen oder eine Verkehrsampel. Symbole kann man als offene, sinn-plurale Lebens-Zeichen auffassen, die man nicht herstellen oder bloß abrufen kann, sondern mit denen wir schon immer befreiend und verpflichtend, bewahrend und revidierend umgehen. Im Symbolisieren zeigt sich unsere Begegnungs-Welt vieldeutig und fordert statt eines direkten Befolgens unser Entscheidungsengagement und unser Interpretieren, indem sie nicht mehr abgeschlossen werden kann durch den Rekurs auf ein gemeinsames eindeutiges Zeichen oder eindeutig Zu-Bezeichnendes. In dieser Weise trifft uns das Symbol ‚Gott' ohne Direktiven. Dieses Widerfahrnis trägt Direktiven gleichsam auf seinem Rücken. Wir müssen antwortend auf dieses Symbol ‚Gott' unsererseits selbst symbolisieren. In symbolischer Kommunikation sind Form und Inhalt gleichermaßen entzogen, weil sie beide „von außen" zustoßen. Wenn jemand z.b. eine rote Rose (oder einen Liebes-Granat-Apfel wie in 1. Mose 3) verschenkt, dann bestimmt diese Person die situative, einzigartige Form des Schenkens und den allgemein für Liebes-Bezeugung geteilten Inhalt – und die beschenkte Person muss ihrerseits unterstellend und damit in eigener Regie symbolisierend antworten. Etwas salopp formuliert: Allein die Begegnungs-Situation des Schenkenden und Beschenkten macht aus der Blumenmaterie Rose einen Liebeserweis (oder auch nicht) und zieht den Inhalt (rote Rose) gleichsam in sich hinein, verwandelt ihn, heiligt ihn performativ durch und für die beiden. Die Macht dieses Symbols trifft den Beschenkten als Macht der anderen Person im Medium Rose. Also gerade das Entzogene beherrscht die Szene, ohne dass wir diese Präsenz des Entzogenen bestimmen könnten.

Die (jüdisch-)christliche Lehre von Gott bevorzugt weiterhin die *Person-Symbolik* und die durch feministische Kritik relativierte Vater-Symbolik. Offensichtlich will man in unserem Kulturkreis dadurch unsere Betroffenheit am augenfälligsten und emotional integrativsten verdeutlichen. Diese patriarchalische Engführung ist immer wieder erweitert worden auf die personalen Beziehungen zur Mutter, zu Bruder und Schwester usw. Dabei können wir aber nie wissen, was eine Person sei außerhalb ihrer symbolischen Präsentation in ihren Kommunikationen. Aus diesem Grund kann Theologie nicht in Anthropologie aufgelöst werden, was z.B. Rudolf Bultmann vorgeworfen wurde, weil wir dabei Gott und Mensch als Objekte verstehen müssten. Und ebenso ist Fundamentalismus ausgeschlossen, weil wir von Gottes-Begegnungen nie ohne Symbole, also gleichsam direkt und unvermittelt und unmittelbar reden können. Jede Prädikation Gottes als desjenigen, das/der/die uns unbedingt angeht, bleibt ebenso Symbolisierung wie jede Aussage über uns Menschen in unserer (von Gott durch Andere und anderes gestifteten) Beziehung zu Gott. Dies hat Paul Tillich stets betont, auch wenn man seine Begriffe wie Grund und Ziel wiederum als Kausalisierungen und Ontologisierungen und seine Methode der Korrelation von menschlicher Frage und Antwort des Evangeliums als nicht ganz unproblematisches Denkmodell im Blick auf die Menschwerdung Gottes kritisieren kann (Jüngel 1978, X): „Der übliche Theismus hat Gott zu einer himmlischen, ganz vollkommenen Person gemacht, die über Welt und Menschheit thront ... Es gibt kein Anzeichen für ihr Dasein, noch kann sie jemanden unbedingt angehen. Gott ist nicht Gott ohne universale Partizipation. Das Symbol ‚Persönlicher Gott' ist irreführend. Gott ist sowohl das Prinzip der Partizipation als auch der Individualisation. Das göttliche Leben partizipiert an jedem Leben als sein Grund und sein Ziel. Gott partizipiert an allem, was ist. Er hat Gemeinschaft mit ihm und nimmt an seinem Schicksal teil. Solche Sätze sind in hohem Grade symbolisch" (Tillich 1956, 283). Die Präsenz Gottes ist symbolische Präsenz, weshalb manche von der Gegenwart

Gottes als seiner Abwesenheit sprechen. Dabei gilt: „Jedes religiöse Symbol verneint sich in seiner wörtlichen Bedeutung, aber bejaht sich in seiner selbsttranszendierenden Bedeutung" (Tillich 1958, 15), so dass „alles, was die Religion über Gott, über seine Eigenschaften, sein Handeln und seine Manifestationen aussagt, symbolischen Charakter hat". Nur eine einzige nicht-symbolische Aussage über Gott gibt es gemäß Tillich: „Alles, was über Gott gesagt werden kann, ist symbolisch" (Tillich 1958, 15f.). Fragen wir unsererseits nach Gott und reden wir *über* Gott – also in der Situation diesseits der Offenbarung Gottes an uns –, dann reden wir nicht-symbolisch im Sinne von wissendem Reden. In der Situation der Erfahrung dessen, was uns unbedingt angeht, „sprechen wir zugleich rational und ekstatisch". „Diese dialektische Situation ist der begriffliche Ausdruck für die existentielle Situation des Menschen. Sie ist die Bedingung für seine religiöse Existenz und seine Möglichkeit, Offenbarung zu empfangen" (Tillich 1958, 16) – für die paradoxe Situation des Glaubenden, des menschlichen Lebens überhaupt.

Ist Gott Person? Gott *ist* nicht Person. Er *ist* auch nicht der brennende Dornbusch oder ein Tier, etwa ein Sühnopferlamm, sondern wir Menschen stellen uns bestimmte gemachte Begegnungen im Nachhinein so vor, als ob uns eine Person begegnet wäre, als ob eine Person diese konkrete Widerfahrniserfahrung, dieses Betroffenwerden ausgelöst hätte. Reden von Gott, von Anderen, von der Schöpfungswelt und von uns selbst ist immer ein symbolisches Reden, ein Reden ‚als ob‘. Deswegen kann sich der Beter richtig anthropomorph an seinen Gott wenden: „Herr, höre meine Stimme, wenn ich rufe; sei mir gnädig und erhöre mich! Mein Herz hält Dir vor Dein Wort: ‚Ihr sollt mein Antlitz suchen‘. Darum suche ich auch, Herr, Dein Antlitz. Verbirg Dein Antlitz nicht vor mir, verstoße nicht im Zorn Deinen Knecht! Denn Du bist meine Hilfe; verlaß mich nicht und tu die Hand nicht von mir ab, Gott, mein Heil!" (Psalm 27).

5. Was mit ‚glauben‘ gemeint sein kann.

Kehren wir zurück zum ‚glauben‘. Glauben meint als Verb umgangssprachlich so viel wie meinen, vermuten, nicht genau wissen und dennoch persönlich für wahr halten. Philosophisch wird darunter eine Aneignungsweise verstanden, die anders als methodisch begründetes Wissen ein spezielles Für-wahr-Halten und anders als vermutendes Meinen (Meinung) Ausdruck vollkommenen Überzeugtseins ist und auf interpersoneller Gewissheit beruht (DIE ZEIT-Lexikon 2005, 505; Pieper 2008, 110-121). Theologisch betont die römisch-katholische Lehre vom Glauben (Pisteologie, von pistis griech.: Glauben) den kognitiven Charakter der verstandesmäßigen Annahme von ‚Lehre und Sitten' der Kirche (Gerber 1966), also ‚den' substantivisch gemeinten Glauben an Gott, an Dogmen, an die Kirche. Man kann ‚glauben' aber auch als einen Akt, einen Existenzvollzug, eine Begegnungsweise verstehen. Theologisch unterscheidet man deswegen die fides quae creditur als den Glauben nach seinem Inhalt von der fides qua creditur als Akt des Glaubens. Protestantische Glaubens-Lehre betont den Widerfahrnis- und Geschehens-Charakter des Glaubens. Allein Gott schenkt dem sündigen Menschen durch andere Menschen das und den Glauben, indem er ihn rechtfertigt, sich mit ihm versöhnt und ihm die Freiheit zum eigenen Antworten gibt. Diese sich asymmetrisch ereignende Begegnung geschieht als ‚glauben' seiner Vollzugs- als auch Inhaltsseite nach (Körtner 2010, 9ff.), ohne dass deren Grund erfahren und entsprechend thematisiert werden könnte. Glaube wird als *Antwortgeschehen* verstanden und als Responsivität interpretiert. Entsprechend wird zwischen dem geschenkten und zugleich entzogenen und auch nicht lernbaren Gewissheitscharakter des Glaubens und dem Wissens-Charakter unterschieden. Was jemand inhaltlich-bekenntnishaft glaubt, das kann er gar nicht glauben, weil er z.B. mit Glaubensbekenntnissen nicht glaubend, sondern interpretierend umgeht. Mit seinem Glauben als eines rechtfertigenden Begegnungsgeschehens verbindet der Glaubende schon immer Vorstellungen, Deutungen, Reflexionen (und Gefühle, Stimmungen), die er als seine symbolisierenden Vorstellungen von Gott, Jesus, Schöpfung usw. glaubt, also davon persönlich überzeugt ist im Sinne einer eigenen interpretatorischen Meinung, die ihren existentiellen gewissenhaften Anhalt in der Macht der uns zwingenden und befreienden Begegnenden hat. Das meint: „‚Glauben' heißt, Inhalten des Wissens, der Wahrheit oder des Sinns verpflichtet zu sein, die nicht der Rationalität entstammen" (Nancy 2002, 76). Indem der Andere auf mich weist, da er auf meine Antwort ihm gegenüber setzt, treten wir zugleich auseinander, indem der Andere mir die Freiheit und Verpflichtung eigenen Glaubens und Interpretierens gibt. Deswegen kann man mit Gianni Vattimo sinngemäß bekennen: „Ich glaube, dass ich glaube" (Vattimo 2004, 7ff.). Dies meint wohl die Formulierung von Eberhard Jüngel, dass „der Glaube nicht einfach eine fixierbare Erfahrung unter anderen (ist), sondern die verwirklichte Bereitschaft, mit der Erfahrung selber neue Erfahrungen zu machen, so daß man ihn regelrecht als *eine Erfahrung mit der Erfahrung* zu definieren hat" (Jüngel 1978, 225; Jüngel 2008, 9f.). Der Glaube ist „diejenige Selbstbestimmung des Menschen, in der dieser aufgrund seines Bestimmtseins durch Gott auf Selbstbegründung verzichtet" (Jüngel 1978, 243). Dieses von rückwärts, vom Bestimmtsein her aufzusuchende, unauflösbare Paradox des kreativen Antwortens lässt darauf schließen, „dass das Was der Antwort (sc. der Inhalt des Glaubens, z.B. das Glaubensbekenntnis) erfunden wird, nicht aber das Worauf des Antwortens", das auf „ein Wovon des Getroffenseins", theologisch:

auf das mich durch andere Menschen ansprechende Wort Gottes, zurückweist (Waldenfels 2006, 11). Glauben wird durch jemanden, theologisch: durch den sich um unseretwillen in unseren mitmenschlichen Begegnungen distanzierenden Gott in unser Leben gerufen. Diesen Gott kann ich nicht ‚direkt‘, nur als Distanzierungsdynamik erfahren, beschreiben, bekennen.

Das ist das Befreiende und zugleich auch das Verlorene menschlichen Lebens, dass alles in Begegnung, Beziehung, Auflösung, Trennung geschieht, dass Gelingen und Scheitern unserem (Glaubens-)Leben eingeschrieben sind. Dieses Paradoxes eingedenk hat Luther mit seiner *Unterscheidung von Person und Werk (Tat)* darauf hingewiesen, dass wir (sündige) Menschen für unsere Taten, Werke, Deutungen, Meinungen im Gewissen verantwortlich sind, nicht aber für uns als Person verantwortlich sein können. Deswegen wird mit dem Schuldspruch über einen Menschen oder eines Menschen über sich in seinem Gewissen nicht die Würde dieser Person aufgehoben: „Die Würde des Menschen ist unantastbar" (Grundgesetz Artikel 1 Abs. 1). „Für seine Werke und Taten ist der Mensch verantwortlich – mit dem ganzen Pathos der Endlichkeit. Er hat gewissenhaft zu handeln. Von der Verantwortung für seine Person aber ist er befreit – mit dem ganzen Pathos der Ewigkeit. Während der Mensch also im Blick auf sein Tun gar nicht gewissenhaft genug sein kann, vermag er im Blick auf seine Person auf gewissenhafte Weise gewissen-los sein. Luther hat diese Gewissenlosigkeit *Gewissensfreiheit* genannt. Diese Freiheit des Gewissens kann freilich von keiner Verfassung geschützt werden. Sie braucht solchen Schutz auch nicht, *Gott sei Dank* nicht" (Jüngel 2008, 103). Genau dieses unauflösbare Paradox liegt auch der Erziehung, der Bildung, jeder Unterrichtsgestaltung, jeder Predigt, jedem Reden von Gott zugrunde. Es kommt ebenso im pädagogischen Paradox zum Vorschein, wenn dort ein solches Denken des Möglichen zu vollziehen wäre, „das ein anderes Verständnis von Zukünftigkeit eröffnen und den Gedanken einer Möglichkeit des Unmöglichen ertragen, d.h. ein anderes Verhältnis zum Aporetischen und Paradoxen einnehmen könnte. Dafür wäre es erforderlich, dass die wissenschaftliche pädagogische Reflexion sich dem zuwendet, was sie um so radikaler zu reduzieren und auszuschließen versucht, je mehr sie sich als Erziehungs*wissenschaft* konstituierte: dem *Unmöglichen, Unwirklichen* und *Unentscheidbaren* als Synonymen des Paradoxen. Es geht also um die Anerkennung ihrer Grenze, die nicht als eine äußere Systemgrenze, sondern als eine sie selbst in allen Dimensionen durchziehende Spaltung zu verstehen ist" (Wimmer 2006, 17f.). Konkret gefasst heißt dies, „dass sich im Unterricht (sc. wie in der familialen Erziehung) Wesentliches und Bedeutsames der Wahrnehmung und Kontrolle durch Lehrer, aber auch Schüler entzieht. Was wirklich *gelernt* wird, hängt nicht kausal und stringent davon ab, was *gelehrt* wird. Lehren und Lernen stehen in keiner unmittelbaren kausalen Beziehung. Die Lernprozesse der Schüler (sc. wie die außerschulischen Lern- und Erziehungsprozesse) können letztlich nicht in der Verfügungsmacht der Lehrer (sc. der Mütter, Väter u.a.), unter ihrer Kontrolle bleiben ... Darin liegt eine der wesentlichen Kränkungen der Pädagogik und der Pädagogen (sc. Pfarrerinnen, Priester, Theologen), daß sie zwar bestimmte Ziele verfolgen, aber weder die Zufahrtswege voll unter Kontrolle haben, noch genau wissen, was und wer eigentlich am vermeintlichen Ziel angekommen ist" (Zilleßen/Gerber 1997, 39). Genau dieser Gefahr und diesen Chancen sind Glaubende, Kirchen, Theologie ausgesetzt, wenn sie dieses Glaubensparadox immer wieder durch das Setzen von unaufgebbaren Glaubensvorstellungen aufheben möchten – und diese Gefahr ist zugleich die grundsätzliche Chance offenen Theologisierens, indem sich der Riss – ein Symbol für Gott in distanzierender Beziehung – zwischen Widerfahren und Verfügen, zwischen den Anderen und mir als produktive Distanz ereignet. Wenn Glauben als *Subjektwerdung* bezeichnet werden kann, dann vollzieht sich Glauben in der Versuchung, sich selbst als Person zu inszenieren statt als Person ‚von außen' konstituiert zu werden.

Der Theologe Gerhard Ebeling hat diese Prozesse mit dem Begriff des *Heils* umschrieben: „Heil will als das verstanden sein, was seinem Wesen nach nicht Objekt menschlicher Tätigkeit sein kann, weil es nicht das Haben des Menschen betrifft, sondern sein Sein. Heil ist das, was nur von Gott zu erwarten ist, weil es den Menschen in seiner Grundsituation als den betrifft, der seiner selbst nicht mächtig ist. Das Unheil des Menschen hat gerade in dessen Stärke seine Wurzel. Sünde ist der Wahn, primär und letztlich nur Täter zu sein. Das ist Unglaube: nicht Hörer, sondern nur Täter sein zu wollen, statt das Tun durch das Hören sowohl zu bändigen als auch erst zur wahren Freiheit zu entbinden. Sonst ist der Mensch nicht Herr seines Tuns, sondern Sklave seiner Werke. Zur Gewinnung des rechten Redens vom Heil kann darum nicht intensiv genug dem nachgedacht werden, warum die Weise, wie uns von Gott allein her Heil zukommt, allein das Wort ist (in der Vielfalt seines christlichen Gebrauchs), dem allein der Glaube entspricht. Auch das Reden von Gott wäre Inbegriff der Heillosigkeit, wenn Gott in Betracht käme als Verstärker und Instrument unseres Tätigseins und wir sogar Gott zum Objekt unserer Tätigkeit machten. Es gibt nur eine Weise, auch Gott zum Objekt menschlicher Tätigkeit zu machen: ihn zu töten. Dagegen gibt es nur eine Weise, ihn Gott sein zu lassen: sich ihm lobend zu verdanken" (Ebeling 1975, 359f.; Körtner 2010, 27-34).

Da es für ‚Glauben' keine eindeutige Definition geben kann, werden im Folgenden einige weitere *Interpretationsvorschläge* gegeben: *Vertrauen* auf die Lebensmacht der Beziehungen, so dass es nicht (mehr) darum geht, aus unserem Leben etwas zu machen (Weder 1988, 55). Glauben: dass die Sorge um sich selbst zunichte gemacht wird. Glauben geschieht als ein leibliches Wahrnehmen, das den Anderen und der Welt nicht aus der Perspektive des Beschlagnehmens begegnet, sondern des antwortenden *Achtens*, des Pflegens und Erhaltens, dass Mensch und Welt ihr Lebensrecht, ihre Einzigartigkeit, ihren Raum behalten. Glauben meint den Blick dafür, „daß wir jedenfalls nicht mit nichts anfangen, für die prinzipielle Asymmetrie unseres Lebens, daß wir uns das Leben niemals geben, sondern immer nur nehmen können" (Weder 1988, 57). Glauben: Liebe erfahren im Rückblick auf den prophetisch-reformerischen Jesus von Nazareth, der mit seinem Tod die Macht gewaltloser Liebe als seine Beziehung zu Gott gestaltete, projizierte, entgrenzte (von Wedel 1990; Moltmann-Wendel 2010, 145ff.). Glauben: „Gewiß, das Glauben ist ganz mein eigenes Tun, und dennoch ist es ganz und gar nicht mein eigenes Werk. Jesus entlockt den Menschen den Glauben, indem er sie von Besessenheit und Lähmung heilt. Er entlockt Menschen den Glauben, indem er – durch seine Gleichnisse – einen Raum schafft für Gott in ihrer Welt. Er überwindet Gottesferne, nicht dadurch, daß er die Menschen zu Gott ruft, sondern daß er Gott in ihre Nähe bringt. Wer den Glauben finden will, muß sich also dem Wort Jesu aussetzen. Einem Wort, das wir uns nicht selbst sagen können" (Weder 1988, 59).

Der Sozialphilosoph und Psychologe Slavoj Zizek hat sich öfter (und bisweilen in änigmatischer Weise) mit dem Glauben an den ‚Großen Anderen' auseinandergesetzt, zum Beispiel: „Dieses Huhn sollte geschlachtet werden, das heißt, wir sollten den Mut aufbringen, den großen Anderen, durch den wir glauben, fallenzulassen, auch wenn wir ‚persönlich' Zyniker ohne jeden Glauben sein sollten. Dieser Sturz des großen Anderen ist paradoxerweise nicht dasselbe wie das Verschwinden des Glaubens – in gewisser Weise eröffnet er den Raum für den echten Glauben, den Glauben, der einem *Akt* zugrunde liegt und der nicht länger in eine Figur des großen Anderen hineinverlegt oder von ihr gestützt oder gedeckt wird. Mit dem Risiko eines Akts nehme ich den Glauben vollkommen auf mich und akzeptiere, dass es keinen Anderen gibt, der für mich und an meiner Stelle glaubt. Das ist der wahre christliche Glaube, und das ist die Botschaft des Todes Gottes. Die christliche Gemeinschaft der Gläubigen ist mit ihrem Glauben allein, sie übernimmt freiwillig die volle Verantwortung dafür und ist nicht mehr auf eine transzendente Autorität angewiesen, die ihn sicherstellt" (Zizek 2009, 100). Nimmt man die bereits thematisierte Anknüpfung allen Theologisierens an die Inkarnation Gottes ernst, dann geht es um die nachtheistische Vorstellung von der Entleerung oder *Kenose* des Glaubens von allem direkt Göttlichen, um eine ‚kenotische' Theologie, in der Gott radikal ‚vermenschlicht' wird und pluralistisch thematisiert wird (Vattimo 2009, 32). Gott ist mit dem Christentum re-lativ, begegnungs- und beziehungshaft geworden, so dass Glauben als eine Beziehungserfahrung mit inhaltlicher Selbstartikulation bezeichnet werden kann. Aber es ist eine Beziehung, die von der ‚Lücke' zwischen den Begegnenden lebt: „... indem die Lücke wirklich unausgefüllt bleibt, bleibt man durch sie miteinander verbunden. Es ist verkehrt, wenn man sagt, Gott füllt die Lücke aus; er füllt sie gar nicht aus, sondern er hält sie vielmehr gerade unausgefüllt, und hilft uns dadurch, unsere echte Gemeinschaft miteinander – wenn auch unter Schmerzen – zu bewahren" (Bonhoeffer 1951, 198).

Entsprechend bedeutet *Monotheismus* atheistisch nicht den Rekurs auf einen einzigen Gott als Ur-Idee oder als Universaloriginal hinter den konkreten Religionen, denn das wäre ein gedachter Monotheismus des Selbstbewusstseins. Monotheismus kann verstanden werden als der nicht aufhaltbare Entzug Gottes, seine Distanzierung von uns, zwischen uns, damit wir selbstständig Antwortende werden. Das Gegenmodell findet sich in einem Jahresprogramm eines Ökumenischen Bildungswerkes: „Vortrag: EINS MIT GOTT? … Christliche Mystik ist der Versuch, über alle Wechselfälle des menschlichen Lebens hinweg bereits auf Erden eine unmittelbare Nähe zu Gott zu gewinnen". Glauben also als Einswerden mit Gott.

6. Scheitern ist dem (Glaubens-)Leben eingeschrieben. Es fragt sich, was man darunter versteht.

Wenn Glauben als Widerfahrnis geschieht (Liebsch 2010, 77), wenn Glauben sich als ein Ergriffen- und zum Antworten Gezwungen- und Befreit-Werden ereignet, wenn Glauben wie ein Über-Fall und Ein-Fall kommt, dann gehört das *Scheitern* schon immer dazu, so wie es kein feststellbares Gelingen des Lebens, Glaubens, Liebens, Hoffens geben kann, es sei denn im Blick auf ein geplantgestecktes Ziel, also auf etwas Äußerliches, ein Programm, eine Vereinbarung. Im Scheitern werden wir ent-täuscht, nämlich in unseren Täuschungen in Form von Vorurteilen, Allmachtsphantasien und Selbsternennungen getroffen. Und: „Das Scheitern der Kommunikation ist ein Scheitern des Kennens (sc. im Sinne von Gelingen). Man übersieht, dass das Gelingen des Kennens genau das Nebeneinander, die Nähe des Anderen, beenden würde. Eine Nähe, die anstatt weniger zu bedeuten als Identifikation, genau den Horizont des sozialen Daseins eröffnet, den ganzen Mehrwert unserer Erfahrung von Freundschaft und Liebe hervorspringen lässt und dem Definitiven unserer identischen Existenz alle Möglichkeiten des Nichtdefinitiven beilegt" (Levinas 1988, 99f.). Scheitern gehört zur Offenheit, Pluralität, Endlichkeit, zum Begegnen und ist nicht das Gegenteil von Gelingen, sondern gehört zum Gelingen. In diesem Sinne hat Henning Luther Scheitern auf den *Umgang mit Bibel-Texten* bezogen, der grundsätzlich begegnungsmäßig, plural, offen bleibt: „Diese Pluralität der christlichen Interpretationspraxis ist freilich in einer Hinsicht nicht-gleichgültig; erscheint der Andere wesentlich in der Nacktheit und Not seines Antlitzes, also in seiner Verletzlichkeit und Ausgesetztheit, dann ergibt sich als inhaltliche Perspektive kirchlichen Verstehens und Handelns der prophetische Blick von unten, die Orientierung an den Witwen, Waisen, Fremdlingen – die Ausrichtung am leidenden Anderen, am Opfer" (Luther 1992, 86f.). Nur der pluralitätsfreie Fundamentalist darf nicht scheitern, ja, er kann aus seiner Perspektive nicht scheitern, weil er sein Leben einer religiösen Absolutheit und Totalität verschrieben oder sonst einer Ideologie geopfert hat. Scheitern und Zweifeln sind Geschwister, Scheitern und Zweifeln nagen am Herzen und sind deswegen zugleich Chancen ‚authentischen' Glaubens.

Unserem Leben inhärent ist das *Scheitern*, wie es die mythologische Erzählung vom Sündenfall in 1. Mose 3 als Aufkündigung der Beziehung mit Gott durch eine gemeinsame Aktion von Adam und Eva begründend umschreibt (als sogenanntes vaticinium ex eventu, als Begründung im Nachhinein: dass sich Schmerzen beim Gebären der Frau, dass sich Schweiß und Miniertrag beim Ackerbauern als Folgen der Verschwörung gegen den Schöpfer-Gott erweisen). Wir scheitern oft mit unseren eigenen physischen, denkerischen, psychischen Kräften und Mitteln, sei es, dass wir uns überschätzen, sei es, dass wir überfordert werden, oder weil wir einfach einen Fehler machen, etwas übersehen, falsch informiert sind. Scheitern heißt hier: Ich habe das von mir (oder von Anderen für mich) gesteckte Ziel nicht erreicht, die Vorgaben nicht erfüllt und die Aufgaben aus Zeit- oder Kompetenzgründen nicht erledigt, und ich muss meistens mit entsprechenden Sanktionen rechnen. Aber der Mythos vom Sündenfall will eine andere Art und Weise von Scheitern unserer Beziehungen zeigen: Jede Begegnung trägt das Scheitern in sich, indem wir dem Anderen unser Bild von ihm unterstellen (müssen), ihn als Vertrauensperson so gut wie als Kompagnon gegen einen Dritten sehen und behandeln, und also gar nicht ihn ‚als solchen', in seinem Person-Sein ‚an sich' wahrnehmen können und indem wir zugleich auf unserer Seite unser Antworten ebenso nur unterstellend und nicht aus eigener Sicherheit vollziehen können. Gelingen des Glaubens und Scheitern des Glaubens liegen untrennbar ineinander. Es ist ein mit jedem Begegnen gegebenes Scheitern, das unsere Bemächtigungswünsche schon immer durchkreuzt und zugleich zu einer anderen Art von Verantwortung ermächtigt.

So geht es in der mythologischen Erzählung vom *Sündenfall* in 1. Mose 3 nicht um das heroische Scheitern im Sinne des Sisyphos von Camus. Es ist auch nicht das Scheitern gemeint, das Ausstiegslust gebiert oder jegliche Anstrengung aufheben möchte. Und es ist auch nicht das Spiel mit dem „Restrisiko", das im Fall von Fukushima zugeschlagen hat (und uns gezeigt hat, dass Naturkatastrophen viele und vieles scheitern lassen und Ohnmachtserfahrung zurücklassen (Neiman 2006)). „Es ist ein mit jeder Begegnung gegebenes Scheitern, das unsere

Allmachts- und Ohnmachtsphantasien schon immer durchkreuzt. Begegnen bedeutet Scheitern, da solches Begegnen als ein Auseinandertreten ohne vorweg gewusste Verpflichtung auf ein Drittes geschieht, das uns Überblick gäbe" (Gerber 2010, 141). Adam und Eva taten sich zusammen zu dem gemeinsamen Projekt gegen Gott, um diesem den Überblick über Gut und Böse und damit ein für allemal den Durchblick für das Gelingen menschlich-endlichen, falliblen Lebens abzuluchsen; sie hatten nicht den Mut, ihre Eigenständigkeit und damit Scheitern als eine Seite menschlichen Lebens zu leben. Ihr Projekt sollte jegliches Scheitern verhindern.

In unserer narzisstischen Gesellschaft nimmt die Bereitschaft immer mehr ab, „Scheitern als notwendig zu akzeptieren, je mehr Scheitern also an der Logik des Funktionalen scheitert, desto steiniger wird der Weg ins unbekannte Konkrete" (Branz 2005, 267) – und dieses unbekannte Konkrete, das sich nicht erfahren lässt, wird hinterher verschieden interpretiert: als Gottes-Begegnung im Sinne christlicher Tradition, als absolutes Sein (wie Gott in der traditionellen Metaphysik verstanden wurde und wird), als Natur-Kraft oder pantheistisch als Natur, als das sich selbst inszenierende autonome Ich. In einer nachtheistischen christlichen Theologie gehört das Scheitern zur Gottes-Beziehung, ja in symbolischer Prädikation zu Gott selbst, indem sich Gott wandelt von seiner Opfer-Mentalität, als er etwa von Abraham absoluten Gehorsam in Form der Opferung von dessen Sohn Isaak verlangte (1. Mose 22), hin zur Liebes-Mentalität ohne Opfer-Gehorsam in der Person Jesu von Nazareth, dessen Sterben am Kreuz als „Resultat der Passion uneigennütziger Liebe" geschah (Dalferth 2011, 137). Liegt in Abrahams Gehorsamshaltung zur Opferung seines Sohnes, die ein „Engel des Herrn" in letzter Sekunde durch das Ersatzopfer eines Widders verhinderte (als Beleg für die Ablösung der Menschenopfer durch Tieropfer), eine Manifestation und ein Manifest sakraler, ‚vergöttlichter' Gewalt, so spielt das Sakrale beim Tod Jesu keine Rolle bzw. erst post festum bei der Sakralisierung Jesu in einer Gottessohn-Sühnopfer-Christologie (Girard 1983, 240).

Hier muss auf das Herzstück traditioneller christlicher Theologie eingegangen werden, auf die Vorstellung vom *sühnenden Tod Jesu* (die Anselm von Canterbury im Frühmittelalter in seinem Werk „Cur Deus homo?" (Warum Gott Mensch wurde?) rein logisch argumentierend als Ziel der Menschwerdung Gottes entfaltete und dadurch die Entwicklung des Eucharistie-Sakramentes prägte). Der Tod Jesu war aber weder ein Sühnopfer, wie es die christliche Tradition seit Paulus als Sakralisierung des Todes Jesu bekennt, noch dessen mehr oder weniger heroische Selbstopferung, denn auch dies wäre ein Akt sakraler Gewalt gewesen, jetzt im Sinne einer Selbstvergöttlichung. Das Kreuz ist – als Folge eines Justizirrtums gemäß der Exegese Rudolf Bultmanns – nicht das Symbol für sakrales Scheitern, so dass die Auferstehung so etwas wie das logische Produkt der Kreuzigung wäre. „Statt die Kreuzigung zu einer *Ursache* des Gottseins zu machen, wozu ein gewisses doloristisches Christentum stets versucht ist, erblickt man darin besser eine *Folge* davon" (Girard 1983, 242; Moltmann-Wendel/Kirchhoff 2005, 7-11).

In jeder Begegnung liegt ihr eigenes Scheitern, weil es keine vollendete Begegnung geben kann. Es gibt kein Leben ohne Tod, keine Geburt und kein Arbeiten ohne Schmerz, keine Liebe ohne Trennung, kein Glück ohne Leid. Peter Gross hält es für unseren Vorteil, dass wir nicht mehr auf endgültige End-Erlösung aus sein müssen: „Es lässt sich ein Christentum denken, welches sich der Vorläufigkeit und nicht der Endgültigkeit verschreibt" (Gross 2007, 10), das sich dem Scheitern und Mutigsein verschreibt. Die christlichen Totalitarismen einer vollendeten Liebe, eines ausschließlichen Glaubens, der mit Jesu Geschick endgültig gewordenen Erlösung im Jenseits, der ‚objektiven' Geltung der Sakramente u.a.m. – alle diese dem Scheitern entzogenen Endgültigkeiten geraten wie die Jünger Jesu im Sturm auf dem See Genezareth ins Wanken (Markus 4, 35-41). Mit dem Bild vom Wanken kann Glauben lebensnah-konkret beschrieben werden, geht es doch im Glauben um die Erfahrung, mit dem labilen und fragmentarischen Leben und Zusammenleben vertrauensvoll umzugehen (Zilleßen/Gerber 1997, 11; Luther 1992, 212ff.).

7. Nochmals daraufgeschaut und nachgedacht: Ereignet sich das Paradox gelebten Glaubens als Widerfahrnis und als Antworten?

Wenn wir annehmen, dass ‚glauben' sich nicht in der Annahme eines Systems von christlich-theologischen Vorstellungen und kirchlichen Riten erschöpft, sondern als eine komplexe lebenspraktische Erfahrung zu bedenken sei, dann setzen wir damit voraus, dass sich im Glaubensvollzug Wissen und An-Nehmen, Antworten und ein dieses Antworten evozierendes Widerfahrnis mischen. Aber wie? Diese Frage lässt sich nicht mit objektiven Kriterien entscheiden, weil dann das Widerfahrnis, symbolisiert mit dem Wort Gott, einholbar wäre. Diese Frage ist nicht lösbar, sondern sie verweist auf den paradoxen Grundcharakter solcher Erfahrungen wie Glauben, Lieben, Vertrauen, Hoffen (Liebsch 2010, 57-61; Menke 2004, 136-141; Gerber 2008, 243ff.; Dalferth 2011). Angewandt auf das Phänomen ‚glauben' als Symbolisierung der Begegnungen Gottes mit uns durch andere Menschen zeigt sich der paradoxe Charakter gemäß Slavoj Zizek: „Wir sind nur dann eins mit Gott, wenn dieser nicht mehr eins ist mit sich selbst, sondern sich selbst aufgibt, den radikalen Abstand ‚verinnerlicht', der uns von Ihm trennt. Unsere radikale Erfahrung der Trennung von Gott ist genau jenes Merkmal, das uns auch mit ihm vereint" (Zizek 2000, 52).

Zwei Gefahren drohen dem ,glauben': Zum einen liegt im ,glauben' immer die Tendenz, sich in der Weise als ein letztlich *fundamentalistisches* Wissen zu präsentieren, dass der christliche Glaube die einzige Wahrheit habe, was Glauben erübrigt. Entsprechend wird jede und jeder, der diese Gottesbeweis-Logik (etwa im Gefolge von Thomas von Aquin) nicht akzeptiert (etwa im Gefolge Kants), zum Agnostiker abgestempelt. Die andere Gefahr besteht darin, dass das glaubende Subjekt zum *Objekt göttlicher Selbstoffenbarung* degradiert wird. Im ersten Fall wird ,glauben' verkappt profanisiert, indem kirchliche Lehrsätze, Riten, moralische Normen als das ,göttliche System' behauptet werden. Das Irdische wird vom Himmlischen verschlungen. Im zweiten Fall wird ,glauben' zu etwas wie einer meta-physischen Verfügungsmacht, so dass das Himmlische das Irdische verschlingt. In diesem Sinne wurde Karl Barths Theologie des ,senkrecht von oben' als Offenbarungspositivismus kritisiert, etwa von Dietrich Bonhoeffer (Bonhoeffer 1951, 179, 184, 219; Dalferth 2010, 223ff.). Bonhoeffer forderte Barth und die Bekennende Kirche auf, sich nicht hinter dem „Glauben der Kirche", hinter christlicher Rechtgläubigkeit zu verstecken, sondern zu zeigen, „was man selbst eigentlich glaubt" (Wüstenberg 1996, 1004). In beiden Fällen, dem Fundamentalismus der Glaubenden und dem Fundamentalismus Gottes, fehlt die dialogische, die responsive Struktur von ,glauben' (freilich dann mit der Gefahr, dass Glauben völlig in die Regie des sich selbst ermächtigenden Subjektes geraten kann). Das Widerfahrnis des Wortes Gottes provoziert und evoziert eine Antwort, „durch die allein es in seiner Bedeutung zum Vorschein zu bringen ist. So gesehen ist *das Widerfahren* des Widerfahrnisses *niemals der Beginn eines bloß kausalen,* sondern stets der Einsatz eines *responsiven* Geschehens. Das gilt selbst dann, wenn das Subjekt mit traumatischer Wucht von einem Widerfahrnis getroffen wird, das ihm buchstäblich die Sprache verschlägt" (Liebsch 2010, 60).

Andere wie Jacques Derrida haben hier vom *Messianischen* gesprochen: „Gemeint ist damit eine Öffnung auf die Zukunft hin, auf das Kommen des anderen als widerfahrende Gerechtigkeit, ohne Erwartungshorizont, ohne prophetisches Vorbild, ohne prophetische Vorausdeutung und Voraussicht. Das Kommen des anderen kann nur dort als besonderes und einzigartiges Ereignis hervortreten, wo keine Vorwegnahme den anderen *kommen sieht;* nur dort, wo der andere, der Tod und das radikal Böse (uns) jederzeit überraschen können" (Derrida 2001, 31f.). Deswegen können wir, wie Kierkegaard formuliert hat, unser Leben nur rückwärts verstehen, also wenn wir gleichsam nach rückwärts durch unsere Beine schauen (Zilleßen/Gerber 1997, 5, mit Verweis auf Christian Morgensterns *Schonwida*); aber leben muss jede und jeder von uns sein und ihr Leben vorwärts (Dalferth 2010, 173-176). Und eben aus diesem Grund ist „der Glaube an das

Bewirkenkönnen durch eigenes Tun ... paradoxerweise, als Glaube, immer auch ein Glaube an ein Wirken, das kein eigenes Tun ist" (Menke 2004, 139f.), sondern *Widerfahrnis*. Und diesem Widerfahrnis *Glauben* liegt die angesprochene Paradoxie oder Ambivalenz zu Grunde: Er verspricht, „das eigene Leben zu bereichern, droht aber zugleich, es (positiv wie negativ) außer Kontrolle geraten zu lassen. Mehr noch: indem es (sc. Glauben als Widerfahrnis) uns immer schon zuvorkommt (und nachträglich auf es zu reagieren zwingt), bedeutet es in gewisser Weise eine unvermeidliche Einbuße an Souveränität – oder läuft möglicherweise sogar auf das Eingeständnis hinaus, dass wir als dem Widerfahrnis bzw. der pathischen Dimension unseres Lebens Ausgesetzte *überhaupt nicht souverän sein können*" (Liebsch 2010, 63). Ingo Dalferth spricht in diesem Zusammenhang von „kreativer Passivität" (Dalferth 2011). Glauben geschieht als Abenteuer. Glauben geschieht an-archisch, Grund-los, als Gabe. Glauben kann als ‚von außen' zustoßendes Widerfahrnis – theologisch gesprochen: als Wirken Gottes durch den Heiligen Geist durch das verkündigte Wort als Evangelium – keinen von uns identifizierbaren Grund haben, obwohl er ein leiblich-sinnliches Geschehen ist (Zilleßen/Gerber 1997, 7-13). Alles, was wir mit unseren Kompetenzen auch im Blick auf Heil- und Versöhntwerden wahr-nehmen, auch unser Antworten, verbleibt diesseits unseres individuellen Tellerrandes, es sei denn, so etwas wie eine Dynamik des Übersteigens bricht in unseren Aktivitätskreis ein. In solchen Beziehungen erweist sich eine Kraft wirksam, die unserer bemächtigenden Erfahrung entzogen bleibt und die gleichzeitig unsere Lebendigkeit erhält und unser Subjektsein in Szene setzt, ohne dass wir uns dieses unverfügbare Ereignis oder Widerfahrnis des permanenten Erschaffenwerdens aneignen könnten. Dieses Geschehen wird auch mit dem Begriff der Gottebenbildlichkeit des Geschöpfes Mensch umschrieben.

Die Vorstellung einer *Gottebenbildlichkeit,* einer *imago Dei,* stammt religionsgeschichtlich aus der altorientalischen Königsideologie und wird theologisch von 1. Mose 1, 26-28 her als universaler Zuspruch entweder einer Art ‚royalisierender' Erhöhung des Menschen oder einer ‚demokratisierenden' Einbeziehung des Menschen in das eigentlich ‚royalistische' Gottes-Verhältnis interpretiert. In diese Tradition gehört auch die Ausstattung des Menschen mit „Ehre und Herrlichkeit" (Psalm 8, 6). Diese Ausstattung ist keine ausweisbare Eigenschaft oder Substanz unseres Menschseins, kein Merkmal, keine Fähigkeit, Leistung oder Zuschreibung, sondern sie symbolisiert den uns entzogenen und zugleich uns verlebendigenden (Be-)Lebens-Prozess, der im zweiten Schöpfungsmythos als Hauch, als Geist (hebräisch: ruah; 1. Mose 2, 7) Gottes für uns Menschen umschrieben wird (Graf 2009, 177-202). Die Vorstellung der Gottebenbildlichkeit ist demnach eine Glaubensaussage über eine Beziehung, die mit dem Begriff der einzigartigen leiblichen *Geschöpflichkeit* des Menschen und mit seinem Umgang mit der Schöpfung – das *dominium terrae,* die Herrschaft über die Schöpfung, die heute ‚nachhaltig' verstanden wird – in den Blick kommt. Diese Vorstellung wird oft mit dem Begriff der (unantastbaren) *Würde* im Grundgesetz gleichgesetzt. Historisch lässt sich zeigen, dass Theophilos von Antiochien in einem seiner Briefe aus der zweiten Hälfte des zweiten Jahrhunderts die Würde des Menschen in seiner Gottebenbildlichkeit sieht, die dem Menschen mit seiner Erschaffung gegeben wird, die er nicht verlieren kann und die von ihm nicht verdient werden muss bzw. kann. Sachlich soll mit beiden Vorstellungen das unserer Gestaltungsaufgabe vorgängige schöpfungsmäßige Person-Sein im Sinne der Gabe des Lebens gewahrt werden. Diese Wahrung ist die von uns Menschen nicht erfüllbare radikale Forderung des Leben-Gewährens, und wir haben die Würde und Gottebenbildlichkeit des Anderen schon immer verletzt. Personsein kann von uns weder juristisch noch religiös (christlich) geschützt werden. Die hier verwendeten Begriffe und Bilder wie Geschöpflichkeit, Lebens-Gabe, Würde, Entzogensein, Abwesenheit, Schon-immer-voraus-Sein können nach- oder atheistische Begriffe sein, um die Erscheinungsweisen des Heiligen nach dem Tode Gottes verständlich zu machen, nicht sie aufzulösen und vergessen zu machen. „Nicht mehr auf eine wie auch immer geartete innere Gewißheit stützt sich dieses Denken, sondern auf die Erfahrung eines Mangels" (Bürger 2000, 71), dem nicht durch christliche oder sonst wie philosophische Vorgaben oder durch einen Gottes-Beweis oder durch einen moralischen Lebenswandel aufgeholfen werden kann.

Andere Metaphern können diese *paradoxe, ambivalente Glaubens-Situation* verdeutlichen. So sprach Hannah Arendt von der *Geburtlichkeit* des Menschen als Horizont der vita activa und passiva. Christoph Menke hat die menschliche Existenz unter den Bedingungen des *Tragischen* reflektiert und er widerspricht der Meinung, dass „die Moderne die Zeit nach der Tragödie sei". Er weist auf die „tragische Ironie" der Praxis hin: „Handeln, das stets auf sein Gelingen aus ist, bringt allein durch sich selbst, daher notwendig, sein Misslingen, dadurch das Unglück des Handelns hervor" (Menke 2005, 7). Werden so die beladenen Begriffe des Glaubens, des ‚Sündigens', des Versöhntwerdens besser verständlich als in ihrer klassischen christlich-theistischen Deutung?

IV. Was Sie erwartet(n): Gott kann nicht gerettet werden.

1. Das Religiöse ist plural, undefinierbar und nicht verwertbar.

Ein Buch zum Christentum schreibt, wer selbst etwas davon hält. So auch im Folgenden. Aber *das* Christentum war und ist nicht als monolithischer Block vorhanden, nicht einmal in der Zeit der Reichskirche zwischen 380 und 476 (bestenfalls in den Köpfen von Kaisern und Päpsten, als Kirchen auch damals als Projekte ihrer Eliten inszeniert wurden). Seit seiner Entstehung in nachösterlicher Zeit, wohl ausgelöst durch das Pfingstereignis der Gemeindesammlung (Apostelgeschichte 2), und sicher schon im Jünger- und Jüngerinnenkreis Jesu von Nazareth gab es verschiedene Spielarten dieses Reformjudentums und des beginnenden Christentums. Deutlich ablesbar ist diese *ursprüngliche Vielgestaltigkeit* an der Anzahl der vier Evangelien des Markus als des ältesten, des Matthäus, des Lukas und des Johannes als des spätesten Evangeliums. Diese Schreiber, Sammler, Erzähler, Interpreten haben in und für verschiedene Gemeinden gewirkt, vom judenchristlich geprägten Matthäus (um 80 n. Chr.) über den eher einer griechisch kulturierten Gemeinde verpflichteten Markus (um 70 n. Chr.) bis zum heilsgeschichtlich orientierten Lukas (nach 80 n. Chr.) und dem eher gnostische Traditionen (im heutigen Syrien) aufnehmenden Johannes (nach 100 n. Chr.) (Gerber u.a. 1992, 163-166). Diese vielgestaltige christliche Religion hat sich mit seinem Ursprung im Judentum dann sowohl in seiner Globalisierung im Vorderen mediterranen Orient und durch den Apostel Paulus über Griechenland im Römischen Reich bis Rom mit Elementen anderer Religionen angereichert als auch vornehmlich in seiner westlichen Ausgestaltung Varianten gezeigt und vermochte viele Interessenten in sich zu vereinen: Kirchentreue, Reformbestrebte, Mönche und Nonnen und Asketen, Hyperfromme, Reformer (nicht aber Häretiker und Häretikerinnen), aristotelisch, platonisch, stoisch, gnostisch, neuplatonisch, jüdisch (ab dem 7. Jahrhundert auch muslimisch) orientierte Gelehrte, Mystikbeglückte und Politisierende. Zugleich lässt sich in einer vereinfachenden Rückschau zeigen, dass diese Vielgestaltigkeit in der römisch-katholischen Kirche, die in Form eines *Staatskirchentums* den Westen seit dem 4. Jahrhundert mit zusammenhielt und die auch heute noch seitens Rom ‚über den ganzen Erdkreis' (=katholisch) in Geltung bleiben möchte, mit der *Reformationsbewegung* im 16. Jahrhundert im Zuge mit Humanismus und Renaissance theologisch und mit dem Westfälischen Frieden von 1648 religionspolitisch sich aufsplitterte in die drei Konfessionen der Römischen Katholiken, der Lutheraner und der Reformierten (und in England seit 1534 mit den Anglikanern).

In der *Aufklärungszeit* traten anders als im religionskritischen bis atheistischen Frankreich und England in Deutschland die bislang mehr oder weniger unterdrückten abrahamitischen Geschwister des Christentums wirksam in die Gesellschaft ein: Das Judentum und der Islam erhielten um der vernünftigen Toleranz der Religionen willen den gleichen Rang mit dem Christentum, exemplarisch thematisiert von Gotthold E. Lessing (1729-1781) in seinem Drama *Nathan der Weise*, der „Ringparabel". Letztlich, so heißt es tolerant, glauben alle (vernünftigen) Menschen) an den gleichen (vernünftigen) Gott. Und im nächsten Schritt darf jede und jeder nach ihrer und seiner (religiösen) Facon selig werden. Die sich herausbildende demokratische Gesellschaft mit dem religiös neutralen Staat legt sich eine Zivil-Religion zu mit dem (vernünftigen) Glauben an die Existenz Gottes, mit dem Grundpostulat der Freiheit, mit einem wenn überhaupt, dann vernünftigen Kult und mit der Überzeugung eines gerechten Ausgleiches für das Erdenleben im Jenseits. Diese Art Aufklärung lieferte ihre eigene Begrenzung auf ein vernünftiges Religionssystem gleich mit und ist sich im Zuge der Moderne mindestens teilweise ihrer Dialektik kritisch bewusst geworden.

Dann wurden die großen *Weltreligionen* einbezogen: Hinduismus und Buddhismus aus dem indischen Bereich, Konfuzianismus und Taoismus aus dem chinesischen Bereich (Küng 1999). Und im 19. und 20. Jahrhundert schritt in der westlichen Welt die Pluralisierung der Religionen, die Individualisierung der Religiosität, die Säkularisierung des Christlich-Religiösen fort, so dass die Religionen auf gleiche Augenhöhe mit Weltanschauungen und Ideologien zu stehen kamen. So kann Verschiedenstes für Zeitgenossen religiös, heilig, heilsam sein: Gottesdienstbesuch, Mitarbeit in einer christlichen Gemeinde, Parteiarbeit, Weltanschauungs-Mission (etwa Scientology, atheistische Humanisten), Vereinsarbeit, Engagement in Natur- und Ökologiebewegungen, für manche die Börse oder ein Oldtimer oder der Computer – frei nach Luther: Woran Du Dein Herz hängst, das ist Dein Gott!

In der derzeitigen *Spätmoderne* spitzt sich die Gültigkeit und Relevanz von Traditionen, Vorgaben, Rollen derart auf die *Entscheidung* des Einzelnen zu, dass dieser schlussendlich die Entscheidungshaftigkeit seiner auch für Religiöses geltenden Multioptions-Welt in seinen eigenen Entscheidungen als Religion, als Heil erfährt (Gross 1994, 14ff., 103ff., 364ff.; Beck/Beck-Gernsheim 1990, 7-19, 222ff.; Heidbrink/Hirsch 2006; Beck 2008, 31f.). Man wird – mit ein wenig

Phantasie – an die Transformation protestantischen Glaubenslebens im Pietismus des 18. und 19. Jahrhunderts in das Muster des persönlichen Entscheidungs- als Bekehrungserlebnisses erinnert, das eine radikale Individualisierung der Religion förderte, die im 20. Jahrhundert in existenz-theologischen Entwürfen, etwa bei Rudolf Bultmann in Verbindung mit dem Programm der Entmythologisierung (Bultmann 1980), Gestalt gewann. Und man kann an das Hervortreten des egoistischen Marktbürgers erinnern, der den noch jungen Staatsbürger überflügelte, und der mit dem ‚subjektivierten' Konzept der Authentizität (in Form seiner Selbstverwirklichung) das ‚objektive' Ideal der Aufrichtigkeit (Tugendhaftigkeit) verdrängte. Wolfgang Engler hat angesichts dieses krisenhaften Individualisierungsschubes die Aufgabe formuliert, die man als ‚weltliches' (nicht-theistisches) Reden von Gott, Mensch, Kirche usw. deuten kann, dass sich der Kult des Authentischen mit unserer verschollenen Kultur des Aufrichtigen anreichere und dadurch neue, unverstellte Formen der Geselligkeit (sc. der Gemeindegestaltung) entstünden (Engler 2009). Das Christentum (in seinen Variationen) kann hier sein Erbe ausspielen, das geglaubt-unterstellte Gott-Vertrauen immer schon auch als sozialkritisches, weltliches Vertrauen – exemplarisch etwa in der feministischen Befreiungstheologie Dorothee Sölles – zu praktizieren. Dies könnte eine zeitgemäße atheistische Interpretation z.B. von Martin Luthers Zwei-Reiche-Lehre sein: dass Christ und Christin im Glauben allein Gott untertan und zur Nächstenliebe in der Welt befreit seien und dass sie *zugleich,* also im Sinne des oben skizzierten Glaubens-Paradoxes, ganz von der Not und der Freude ihres Nächsten beschlagnahmt seien (wie Luther in *Von der Freiheit eines Christenmenschen* 1520 als Eingangsthese formuliert hat). Eine Welt ohne dieses sich in der Glaubensbegegnung konkretisierende Vertrauen wird eindimensional durch Ökonomisierung, Funktionalisierung, Mediatisierung und ebenso durch rückwärts focussierten, vereindeutigenden Fundamentalismus (Gerber 2008, 153ff.).

Die angesprochene Individualisierung, die Pluralisierung und Vergleich-Gültigung der Aneignung, Ausgestaltung und inhaltlichen Füllung von Religiosität in den westlichen Gesellschaften, die sich mit der Mediatisierung noch beschleunigten (Rosa 2005), schließt eine Relativierung der Heilsangebote durch den einzelnen Betroffenen ein. Der spätmoderne Individualist wählt seinen eigenen Gott (Beck 2008). Vom reformatorisch als Geschenk bezeugten (paradoxen) Glauben führt der Weg zum „Willen zum Glauben" (Sloterdijk 2007, 33). Ob heute der Einzelne sein ‚persönliches Seelenheil' in einem Gottesdienstbesuch oder in einer persönlichen Gottes-Begegnung im Kämmerlein, bei neureligiösen Blut- und Boden-Messen oder in der Natur zu finden meint, ob seine heilsame Ich-Suche im Fan-Club im Fußballstadion Erfolg hat oder in der Disco gelingt, ob er seiner Karriere und seinen dabei wie auch immer errungenen Besitztümern, Leistungen und Pokalen in einer Art religiöser Andacht oder gar Selbstanbetung huldigt oder sein ganzes Glück im programmterminierten Miterleben der TV-Soap, des Krimis, mit game boy oder ‚harten Sachen' per PC, Handy usw. findet, ob er und sie mit seinem und ihrem Körper als dem letzten Heiligtum in einer sich restlos medial veröffentlichenden Event-Gesellschaft in einem Fitness-, Wellness- oder Verschönerungs-Kult umgeht oder seine Selbstverwirklichung in einer „Nachreligion der Liebe" mit der Abstempelung des Anderen zum Voyeur betreibt – dies und anderes sind heute mögliche Optionen, Wege, Orte, Erfahrungen persönlichen Heilwerdens (Gross 1999, 263ff.). Heilig und profan sind ‚objektiv' ununterscheidbar, vorfindlich-identisch geworden; jede und jeder kreiert seine Heiligtümer und Heiligkeiten ‚subjektiv' entscheidungshaft selbst (Gerber 2006, 9ff., 191ff.). Das Entwerfen und Praktizieren (und Ablehnen) von Gottes-, Menschen- und Weltbildern ist in unserer pluralistisch, demokratisch, rechtsstaatlich strukturierten Gesellschaft freigegeben, dabei grundgesetzlich geschützt, sofern sie diesem nicht widersprechen. Wie Religion heute erfahren wird und was sie sei, das pendelt in der Bandbreite zwischen der Verpflichtung auf unumstößliche Vorstellungen und Moralvorschriften mancher Kirchen, mancher jüdischer, muslimischer und anderer Religionsgemeinschaften, Freikirchen, religiöser Sondergemeinschaften, Sekten, Neureligionen, Weltanschauungsgemeinschaften einerseits und dem persönlichen ‚Konstrukt' des eigenen Gottes nach eigener Wahl andererseits (Beck 2008, 14-28). Dazwischen treten immer neue Transformationen, Reformationen, Anpassungen der offiziellen Konfessionen und Religionen auf und siedeln sich ständig neue öffentliche wie private religiöse und pseudoreligiöse Heilslehren, Erleichterungs- und Erlösungskulte, Optimierungspraktiken und Selbstverwirklichungshilfen an. Derzeit ist das gesamte religiöse Feld in Bewegung (Schultheiß 2003). Manche sprechen von einer Wiederkehr der Religionen und Götter (Graf 2004; Gross 2007), von einem postsäkularen Zeitalter. Andere prognostizieren ein nachchristliches Zeitalter, eine irdische Nachreligion der Liebe zu zweit, die in unserer enttraditionalisierenden Risiko- und entscheidungsbezogenen Multioptionsgesellschaft Freiheit und Zugehörigkeit zugleich verspricht (Beck/Beck-Gernsheim 1990, 222ff.; Beck 1986, 25ff.). Dietrich Bonhoeffer erwartete eine religionslose Zeit: „Wir gehen einer völlig religionslosen Zeit entgegen" (Bonhoeffer 1951, 178; Gerber 2008, 204ff.). Die ‚Nachsäkularen' wiederum betonen die Bedeutung des im Christentum mitaufbewahrten Religiösen für den sich rein säkular begründenden Staat und Bürger (Habermas 2001, 12-15, 20-25, 30f.). Liberale Gesellschaften bedürfen keines religiösen, metaphysischen Unter- oder Überbaus im Sinne einer Begründung und Rechtfertigung. Aber sie sind deutlich von „normativer Entleerung" und einer „entgleisenden Modernisierung", auch im Religiösen, bedroht. Deshalb ist der Versuch, einige zentrale Gehalte der Bibel, die nicht im Säkularen aufgehen, z.B. Trost geben und Geborgenheit finden, in einen „Vernunftglauben einzuholen", heute „interessanter geworden als der Kampf gegen den (sc. auch christlichen) Obskurantismus".

Aber auch auf dieser Fährte ‚weltlichen' Redens von zentralen biblischen Gehalten humanen Lebens und Zusammenlebens teilen sich die Interpreten. So hat der kanadische Philosoph Charles Taylor in dem Anliegen der ‚Rettung' Gottes der nachsäkularen Interpretation von Jürgen Habermas einerseits zugestimmt: Wenn der Gottesglaube verschwindet, dann bleibt die (Spät-)Moderne mit sich allein. Sie würde sich in das Kloster der konsequenten Säkularisierung einmauern und alle Welt-Beziehungen wären nur noch ökonomischer oder/und technischer Art. Das Spirituelle zöge sich in einem „Exkarnationsprozess" zurück aus dem Körperlichen und Gesellschaftlichen und fände nur noch im Kopf statt. Die Welt würde bleich werden und ohne Transzendenz in sich verschlossen sein – als ‚incurvatio in se ipsum', wie Luther die Sünde der Beziehungslosigkeit interpretierte. Und zugleich widerspricht Taylor seinem Kollegen Habermas in dem Punkt, dass er in unserer zerrissenen Gesellschaft *keine inklusive, verbindende, vernünftige, säkulare Sprache* oder Metasprache finden könne, um Normen begründen zu können. Diese Annahme sei eine rationalistische Illusion – so wie die vernünftige Berufung auf den einen Gott in der Vielfalt der Religionen eine theologisch-rationalistische Illusion ist (Gerber 2008, 252ff.). Es gibt weder diesen ‚Einheitspunkt' oder ‚roten Faden' oder die uns alle verbindende ‚atheistische' Sprache der Vernunft, noch lässt sich zwischen Vernunft und Religion erkenntnistheoretisch eindeutig unterscheiden (Taylor 2012, 87f.), so dass wir vielsprachig werden und bleiben. Wir sollten lernen, empfiehlt Taylor, uns „im Tanz des Verstehens" auf Unterschiede einzulassen (Taylor 2002, 57ff.; Gerber 2006, 7ff., 63ff.).

Religion(en) und Religiöses begegnet uns, auch heute bei aller Säkularisierung, allerorten – und doch ist es nirgendwo als Lebensrezept verwertbar, zumal es meistens abgehoben, stumpf und uninteressant präsentiert wird, weil es überholt ist in unserer rasenden Event-Gesellschaft? Oder hat sich das Christentum in unserem ‚westlichen' Lebensbereich vor allem in psychosozialer Hinsicht transformiert in einen *Gotteskomplex*: Flucht aus mittelalterlicher Ohnmacht in den Anspruch auf egozentrische gottgleiche Allmacht, so dass die Überwindung dieses Allmachtskomplexes nicht nur zum Problem des Erwachsenwerdens in unserer Gott-Vater-Männlichkeitsgesellschaft wird, sondern elementar zur Überlebensfrage unserer Gesellschaft wird, was Horst-Eberhard Richter immer wieder angemahnt hat (Richter 2005, 5-7, 19ff.)? Hat sich Religiosität, wie bereits angesprochen, in die Praxis von Beratungs- und Therapieagenturen verwandelt, indem das Leiden weiterhin triumphiert? Geht das Christentum in unseren Breiten unter oder hat es sich vor allem in seiner protestantischen Ausprägung ansatzweise verwandelt, pluralisiert und aufgesplittert, individualisiert und subjektiviert, ästhetisiert, auch ökonomisiert und mediatisiert, zum diffusen Element verwandelt (Graf 2011, 184-190)? Dabei bleibt zu beachten, dass das Christentum von Erfahrungen der Inkarnation Gottes im Menschen Jesus und anderer Menschen herkommt, in denen sich Religiöses in seiner schon immer geschehenen Vermischung mit Säkular-Profanem sowohl gegen seine Verrechnung in säkulare Begründungen und Ermächtigungen von uns Modernen als auch gegen deutliche Fundamentalisierungstendenzen wehrt, ohne dass dies ein Weg in eine unmündige Vormoderne oder in die Privatisierung der Religion(en) sein müsste. Diese für alle Gesellschaften essentielle Frage zielt auf die Selbstbestimmung und Machtausübung der Religionsgemeinschaften zwischen theokratischem Gewaltpotential und Friedensfähigkeit (Beck 2008, 68ff.). Nur: Wenn sich Religionsgemeinschaften auf die Funktionen der gesellschaftlichen Integration, der zivilreligiösen Sinnvermittlung, der kulturellen Gedächtnispflege kulturaffirmativ verlegen, dann geht ihnen ihr kritisches Potential des distanzierenden Blickes auf die Gesellschaft verloren und sie stehen in der Gefahr, die gesellschaftlichen Instrumentalisierungsprozesse zu verdoppeln. Umgekehrt wird man auf Charles Taylor verweisen können, „dass eine von Vielfalt geprägte Demokratie nicht mehr auf eine Zivilreligion oder auch Gegenreligion zurückgreifen kann, so beruhigend solch ein Rückgriff auch wäre, weil sie damit ihre eigenen Prinzipien verraten würde. Wir sind zu einem übergreifenden Konsens verurteilt" (Taylor 2012, 73). Und hier beginnt die schon im Vorwort angezeigte Diskussion erneut, ob man religiöses Reden (und Praktiken) als Bezugnahmen auf biblisch-christliche Traditionen übersetzen muss im öffentlich-‚neutralen' Raum, dies aber dann gar nicht kann, wenn man sich von der wirkungsgeschichtlichen Säkularisierungsthese (und von der These „von einem vorgängigen Hintergrundkonsens unter den Bürgern" im Sinne von Jürgen Habermas (Habermas 2012a, 96; Habermas 2012b, 238ff., 308ff.)) verabschiedet und z.B. mit Hans Blumenberg der Meinung ist, dass quer zu dem Anspruch des Christentums auf gesamtgesellschaftliche Deutungshoheit mit der Neuzeit eine eigene, von christlichen Vorgaben freie, gewissermaßen ‚autonome' Lebens- und Kommunikationswelt mit der „theoretischen Neugierde" statt eines ‚gehorsamen Glaubens an die Vorsehung Gottes' heraufzog (Blumenberg 1966). Am Beispiel der Herleitung der Konzeption der (in der Allgemeinen Erklärung vom 10. Dezember 1948 formulierten) *Menschenrechte*, die von den beiden christlichen Großkirchen erst in der zweiten Hälfte des 20. Jahrhunderts verbindlich anerkannt wurden, wird der Streit um die Deutungshoheit deutlich und praktisch relevant: Verdanken wir die Menschenrechte dem jüdisch-christlichen Erbe oder der humanistisch-hellenistischen und -römischen Kultur oder der ‚autonomen Vernunft' der Aufklärung oder genealogisch dem Puritanismus (Jellinek 1895) oder einem Prozess der Sakralisierung der Person in langen kulturübergreifenden Gesprächen über Werte im Sinne von

Emile Durkheim? Oder haben alle diese Bewegungen je auf ihre Weise die Ausprägung der Menschenrechte mitgestaltet (Joas 2011, 12-22)?

2. Theologisches Denken geschieht als kritische Wahrnehmungslehre.

Ist für den derzeitigen Religionen- und Religiositätsdschungel Orientierung notwendig, und woher sollte diese kommen? Wird Beratung in Religions- und Glaubensfragen benötigt? Einerseits: Ja, wenn darunter das Angebot von Suchwegen und undogmatischen, öffnenden Interpretationen von Gottes-, Selbst- und Welt-Erfahrungen verstanden und praktiziert wird. Wenn es um Austausch und Diskussion religiöser, theologischer Glaubensvorstellungen und -meinungen, um interkonfessionellen und interreligiösen Dialog und um die Auseinandersetzung mit Weltanschauungen geht. Andererseits: ein entschiedenes Nein, wenn damit auch nur ein Hauch von Lehrnormativität verbunden wird. Oft kommen z.B. Kirchen und Vertreter und Expertinnen von interkonfessionellen und interreligiösen Dialogforen mit der Zeigefinger-Mahnung salopp und scheinbar plausibel daher: ‚Du musst zuerst Dein eigenes (christliches) Fundament sicher haben, dann kannst Du ohne Gefahr mit den Anderen religiöse Dialoge führen'. Entsprechend wird dann z.B. ein „Religionsunterricht für alle im Klassenverband" und bisweilen sogar Ökumenischer Religionsunterricht nicht zugelassen. Spricht ein Mensch zu seinem Freund bzw. zu seiner Freundin: ‚Ich muss mir erst sicher bei mir selbst sein mit meinen Gefühlen, bevor ich Dich zum Freund nehme' – dann ist es schon aus mit der Freundschaft. Solche Strategien verbauen offene Dialoge und neugieriges Kennenlernen von anderen Menschen. Sie sichern vorweg ab gegen das Fremde, Unbekannte, Reizvolle, das allein unseren Horizont zu durchbrechen und uns weiter zu bringen vermag und neue Gedanken, Verhaltensweisen und Gepflogenheiten eröffnen kann. Das Fundamente-Bauen führt zur Entmündigung der Suchend-Fragenden und immunisiert gegen Anderes-Fremdes und versteht unter Toleranz lediglich Duldung statt Achtung.

In der ambivalenten Bewegung der Emigration der Kirche(n) aus der Welt und zugleich der Säkularisierung christlicher Bestände durch die mit Beginn der Neuzeit aus kirchlicher Vorherrschaft freigesetzten neugierigen Menschen hat sich die derzeitige religiöse Gemengelage entwickelt. Die kirchlich-traditionelle Religionsverwaltung existiert als mehr oder weniger in sich geschlossenes Glaubenssystem, das in Predigten meistens als ‚göttliche Richtschnur' einfach mit aktuellen ‚säkularen' Themen verknüpft, angereichert, exemplifiziert, pseudokonkretisiert und dadurch als unentbehrlich ausgegeben wird. Die Lebenssparte „Religiöses Leben" versucht sich anzudocken mit der Gefahr, Glauben zu einer erwerbbaren Ware und einem monetarisierten Konsum-Gut zu machen (Jörns 2006, 19ff.; Beck 2008, 191-195).

Angesichts dieser vorherrschenden Unfähigkeit der beiden Großkirchen zu Selbstaufklärung und Selbstkritik wird hier der angesprochene Weg der kritischen, atheistischen Aufklärung eingeschlagen und versucht, fragend, suchend, diskutierend, probierend, zweifelnd, verwerfend mit unseren und den Gottes-, Menschen- und Weltbildern anderer Gesprächspartner umzugehen. Dabei sind vier Charakteristika für atheistisches Theologisieren wichtig:

(a) Theologie betreiben heißt: über unsere körperlich-sinnenhaften *Beziehungen* und deren Inkraftsetzung, über deren Phantasiereichtum und Solidarisierungseffekte, aber auch deren Grenzen, Zerstörungspotential und Verluste nachzudenken. Gott geschieht als Macht unserer Beziehungen, wie die feministischen Theologinnen Carter Heyward und Dorothee Sölle und Dietrich Bonhoeffer mit seinem „Für-andere-da-sein" prononzierend ‚alteritätstheologisch' formuliert haben (Heyward 1986, 43ff.; Bonhoeffer 1951, 259-262). *Beziehungsorientiertes* Theologisieren nimmt die Zusage ernst, dass wir mit der Menschwerdung Gottes, mit seiner Selbstentäußerung (Kenosis) aus der Allmächtigkeit, Geistigkeit und Jenseitigkeit heraus in der Person Jesus von Nazareth die österlich-himmlische Perspektive aufgeben können (und müssen), um Gottes in unseren Beziehungen wirksam erfahrene Macht und Kraft zu bedenken (Vattimo 2009). Gott schlüpft gewissermaßen in unser menschlich-sterblich-endliches Beziehungsnetz und tritt damit in Differenz zu der von uns als vorhanden definierten, verfügbaren Welt und zu dem von uns meta-physisch definierten, verfügbaren absoluten Sein. Entsprechend haben wir zu überlegen, wie Gottes Selbstentäußerung, seine Kenosis als seine Inkarnation (Philipper 2, 5-9), uns an die anderen Menschen, an die Erde und in die Nächstenliebe verweist, wie Dietrich Bonhoeffer im Blick auf das ‚Gegenstück' der Entäußerung, nämlich die Auferstehung betont hat: „Die christliche Auferstehungshoffnung unterscheidet sich von der mythologischen darin, daß sie den Menschen in ganz neuer und gegenüber dem Alten Testament noch verschärfter Weise an sein Leben auf der Erde verweist" (Bonhoeffer 1951, 226), und eben nicht auf ein Jenseits vertröstet. Ebenso weist die Selbstentäußerung Gottes, sein Sich-in-sich-selbst-Distanzieren auf die Entäußerung der Glaubenden: Gott will „Sich-Entäußernde. Er will den Verzicht auf Vorrechte. Er will die Heimatlosigkeit des einzelnen – um der Heimat für alle willen … Er will übernommene Unfreiheit und Verdinglichung des Daseins – nicht um einige Perlen zu retten, sondern um das ganze schlammige Ägypten dieser Welt zu ändern" (Sölle 1994, 23). Im Prozess der Entäußerung kommt es auf unsere Beziehungen, auf den schon immer politischen Kontext unseres Glaubenslebens an, den uns andere Menschen – explizit oder implizit im Namen

Gottes – geben und aufzwingen im Widerfahrnis des Glaubensparadoxes (wie Christen und Christinnen post festum interpretieren mögen).

(b) Zugleich geht es um ein *alteritätsethisches* Theologisieren: Unsere Gottes-, Menschen-, Selbst- und Welt-Bilder gründen im Wahrgenommen- und Anerkannt-Werden durch Andere und in unserem Wahrnehmen der Anderen, unser selbst und der Welt. Glauben, Lieben und Hoffen beginnen mit einem unerwartbaren, grundlosen Angeschaut-Werden im weitesten Sinn unserer fünf Sinne, körperlich also. Entsprechend betreiben wir Theologie als Wahrnehmungslehre, als Theorie darüber, dass und wie Gott uns durch *andere* Menschen und durch die Schöpfung ‚beziehungshaft' *neue Wahrnehmungen* schenkt, die wir selbst nicht erzeugen können (Grözinger 1995).

Damit ist gesagt, dass Religion nicht einfach eine Bewusstseinseinstellung ist; „sie ist adäquat auch nicht als solche *formulierbar,* nicht nur als subjektive Selbstwahrnehmung und Selbstartikulation. Andererseits: Ohne Formulierung, das heißt ohne ästhetische Präsentation ist Religion nicht wahrnehmbar. Aber sie ist nicht die Formulierung selbst, sondern mehr zwischen dem Formulierten, den ästhetischen Formen. Sie *zeigt sich* ästhetisch, aber immer auch als das Andere der identifizierbaren Gestalt" (Beuscher/Zilleßen 1998, 115). Und deswegen wird solches Theologisieren als alterität*sethisch* bezeichnet, weil Glauben als Widerfahrnis den Betroffenen zum Antworten zwingt und befreit, bevor dieser überhaupt ethische Reflexionen zu einer an den Zehn Geboten ausgerichteten Ethik, zu einer standardisierenden, utilitaristischen, vielleicht an Schöpfungsordnungen orientierten Ethik oder einer normativ-theistischen und eher fundamentalistischen Ethik, vielleicht Analogien aus dem Lebensbereich des trinitarischen Gottes voraussetzenden oder umgekehrt Analogien aus der Selbstoffenbarung Gottes deduzierenden Ethik vollzieht. Das Andere und der Anspruch von Glauben und Moral gehen nicht in ‚glauben' und moralischem Handeln auf, allein schon deswegen nicht, weil die Forderung nach Glauben und Nächstenliebe zwar gestellt, aber für uns unerfüllbar ist. Dieser Anspruch „sträubt sich gegen eine instrumentalisierende Vereinnahmung. Ethik (bzw. Handeln in Nächstenliebe) kann nicht programmartig vordefiniert und dann pragmatisch zum Einsatz gebracht werden, da sie ein Geschehen darstellt, das in der Antlitzbeziehung zwischen Selbst und Anderem erst widerfährt. Jene Verpflichtung, die sich auf die menschlichen und zwischenmenschlichen Belange bezieht und ‚ungetrennt ebensowohl das *Tun des Einen* als *des Anderen*' ist (Hegel: Phänomenologie des Geistes), ist keinen weiteren Bedingungen unterworfen" (Dungs 2010, 79f.). Die normative Kraft alteritätsethischen (paradoxen) Glaubens, Liebens und Hoffens als Antwortvollzügen kann nicht einsichtig gemacht werden.

(c) Wenn hier Theologie *dekonstruktiv* betrieben wird (Gerber 2008, 230ff.), dann geht es nicht um ein methodologisch umrissenes Verfahren wie etwa die historisch-kritische Methode der hermeneutischen Wissenschaftsentfaltung (Dalferth 2010, 235ff.). Es geht um das ‚de‘: Es wird prozesshaft versucht, von den herkömmlichen metaphysischen Glaubensvorgaben weg zu kommen, wie z.B. von den Vorstellungen der Allmacht und Allwissenheit Gottes, von der Realgegenwart Gottes im innerlichen Glauben und im Eucharistischen Sakrament (Abendmahl), von einem kausal gedachten Schöpfer und selbst nicht bewegten Beweger. Mit solchen Vergegenwärtigungen Gottes wird traditionell nahezu bedenkenlos umgegangen, ohne sie in der Rekonstruktion unserer Beziehungserfahrungen ‚gegenzulesen‘. Solches Absolutes müssen wir verabschieden, also auch die Behauptung der Existenz oder Nichtexistenz Gottes (Vattimo 2004, 7-17), aber Zwingendes und Einladendes unserer Beziehungen sollten wir nachschauen (wie einst Mose Jahwe hinterher schaute; 2. Mose 33). Als man den Nobelpreisträger Robert Laughlin fragte, warum er sich von der Vorstellung einer einheitlichen Welt-Formel verabschiedet habe, antwortete er: „Es gibt im Westen den falschen Glauben, dass es so etwas wie ein letztes Gesetz gibt. Das hat mit unserem religiösen Hintergrund zu tun. So wie wir früher an den einen Gott geglaubt haben, suchen wir heute nach der einen Formel, die alles erklärt" (Frankfurter Rundschau vom 7. Dez. 2007, 25). Entsprechend kann Monotheismus heute nicht mehr als das Konzentrieren oder Reduzieren der vielen Götter und Göttinnen auf einen einzigen Gott (oder Göttin) thematisiert werden, sondern als Entzug Gottes in die Differenz seiner ungreifbaren Einzigartigkeit. Monotheismus kann nicht der Rekurs auf einen Gott als Ur-Idee oder Universal-Original des Geschaffenen sein – das wäre ein gedachter Monotheismus des gerade selbstbewussten und nicht des durch Andere konstituierten Subjektes. Monotheismus ist der nicht herstellbare Entzug Gottes, seine Distanzierung von uns – z.B. im mythologisch symbolisierten Geschehen der Auferstehung Jesu als Differenz- und damit als Begegnungseröffnung –, damit wir Antwortende werden.

Solches Theologisieren stützt sich nicht mehr auf eine innere Glaubensgewissheit, dass die Substanz des Christentums in der sakramental, asketisch, mystisch, spirituell und/oder diakonisch zu erreichenden transmundanen Erlösungsgemeinschaft namens Himmel oder Reich Gottes bestehe, sondern in der Erfahrung eines ‚positiven‘ Mangels, nämlich der Vorläufigkeit und Vielgestaltigkeit menschlichen Lebens (Gross 2007, 10), der nach-paradiesischen condition humaine ohne Wenn und Aber, eines Lebens mit grundsätzlicher Unbestimmtheit (Bauman 2005, 111ff., 364ff.). Die Ambivalenz, die Paradoxie sind dabei die Denk- und Sprachfiguren, um mit der Kritik der heilsgeschichtlichen, metaphysisch-theistischen und ‚verinnerlichenden‘ Gewissheiten des traditionell-kirchlichen Christentums eine atheistische alteritätsorientierte Theologie zu entfalten. Die theologische Sprache zerstört „die religiöse Situation der Transzendenz. Das Unendliche stellt sich an-archisch dar; die Thematisierung vernichtet die ‚Erfahrung', die einzig es beglaubigen könnte. Das Reden *über* Gott klingt falsch oder wird zum Mythos" (Levinas 1999, 323 Anm. 18). Hierauf hat auch Georges Bataille hingewiesen: Wenn man annimmt, „dass der Mensch der Gegenwart sich durch sein Verlangen nach dem Mythos definiert, und wenn wir hinzufügen, dass er sich auch durch das Bewusstsein definiert, dass ihm die Möglichkeit, einen wahrhaften Mythos zu schaffen, versperrt ist, dann haben wir eine Art Mythos definiert, der in der *Abwesenheit des Mythos* besteht" (bei Bürger 2000, 71).

(d) Und schließlich geht es um ein *protestantisches,* Luthers Anliegen des *sola gratia (allein aus/durch Gnade)* und *sola fide (allein aus/durch Glauben)* weiterführendes Theologisieren (exemplarisch bei Körtner, 2010). Die reformatorischen Vorstellungen von der Rechtfertigung und Versöhnung des Menschen asymmetrisch von Gott aus sind im spät-modernen Kontext zu diskutieren. Die protestantische (paradoxe) *Glaubenserfahrung* mit ihren Konkretionen in hoffnungsvoller Nächstenliebe als unabweisbarer, aber zugleich nicht erfüllbarer Verpflichtung und als geschenkte Befreiung sind zeit- und sachgemäß zu entfalten und zu diskutieren mit dem Vorhaben ‚inkarnatorischen' Theologisierens. Dann müsste man die Essenz der Theologie Bonhoeffers: „Der christliche Glaube und das mündige Leben" umformulieren in „Der christliche Glaube (Hoffnung, Liebe) als mündiges Leben" (Bonhoeffer 1951, 246), wenn man mit Mündigkeit nicht menschliche Freiheitserfahrung im Sinne von Autonomie meint, sondern das Widerfahrnis des asymmetrischen Glaubens-Paradoxes. Dann kann man auch von einer „Theologie des Lebens" sprechen (Wüstenberg 2006, zu Bonhoeffer).

3. Dass man das Glauben und den Glauben nicht wissen kann – nochmals zum Dekonstruieren.

Das Paradox des Glaubens als Widerfahrnis und Antworten begegnet auch in philosophischen Entwürfen, wie bereits gezeigt wurde. Neues, einen Anfang, Ursprüngliches, eine künstlerische Innovation so wie das Widerfahrnis des Glaubens kann man nicht selbst nehmen und nicht machen – nur Termine in der Uhrzeit und sonstige Bedingungen, die wir wissentlich einhalten oder versäumen, so der Philosoph Boris Groys (1999, bes. 42ff.). Im Anfang schuf Gott Himmel und Erde – aus dem Nichts, sagt der Mythos und verschließt uns den Anfang. Wer sich bedankt für sein Erschaffensein und sein Mitgeschöpfliches, der erhält als Antwort (wie beim Dank für manche Geschenke): ‚Keine Ursache'. Im Anfang war keine Ursache und kein Grund, im Anfang waren die Anderen, war das Andere, etwa das Wort Jahwes oder Adam und Eva oder „Es war einmal ... ein Schöpfer". Der Anfang liegt uns immer voraus und meldet sich je und je in unseren Erfahrungen von Abhängigkeit und Befreitwerden als Schöpfungsgeschehen, ohne je greifbar zu werden. Dass ich lebe, diesem Bewusstwerden meiner selbst geht meine Lebendigkeit schon immer voraus, ohne dass ich diese aus meinen Erfahrungen als einen Sonderbereich herausdestillieren und etwa in einer Religion mythologisch als paradiesisch-unsterbliches Menschenleben oder als Gottebenbildlichkeit unter Absehen des Glaubenscharakters dieser Vorstellung darstellen könnte. Deswegen ist jegliche Autonomie des neuzeitlichen Menschensubjektes stets relative Autonomie, nämlich unaufhellbar bezogen auf unser Geschöpfsein durch andere Geschöpfe, auf unsere ‚Natalität' (Moltmann-Wendel 2010, 13-32, unter Verweis auf Hannah Arendt).

Das Gelingen von Glaubenspraxis ist nicht allein von uns abhängig, sondern vorgängig evoziert, ohne dass dieses Evokationswiderfahrnis von unseren Erfahrungen irgendwie metaphysisch-theistisch, biblizistisch, offenbarungspositivistisch abgehoben und in sich als verselbstständigter heiliger Bereich dem Profanen unserer Möglichkeiten gegenübergestellt werden könnte. *Dekonstruktives Theologisieren* geht mit diesem Paradox des ‚glauben' um, das nach seinen beiden Seiten der widerfahrenden Evokation und unseres erzwungenen wie befreiten Antwortens nicht gewusst werden kann und also nicht auflösbar ist. Es geht auch nicht um ein negatives Wissen, dass wir um die Kontingenz unserer Glaubenserfahrung *wüssten,* denn Kontingenz, Zufall, Wunder kann man nicht *wissen.* Es geht um die Kritik des traditionellen Wissensanspruches, dass Glauben ein Wissen, eine innere Gewissheit im Sinne von Sicherheit und Garantie, ein absolutes Gefühl um und für Gott, für andere Menschen, für die Schöpfungswelt, für sich selbst in sich schlösse, und sei es auch nur eine ‚negative' Theologie. Diese Kritik übersteigt – paradoxerweise – jegliches Theologisieren, das wir als Nach-Denken über Glauben als Geschehen von nicht einholbarem Widerfahrnis und evoziertem, selbst zu verantwortendem Antworten umschrieben haben. Deswegen kann ich nicht einfach sagen, *was ich glaube,* sondern ich ringe ständig interpretierend um das meinem Glauben schon immer Zuvorgekommene.

Diese Problematik eines dekonstruktiven Denkens der unauflösbaren Ambivalenz hat der Philosoph Christoph Menke umschrieben (und man kann experimentell mit/für Philosophie Theologie einsetzen): „Das Verhältnis von Können und Gelingen ist, weder als positives noch als negatives, ein Gegenstand des Wissens. Dass es stattdessen ein Gegenstand des Glaubens ist, heißt nicht, dass es beliebig, ins Belieben des einzelnen gestellt ist, ob man dieses Verhältnis als ein negatives oder positives sieht. Ob man den Glauben hat, dass dem eigenen Können Gelingen versprochen ist, oder ob man diesen Glauben verloren hat, ist vielmehr eine Sache der Erfahrungen, die man mit der eigenen Praxis gemacht hat; ebenso der Glaube wie der Unglaube an den Zusammenhang von Können und Gelingen sind das Ergebnis von Erfahrungen und ihren Deutungen. Das Argument der Dekonstruktion gegen das Programm, gegen das Selbstverständnis der Philosophie gilt dem Wissen, das sie sich zutraut, und damit der Gewissheit, die sie stiften zu können beansprucht. Wenn die Dekonstruktion Recht hat, dann kann die Philosophie nicht wissen, dass Können Gelingen verbürgt; keine Axiomatik und keine Analyse kann das zeigen. Wie jeder, so kann auch die Philosophie dies nur glauben. Und um für ihren Glauben zu werben, kann auch die Philosophie nur auf Erfahrungen hinweisen, die ihn bestärken (oder bestreiten). Die Dekonstruktion zeigt die Abhängigkeit des philosophischen Glaubens von dem, was sie erfährt – was uns widerfährt" (Menke 2004, 140f.; vgl. Seel 2002). Deswegen liegen Theologisieren und Beten beieinander. Wüssten wir, dass Gott existiert, dann würden Glauben und Lieben, Hoffen und Zweifeln, Freiheit und Nächstenliebe verschwinden, und ebenso Beten als Eingestehen unserer Abhängigkeit und unseres unterstellenden Hoffens. Wenn wir in unserem Leben und Zusammenleben apriori, von vornherein, einen göttlich verbürgten ‚roten Faden' im Sinne eines gegebenen Sinns annehmen würden und wüssten – wie dies in manchen Liberalen Theologien vorausgesetzt wird –, dann wäre unser Leben mit seinem Anfang zu Ende. „Zwischen dem Erwachsenen, der weiß, daß er keinen Sinn in der Welt erkennen wird, und dem Kind, das sich weigert, die Suche nach dem Sinn aufzugeben und unaufhörlich nachhakt ‚Warum?', liegt der ganze Unterschied zwischen Resignation und Bescheidenheit" (Neiman 2006, 476), zwischen Selbstermächtigung und Demut.

4. Was soll der ‚transformierende' Gott alles leisten?

In der gesellschaftlichen Öffentlichkeit redet man nur noch selten (offen) über ‚den' Gott, er wird – einem Pensionär oder einer abgetretenen Autorität gleich – immer mehr zur Marginalie in einer Gesellschaft von Selbstversorgern und Alleskönnern, von Erschöpften und Prekären. Eine Umfrage in Hessen im Jahr 2011 zeigte, dass die Zahl der bekennenden, praktizierenden Kirchgänger in beiden christlichen Konfessionen zunehmend schrumpft (www.fr-online.de/glaube). Aber ganz verschwinden lassen Gott nur wenige. Die gelegentlichen Gott-User handhaben ihren Umgang mit ihrem „eigenen Gott" egozentrisch zur Befriedigung ihrer persönlichen Bedürfnisse z.B. nach weihnachtlich-familialer Harmonie und Festlichkeit, nach heiler Welt und ursprünglicher, alltagsweltlich lädierter Wahrhaftigkeit, nach paradiesischer Natur und ganzheitlichem Körpererleben u.a.m. Hier muss zusammen mit dem christlichen Rest-Gott ein selbst ‚gestrickter' Helfer und möglichst kosten- und folgenloser Messias her in der Nachfolge des bislang strengen, anstrengenden, beanspruchenden Gottes und seines Moralisten Jesus von Nazareth (Beck 2008, 123ff.) – nämlich der patchwork-Gott. Dieser synkretistisch-transformierte Gott wird – oftmals verschämt, aber (wie beim Horoskop-Lesen und Fernsehen) insgeheim mit dem Wunsch nach Erfüllung – privat im Geheimen, in Nischen, Lücken, Oasen, in Hintergedanken und Bedürfnisbildern erfunden und gepflegt und nur ab und zu durch Gottesdienstbesuche ‚rechtgläubig' veröffentlicht und abgeglichen mit dem kirchlich-offiziellen Gottes-Kult. Wichtig ist dabei zweierlei, nämlich dass dieser „eigene Gott" in entscheidenden Augenblicken und Situationen wie bei den klassischen rites de passage: Geburt, Eintritt in die Erwachsenenwelt, Hochzeit und Sterben, bei Trost- und weihnachtlichem, österlichem, vielleicht noch pfingstlichem Festbedarf zur Verfügung steht und dass seine kirchliche Herkunft noch wenn nötig eben durch Nachhilfemaßnahmen genügend durchschimmert. Man muss auf ihn zurückgreifen können, effizient und bezahlbar, nützlich und ohne Verpflichtung. Selbst viele Kirchenmitglieder führen eine solche Parallelexistenz: Kirche ist ‚okay' und soll erhalten bleiben (weshalb weiterhin auch die Kirchensteuer entrichtet wird), solange man in Ruhe gelassen wird und keine Verpflichtungen eingehen muss. Manche sprechen von einem *Stellvertreterchristentum* in dem Sinne, dass sie die Institution ‚Kirche nach Bedarf und auf Abruf' bejahen, sich selbst aber nicht dort engagieren, und dass sie ihre Kinder bewusst in christliche, freikirchliche, garantiert drogen- und ausländerfreie Privatschulen schicken. Der Religionsunterricht an den öffentlichen Schulen wird von vielen Eltern als erzieherischer Unterricht in Sachen Anstand, Sitten, Moral, Strebsamkeit und Fleiß angesehen. Die ‚Kirche' gilt (noch) als Vorbild moralischer Bürgerlichkeit (ungeachtet der Mißbrauchsfälle). Und die beiden großen Kirchen werden als große Arbeitgeber geachtet (ungeachtet ihres umstrittenen Arbeitsrechtes und Streikverbotes). Für manche sind Kirchen in unserer pluralen Risiko- und Beschleunigungsgesellschaft wichtig als Hort geschützter Kommunikation, als Sinngebungs- und Stabilisierungsfaktoren, als Widerlager zur allgemeinen Rasanz und als Bewahrerinnen von Traditionen; sie sind so etwas wie Außenanker und in sich ruhende Anlegestellen für gehetzte, burn-out-bedrohte, ausgepumpte postmoderne ‚Überlebenskämpfer'.

Die Palette dessen, was Bürger und Bürgerinnen unter Kirche und ihrem Vorsteher ‚Gott' verstehen, was sie von diesen erwarten und was sie selbst glauben (wollen), hat eine immense Bandbreite gewonnen. Der Leiter der Hessen-Umfrage, Michael Ebertz, fasste zusammen: „Selbst Kirchenmitglieder stimmen zentralen Aussagen ihrer Religion zu erheblichen Teilen nicht mehr zu. Damit ist ein ‚Christentum ohne Christen' kein Paradox, sondern gelebte Realität" (FR 26. 01. 2012). Aus dem kosmosumfassenden christlichen Schöpfungs-, Versöhnungs- und Erlösungsangebot und aus dem Fundus kirchlicher Moral basteln sich auch Kirchennahe und nicht nur Christentumsferne selektiv ihre ,Patchwork'-Religiosität, in Hessen laut Umfrage 70% aller Befragten. Der christliche Glaube wird hier inhaltlich diffus, aber bleibt zugleich das Glaubenshauptmaterial für den religiösen Selbstinszenierer. Es gibt nur noch für eine kirchenchristliche Minderheit ein religiöses Grundverständnis, das zu entfalten allerdings nahezu allen mehr als schwer fiele, und es gibt kein Bekenntnis mehr, das die Mehrzahl verstehend sprechen könnte (selbst wenn die Kirchen das apostolische Glaubensbekenntnis unbeirrt weiter beten lassen). Die immer wieder genannte Suche nach *Spiritualität* und *Mystik* ist spätmoderne Selbstverständlichkeit, ohne dass annähernd klar würde, was alles darunter firmiert und was nicht darunter zu verstehen, zu akzeptieren, zu vollziehen bzw. abzulehnen sei. Ein Fazit der Studie lautet entsprechend: „Die Kirchen sehen ihre vornehmste Aufgabe darin, den Glauben an Jesus Christus als sinnstiftend und lebensdienlich zu vermitteln. Doch wie die Umfrage zu religiösen Einstellungen im Land Hessen belegt, kommt diese Botschaft bei den allermeisten Adressaten nicht mehr an". Wer sich in der Kultur des ,Todes Gottes' als eines europäischen Ereignisses, wie es Nietzsche prognostizierte, bewegt, der und die kann keine verordnende Religion leben; schon eher mit Schillers *Über die ästhetische Erziehung des Menschen* von 1793 liebäugeln, wonach Schönheit bzw. christliche Religiosität „schlechterdings kein einzelnes Resultat", keine zwingende Moral, keine Sicherheiten hergeben, dass Kunst bzw. die christliche Religion einlädt „zum Ernst und zum Spiele, zur Ruhe und zur Bewegung, zur Nachgiebigkeit und zum Widerstand, zum abstrakten Denken und zur Anschauung", zur Lust und Trauer, zu Vertrautem und Unvertraut-Offenem, zu Gewissheit und Scheitern, zu Mut und Verzweifeln... So war für Nietzsche das Chaos, das Unbewusste, der Wille zur Macht und nicht der geordnete Kosmos das Ferment von Kreativität und der Neuschöpfung von (Über-)Mensch und Welt. Religion als Hüter der Ordnung – oder als verhängnisvoller und zugleich lebenschaffender Riss unseres Lebens, Zusammenlebens, der Schöpfungswelt?

Je mehr der ,rechtgläubige Gott' der Großkirchen für viele Christen und Christinnen in die Ferne rückt, seine Bindekraft und Orientierungskompetenz verliert, desto näher holen sich sehnsüchtige Menschen *Engel*, „die Beamten des Himmels" (Giorgio Agamben), heran: Diese geflügelten, mit wallenden Gewändern und Nimben schwebenden, geschlechtslosen und doch eher feenhaften, ,Mädchen' gleichenden, unsere Transzendierungssehnsüchte ,verkörpernden' Zwischenwesen faszinieren heute aufs Neue viele Menschen. In den letzten Jahren hat das Interesse an diesen Mittlern zwischen Jenseits und Diesseits deutlich zugenommen, es hat sich eine Art Engel-Religion wiederbelebt. Im Mittelpunkt stehen weniger die hoch herrschaftlichen Seraphime und Cherubime des Göttlichen Hofstaates („Lasst uns Menschen machen", 1. Mose 1, 26), sondern die uns Menschen zugewandten, uns ähnlichen Engel. Sie erscheinen als Himmelsboten jungfräulichen Auserwählten (Lukas 1, 26ff.) und ebenso der unfruchtbar gewordenen Frau Abrahams Sara(i) (1. Mose 17. 18), zur Ankündigung der Geburt eines Kindes und zur geistlichen Begattung, den weihnachtlichen Hirten (Lukas 2, 9ff.) und ebenso in der Gestalt eines weiß umwandeten Jünglings in der Gruft Jesu den diesen suchenden Frauen (Markus 16, 5). Solche Engel bringen uns Menschen überraschende, wundersame Botschaften und Visionen und zeigen Wege. Sie arbeiten als bewahrende Schutzengel. Aber sie erweisen sich ebenso als gefallene, zerstörende Engel, die uns zum Bösen verleiten und die wir fürchten in ihrer nachtumwobenen, Angst einflößenden Zudringlichkeit (wie sich der Satan als einer der Gottessöhne an Hiob heranmachte, wie im biblischen Buch Hiob erzählt und diskutiert wird). Hierzu kann nochmals die Hessen-Umfrage herangezogen werden: „Die meisten setzen bei der Sinnsuche im Leben nicht unbedingt auf Kirchen. Gleichwohl ist der Glaube an höhere Mächte oder Engel stark verbreitet". Engel sind heute wichtiger und verständlicher als ein persönlicher Schöpfer- und Erlöser-Gott. Engel sind multifunktional engagiert, sie haben so viele Aufgaben wie es menschliche Bedürfnisse gibt, ähnlich der Anrufungs- und Verehrungspraxis mit den Heiligen in der römisch-katholischen Kirchentradition. Die Engel stillen die Sehnsucht nach einer aus Himmel und Erde gemischten Welt, nach besserer Gerechtigkeit und einer sündlosen Welt; sie zeigen und begleiten den Weg zum erlösenden Himmel. Sie durchlöchern die traditionelle Trennung zwischen Himmel und Erde, zwischen den Sterblichen und Unsterblichen, und machen das Jenseits für uns zu einem Paradies. Eilfertig stehen entsprechend „Engel-Ratgeber" und sogar „50 Engel für die Seele" bereit, aber auch ein „Engelskarussell" und „Gespräche mit meinem Engel". Die stets persönlich-intimen Engel-Begegnungen schwanken zwischen der Erfahrung, dass der Schutzengel (als Symbol für eine uns Menschen entzogene Welt) einerseits vor allerlei Missgeschick bewahrt und ans Übermenschliche grenzende Kräfte verleiht und Tröstliches schickt, und andererseits der Erfahrung: ‚Streichle meine Aura!' und die Kopfschmerzen werden weg sein. Engel sind an Wundergeschehen beteiligt. Als geflügelte Geistwesen beflügeln sie uns Menschen; sie bringen (psychologisch gesehen) als archetypische Zwischenwesen Signale der Gottheit zu uns Menschen; in ihrer mythologischen Aura sind sie Geheimnisträger und Offenbarer zugleich. Durch ihre anthropomorphe Erscheinungsweise und Gestalt sind sie uns vertrauter als die transzendente (meist patriarchal konnotierte) Gottheit. Und genau darin liegt, wie eingewandt wird, die Gefahr der ‚Vermenschlichung' der Engel durch Selbst-Projizierung unserer Bedürfnis-Sehnsüchte als Einfallstor für religiös Abstruses – bis hin zu den Hells Angels.

Der Theologe Karl Barth schrieb in seiner *Engellehre* (Angelologie), die er in der Schöpfungstheologie und nicht in der Versöhnungslehre mit der Christologie ausführte: „Die Grenze wird darin sichtbar, dass mit dem Namen und Begriff der Engel auf alle Fälle eine sowohl von Gott als vom Menschen und also eine von dem eigentlichen und zentralen Inhalt des Wortes Gottes *verschiedene,* wenn auch sehr intim auf ihn bezogene *Wirklichkeit* bezeichnet ist. Das Problem der Angelologie, der Charakter des Reiches Gottes als Himmelreich und das Sein und Tun der himmlischen Botschafter Gottes grenzt an Probleme, die dem Sinn und der Aufgabe einer auf das Wort Gottes ausgerichteten Dogmatik fremd sind und bleiben müssen. Ein Schritt über diese Grenze, und wir sind zweifellos im Gebiete des Überflüssigen, des Ungewissen, das dann als solches auch das Gefährliche, ja das Verkehrte sein dürfte" (Barth 1950, 427). Und wenn Dietrich Bonhoeffer sich beim Jahreswechsel 1944/45 „von guten Mächten treu und still umgeben …, wunderbar geborgen" wusste (1998, 607f.), dann endet dieses Gedicht: „Gott ist bei uns am Abend und am Morgen, und ganz gewiss an jedem neuen Tag", also im Sinne Barths auf Gott bezogen. Viele Erzählungen von Engel-Begegnungen entpuppen sich als infantile Projektionen und Kompensationen, als Hilfskonstruktionen zur Weltbewältigung und als die Lebensrealität verharmlosende und überspielende Mystifikationen und Mythologisierungen, als Verniedlichung und kitschig-unverbindliche Kontakte mit einem (phantasierten) Jenseits. Und gemäß neuzeitlicher Individualisierung auch des Religiösen geht es nahezu immer um ‚meinen' Engel. Andererseits können Engel-Gestalten tröstliche Deutungsbilder für Verluste und Symbolfiguren für eine uns entzogene Welt sein gegen den postmodernen Bemächtigungswahn und Gotteskomplex, gegen Trostlosigkeit und Einsamkeit. Mit solchen Vorstellungen von Engeln kann für manche Gottes permanente Schöpfungspräsenz symbolisch verständlich gemacht und darauf hingewiesen werden, dass Glauben nicht das Produkt eines frommen Menschen und seine Selbstinszenierung sein kann, sondern uns als ein Geschenk widerfährt vom Anderen her und zugleich als von uns selbst zu verantwortende und zu gestaltende Aufgabe. Ob die Engel existieren (können), ist nicht die Frage, „sondern für wen die Annahme, dass sie da sind, sinnvoll ist und für wen sie es nicht ist" (Zilleßen/Gerber 1997, 15). Oder mit Georg Christoph Lichtenberg: „Wer einen Engel sucht und nur auf die Flügel schaut, könnte eine Gans nach Hause bringen".

Auf dem religiösen Programm stehen noch andere *Wünsche und Bedürfnisse,* einerseits die „Suche nach dem Selbst", nach meinem authentischen Ich, nach Identischwerden, und andererseits die pantheistisch und mystisch beflügelte Phantasie eines Einswerdens mit anderen Menschen und/oder kosmischen Naturströmen und einer Gottheit. Traditionell christlich soll Identität verbürgt werden durch den Kontakt mit dem jenseitigen Gott, durch die überschaubare Heilsgeschichte von der Schöpfung bis zur End-Erlösung dereinst im Reiche Gottes (nachzulesen in der Offenbarung des Johannes). Identität soll für diejenigen, die sich ‚up to date' halten wollen, verbürgt werden durch Kapital, durch 'Mein Haus, mein Auto, meine Jacht' (mit Photo), durch Medien in Dauerpräsenz und ständigem Kontaktieren. Wieder andere erhalten ein stabiles ‚Inneres' aus anderen Religionen, Weltanschauungen und Kulturen in einem Wellness-Synkretismus. Für die Erreichung und Stabilisierung der ‚inneren' Identität helfen manchen esoterische Übungen und Phantasien, die uns über die komplexe, flexible, hybride (Spät-) Moderne hinwegbringen. Ein holistisch gestimmtes Sammelsurium aus Yoga, Astrologie, Horoskop, Kartenlegen, Feng Shui, Reiki, Schamanismus und Wellness-Kultur, mit meditativen, mystischen, eur(h)ythmischen, klang-, gesangs-, tanz-, rauchunterstützten Konzentrations- und ebenso Ekstase- und Entgrenzungs-Übungen soll Erleichterung für (Selbst-)Entfremdung und Stressbelastung schaffen (Barth 2011). (Interessant ist vielleicht, dass sowohl *Kontemplation* im Sinne höchster Konzentration auf einen Gedanken oder eine Vorstellung wie ‚Gott' als auch *Meditation* als konzentriertes Entschwinden aus dem Denken gleichermaßen ‚holistisch' praktiziert werden.) Eine riesige Beratungs- und Optimierungsindustrie ist in das Vakuum eingerückt, das das zurückgehende Christentum hinterlässt. Gottes-Dienst hat sich in Körperkult transformiert (da ich mich selbst am meisten lieben möchte), Glauben ist das Sich-Verlassen auf stabile Mentalität (weil ich mich dann ganz um mich selbst sorgen kann), und Sakramente sind Drogen und sonstige Enhancements (weil ich auf diese Weise meine Selbstfindung am besten beschleunigen kann). Mit dieser pseudoreligiösen Eigenwelt an Identifizierungs- und Optimierungsideologien und -praktiken, die getragen sind von solipsistischen Selbstverwirklichungswünschen und infantilen, an Autismus grenzenden Allmachtsphantasien, wird der Blick für die Brechungen zur realen eigenen Erfahrung verstellt. Der Körper geht verloren, es obsiegt eine körperlose Welt der mental und medial idealisierten *Körper-Bearbeitungen*. Das bewusst entwerfende und herrschende Ego (eines Descartes) feiert seine Selbstinszenierung mit einem vergegenständlichten Körper, dem Produkt der Selbstinszenierung als Warenproduktion. Und das ‚Selbst' kann eine körperfreie Identität konstruieren. Dagegen steht der Hinweis, „dass es mich nicht alleine gibt als Ich und als Person, sondern mich nur in Verbindung mit allem anderen", was „ich nicht rational, aber … emotional verstehen" kann (Doris Dörrie in einem Interview).

Von hier aus schweift für manchen religiös Suchenden der Blick zur *Reinkarnationsvorstellung*, die in indischer Religiosität als Schicksal und im Westen als Leben auf Probe und Leistungsbewährung gelebt wird. Waren Reinkarnation und Seelenwanderung Hindus und Buddhisten, Pythagoräern so gut wie Orphikern geläufiges Lebens- und Glaubensgut, so sperrte sich das Christentum beständig dagegen. In die Öffentlichkeit trat diese Vorstellung erst im 18. Jahrhundert, interessanterweise mit der Aufklärung, mit Gotthold Ephraim Lessings „Erziehung des Menschengeschlechts" (1780) § 98: „Warum sollte ich nicht so oft wiederkommen, als ich neue Kenntnisse, neue Fertigkeiten zu erlangen geschickt bin?". Dann mit Rudolf Steiners anthroposophischer Theorie der Wiederverkörperung, nachlesbar in seinen Totenandachten nach 1906 (Zander 1999, 485ff.; Krech 2006). Der Tod ist als 'Ganztod' überwunden, die Seele geht von einer Existenzform in die andere über. Unser Kern ist geistig, und zu unserer Läuterung und Reifung inkarnieren wir uns in einer Reihe von körperlichen Existenzen (sofern wir nicht, wie bei Platon, abstürzen können und in Esel, Raben und sonstige Tiere verwandelt werden). ‚Im Kern' können wir identisch bleiben, das Unberechenbare wird durchsichtig in seiner letzten Gesetzmäßigkeit, die wir – so die Karma-Lehre in moderner Konzeption – in ihrer kosmischen Wirksamkeit einsehen und zur Gestaltung des zukünftigen Geschicks verwenden können. Gleitet hier ‚weltliches Reden' von Gott in einen Geist/Seele-Körper-Dualismus zurück, dem das Christentum bis dato zu widersprechen versucht unter Verweis auf die Menschwerdung Gottes?

Ein anderes Beispiel der religiösen Bewältigung in unserer Problemgesellschaft gibt die FLying Spaghetti Monsterism Religion her, die 2005 von dem US-amerikanischen Physiker Bobby Henderson gegründet wurde. Die Welt wurde, so beginnt das heilsgeschichtliche Programm, vom ‚fliegenden Spaghettimonster' erschaffen und seine Anhänger, die weltweit etwa 10 Millionen Pastafaris, haben acht Gebote ‚seiner Nudligkeit' einzuhalten, etwa Nr. 5: „Mir wär's wirklich lieber Du würdest nicht (sc. so beginnen alle 8 Gebote) Multimillionendollar-Kirchen, Moscheen, Tempel, Schreine für Meine Nudlige Güte erbauen. Das Geld kann man nun wirklich sinnvoller anlegen. Sucht Euch etwas aus: Armut beenden; Krankheiten heilen; in Frieden leben, mit Leidenschaft lieben und die Kosten von Kabelfernsehen senken…".

Ein Religionsclou ähnlichen Erfindungsgeistes ist die etwa 3000 Mitglieder zählende „Missionarische Kirche des Kopimismus", die 2010 gegründet und im Januar 2012 in Schweden als Religionsgemeinschaft anerkannt wurde: „Filesharing! Das ist kein Witz, eine schwedische Glaubensgemeinschaft hat diese Religion jetzt tatsächlich durchgesetzt". Das Kopieren von Inhalten, v.a. von Musik (via Internet), wird als sakraler Akt vollzogen. Wer Probleme hat mit den drei Heiligtümern ‚Kopieren, Wissen, Kommunikation – ohne Schranken', der und die kann sich an den Kopimisten-Priester, den „Ops", wenden. Nur eine ungefährliche, sich mit Urheberrechtsverletzungen heiligende Spaßreligion als religiöse Institutionalisierung einer ‚Welt als Selbstbedienungsladen'?

Es könnten hier noch viele skurrile, mehr oder weniger verdummende und teilweise für die Gesellschaft gefährliche, aber ebenso auch notwendigerweise zu diskutierende Beispiele transformierender Gottes- und Glaubens-Vorstellungen besprochen werden, z.B. eine Religion des Kapitals und des Geldes, die Wissenschaftsgläubigkeit, politisch-quasireligiöse Heilsversprechen wie der Nationalsozialismus, Kommunismus, (Neo-)Liberalismus (Gerber 2008, 175ff., 184ff.). Hier soll die Mediatisierung unserer Lebenswelt in der Gestalt eines Cyberspace-Laboratoriums als Versuch diskutiert werden: der Fluchtweg in eine *Cyberwelt*. Der Psychoanalytiker Horst E. Richter hat in seinem Buch „Der Gotteskomplex" (2005) einen solchen Projektions- und Fluchtweg geschichtsinterpretatorisch nachgezeichnet, nämlich die Flucht aus der mittelalterlichen Abhängigkeit und narzisstischen Ohnmacht in den Anspruch auf egozentrische, narzisstisch gottgleiche Allmacht. Der angstgetriebene moderne Mensch lebt diesen seinen Bemächtigungswillen als Selbstverwirklichung aus und leidet dabei an der Krankheit, nicht mehr leiden zu können und zu wollen, aber zu müssen. Er identifiziert sich mit der göttlichen Allwissenheit und Allmacht. Den Stellenwert, den im christlichen (patriarchalen) Gottesbild die Ubiquität (Allgegenwart) und die Realpräsenz des allmächtigen Gottes z.B. in der Eucharistie-Hostie haben, den füllen für viele, vor allem jüngere Menschen, heute Handy, Tablet, IPad, IPhone, Internet, Foto u.a.m. aus. Diese Medien garantieren die totale Vernetzung für permanente Erreichbarkeit, also medientechnisch hergestellte Ubiquität in eigener Person, und für jederzeitige Kontaktierung. Es bringt die Welt als Informationskosmos auf das Display und ins Ohr und Auge und macht uns selbst zu kommunizierenden Informationszeichen, z.B. in Form einer Biographie-Leiste, die das Lebensbuch in den Händen des thronenden Christus Kosmokrator ersetzt, in dem die Lebensläufe aller Menschengeschöpfe für das Endgericht aufgeschrieben sind. Diese Speicherungen für die ‚Endlösung' erledigen jetzt Facebook, Google und andere Internetfirmen: „Einst lernte das Kind: Der liebe Gott sieht alles. Heute heißt Gott ‚google'". Wohin mein ‚Profil' zu welchen Verwendungszwecken gegeben wird, wird mir nicht gesagt – ist wohl Glaubens- und Vertrauenssache. Die christlichen Sakramente kommen in der Internet-Welt nicht mehr vor, denn das Internet ist selbst das selig machende Sakrament der Allgegenwart. Über das ‚Handy' kann alles gespeichert werden, und es vergisst nichts (aber kann auch nichts hinzulernen und nichts vergeben). Es sorgt für totale Transparenz – als Totalitäts-Gewalt-System unter dem Deckmantel der Freiheit – und nimmt so den Blick desjenigen (traditionell so vorgestellten) Gottes ein, der alles sieht und hört. Gegen diesen allmächtig vorgestellten Gott hat sich der neuzeitliche Mensch gestellt und versucht sich von ihm gänzlich zu befreien durch die Übernahme von dessen Rolle. Manche Emanzipationsbeflissene reden sich ein, sich von Gott befreit zu haben und Gott darin beerbt zu haben, dass sie sich selbst in dieses Gottes-Bild zu verwandeln auf dem Weg sind. Aber dieser Flucht-Weg in die ‚uterale digitale Allgegenwart', wie ihn Horst-Eberhard Richter als Weg in die Moderne beschrieben hat, ist eine Falle, die in dem Augenblick zuschnappt, wenn der moderne Mensch seine digitalisierte Informationsfreiheit zur totalen Transparenz in einem *autopoietischen System* macht: Wenn sich darin alle total transparent machen, dann kontrollieren sie sich total!

Hier tut sich ein radikaler Unterschied zum *alteritätsorientierten Christentum* auf. Die Kontrollgesellschaft folgt nämlich der Effizienzlogik der digitalisiert-kapitalistischen Leistungsgesellschaft, indem die Selbstausbeutung dabei noch effizienter geschieht als Fremdausbeutung, weil sie sich von dem Gefühl der Freiheit durchdrungen wähnt. In Wirklichkeit unterwirft sich der Leistungsträger einem illusionierten freien, real aber von ihm selbst generierten Zwang und Selbst-Kontrolle. Diese Dialektik der vom Subjekt selbst generierten Freiheit, die sich selbst gegenüber blind wird und keine Motivation mehr in sich trägt für kritische Wahrnehmung der Fremdausbeutung, liegt der Leistungs- und der Kontrollgesellschaft wie eine kollektive Zwangsneurose – die Freud im Christentum realisiert sah – zu Grunde (Han 2012). Mit dem Übergang von der Disziplinargesellschaft in die Transparenzgesellschaft entfällt die äußere Kontrolle: Alle atmen ‚von sich aus' freiwillig und willig die Freiheit der total vernetzenden Mediengesellschaft, die keine Einsamen mehr kennt, wohl aber hyperkommunizierende Facebook-Allmachtsgetriebene, die dadurch paradoxerweise ihrem Autismus weiteren Vorschub leisten (Lempp 1996). Die rasende Zeit holt sich selbst ein in einem medienermöglichten Stillstand. Das verschiedene Male aus verschiedenen Gründen proklamierte *Ende der Geschichte* scheint hereinzubrechen, die Naherwartung des Jesus von Nazareth auf ein soziales Gottes-Reich auf Erden hat sich transformiert in die Herstellung der digitalen Unendlichkeit des hereinbrechenden ‚sozialen' Inter-Net für den durchschauten Einzelnen. Hier liegt Diskussions- und Gestaltungszündstoff für die nächsten Jahre. Wenn der Andere nicht nur aus unseren Sinnen schwindet, sondern die Sinne selbst digitalisiert werden und in ihrer Wahrnehmungsfülle immer weiter verengt werden und schwinden, dann wird ein solches Ende der Geschichte nicht als Erfüllung erlebbar sein, wie sie in den jüdisch-christlichen Bildern z.B. vom gemeinsamen Mahl mit dem Vater Abraham, vom Frieden zwischen Völkern, von der bewahrten Schöpfung, von gegenseitiger Hilfe und Tröstung mythologisch, symbolisch gedeutet wird. Statt für derlei Identitäts- und Vereindeutigungsverheißungen, die menschliches Leben zunichte machen, traten z.B. israelitische Propheten, der Reformer Jesus, der Apostel und theologische Begründer des Christentums Paulus, der Reformator Luther, die Vertreterin einer patriarchatskritischen Befreiungstheologie Dorothee Sölle, der jüdische Sozialphilosoph und Theologe Levinas und andere ‚Sozialisten' für begegnungsorientiertes Denken und Handeln ein. Sie thematisier(t)en unsere Beziehungen als ambivalente Widerfahrnisse und Antworten. Sie mach(t)en die Vorstellung einer vom Anderen ausgehenden Alterität stark als Art Modell für das atheistische Nach-Denken über den uns Menschen entzogen-begegnenden Gott.

5. Wie Theologien mit Gottes-Begegnungen umgehen. Die Entwürfe der Theologen Rudolf Bultmann und Karl Barth und der Theologin Dorothee Sölle.

5a. Rudolf Bultmann wollte den modernen Menschen theologisch in seinem Selbstverständnis treffen.

Es konnte ansatzweise gezeigt werden, wie sich die ‚Welt‘ auf verschiedene Weisen einschließlich ihrer Digitalisierung zu Höchstformen des Erlöstwerdens (quasi-)religiös auflädt – bis zur informationstechnologisch induzierten erlösenden Verschmelzung von Körper und Technik in einer (neuen) Form von sakramentaler Vergegenwärtigung. An solchen Stellen ist seitens eines atheistischen Theologisierens insofern vehement zu widersprechen, als solche ‚Religiositäten‘ christliche Symbolisierungen von Rechtfertigung und Glauben, von Gnade und Beschenktwerden durch Aufputsch- und Perfektionsmittel eines Selbstverwirklichungsprogramms von Einzelkämpfern ersetzen. Dadurch wird Religion ihres paradoxen Geschehenscharakters als eines sowohl (geschenkten) Widerfahrnisses als auch als eines persönlich zu verantwortenden Lebensexperimentes beraubt und mutiert hier in eine eindeutige Ware zur Selbstinszenierung. Religion wird zum profanisierten Geschäft in Eigenermächtigung, zur Halbierung der Wirklichkeit. Allein „im Paradoxen erscheint die Wirklichkeit", formulierte Friedrich Dürrenmatt in „21 Punkte zu den Physikern" unter Punkt 19. Und Punkt 20: „Wer dem Paradoxen gegenübersteht, setzt sich der Wirklichkeit aus".

Seitens der Theologie gibt es Entwürfe, die unser Anliegen nachtheistischen Theologisierens teilen, dieses aber auf andere Weise durchführen: so bei den Dialektischen Theologen Rudolf Bultmann und Karl Barth, oder aber in paradigmatischer Weise befreiungstheologisch bei Dorothee Sölle unter Aufnahme von Gedanken Dietrich Bonhoeffers vor allem aus dessen Gefängnisbriefen „Widerstand und Ergebung". (Hinzu könnten Entwürfe wie der von Paul Tillich behandelt werden, der Theologisieren als Bedenken dessen verstand, „was mich unbedingt angeht" und als „Mut zum Sein" (1969) gelebt wird. Und katholischerseits wäre exemplarisch auf Karl Rahners und Johann Baptist Metz' Entwürfe zu verweisen.)

Die protestantische Theologie wurde im 20. Jahrhundert und bis in unsere Tage hinein durch die markanten Entwürfe der beiden Großen bestimmt: nämlich durch

Rudolf Bultmanns entmythologisierende und existential, auf den Menschen hin interpretierende Kerygma- oder Verkündigungs-Theologie einerseits und durch Karl Barths Theologie der im Medium der Bibel sich ereignenden Selbstoffenbarung des trinitarischen Gottes andererseits. Beide betonen in der Bewegung der Dialektischen Theologie gegen Versuche, das Handeln Gottes kultur- und geschichtsreligiös oder durch die Annahme eines ‚religiösen Apriori' im Menschen greifbar zu machen, die radikale Andersheit und Unverfügbarkeit Gottes. Sie führen dieses in der reformatorischen Tradition liegende Prinzip aber unterschiedlich durch.

Der Ansatz Rudolf Bultmanns (1884-1976) lässt sich verstehen als die Notwendigkeit, die biblische Überlieferung im Gespräch mit unserem heutigen Lebenskontext auf unsere Existenz, auf unser Selbstverständnis, und nicht auf ein vergangenes metaphysisches Weltbild und auf unsere Vernunft hin zu interpretieren. Bultmann möchte einerseits den „garstigen Graben" zwischen damaliger, uns fremd gewordener Bibel und unserer Moderne hermeneutisch durch das kontingente Verkündigungsgeschehen und durch die historisch-kritische Auslegungsmethode ‚überbrücken' und zugleich andererseits dieses Geschehen im Horizont des menschlichen Selbstverständnisses ansiedeln. In seinem berühmten Beitrag „Neues Testament und Mythologie" lautet dies wie folgt: „Man kann nicht elektrisches Licht und Radioapparat benutzen, in Krankheitsfällen moderne medizinische und klinische Mittel in Anspruch nehmen und gleichzeitig an die Geister- und Wunderwelt des Neuen Testaments glauben. Und wer meint, es für seine Person tun zu können, muß sich klar machen, daß er, wenn er das für die Haltung des christlichen Glaubens erklärt, damit die christliche Verkündigung in der Gegenwart unverständlich und unmöglich macht" (Bultmann 1948, 18). Bultmanns Widerpart ist dabei weniger die Kritik seitens der Naturwissenschaften an der Theologie (wie es z.B. in den USA oft geschieht und Fundamentalismus hervorruft, etwa in den Diskussionen um Schöpfung contra Evolution), da Bultmann das Kerygma-Glauben-Geschehen gleichsam entweltlicht, entleiblicht, rein existentiell versteht und damit der von den Naturwissenschaften behandelten Weltwirklichkeit enthebt und im Selbstverständnis verortet. Es geht um „Kritik, die *aus dem Selbstverständnis des modernen Menschen* erwächst" (Bultmann 1948, 19). Entsprechend sieht Bultmann die hermeneutische Funktion des Mythos nicht darin, „ein objektives Weltbild zu geben; vielmehr spricht sich in ihm aus, wie sich der Mensch selbst in seiner Welt versteht, der Mythos will nicht kosmologisch, sondern anthropologisch – besser: existential interpretiert werden. ... Er (sc. der Mythos) redet vom Unweltlichen weltlich, von den Göttern menschlich" (Bultmann 1948, 23). Die neutestamentliche Mythologie stammt aus der jüdischen Apokalyptik und aus dem gnostischen Erlösungsmythos, die beide dualistisch bestimmt sind, wonach „die gegenwärtige Welt und die in ihr lebenden

Menschen von dämonischen, teuflischen Mächten beherrscht und der Erlösung bedürftig sind, – einer Erlösung, die sich der Mensch nicht selbst beschaffen kann, die ihm nur durch göttlichen Eingriff geschenkt werden kann" (Bultmann 1948, 27f.). Und diese mythologischen Errettungsbilder haben ihren Sinn eben nicht als objektivierende Vorstellungen, „sondern müssen auf das in ihnen liegende Existenzverständnis hin, d.h. existential, interpretiert werden" (Bultmann 1948, 28). Und Bultmann fragt sich dann, ob nicht ein mythologischer Rest übrig bliebe: „Aber jedenfalls ist dann solche Mythologie nicht mehr Mythologie im alten Sinne, die mit dem Untergang des mythischen Weltbildes versunken wäre"; sie gipfelt in dem Interpretationsergebnis: „Die Jenseitigkeit Gottes ist nicht zum Diesseits gemacht wie im Mythos, sondern die Paradoxie der Gegenwart des jenseitigen Gottes in der Geschichte wird behauptet: *Das Wort ward Fleisch* "" (Bultmann 1948, 52f.) – also wie schon angedeutet: Das Bekenntnis zum Wunder der Menschwerdung Gottes zwingt zu der Formulierungsparadoxie, das Handeln Gottes als eschatologisches Widerfahrnis zu benennen, ohne dass es weltlich ausweisbar sein könnte, also gewissermaßen atheistisch bleibt.

Hier wird dann eingewandt, dass Bultmann die Glaubens-Welt auf ein innerliches Ereignis des Selbstverständnisses reduziere und von der Welt als leiblichem Sozialgefüge, als gesellschaftlichem Kontext und konkreter Geschichte, als Schöpfungsnatur abstrahiere, die ihrerseits doch nicht von vornherein ‚verobjektivierend', beweisend gemeint sein müssen. In diesem Sinne hatte Bonhoeffer eingewandt: „Man kann nicht Gott und Wunder voneinander trennen (wie Bultmann meint), aber man muß *beide* ‚nicht-religiös' interpretieren und verkündigen können. Bultmanns Ansatz ist eben im Grunde doch liberal (d.h. das Evangelium verkürzend), während ich theologisch denken will" (Bonhoeffer 1951, 183). Und im Blick auf den von ihm an Barth kritisierten ‚Offenbarungspositivismus' wendet er gegen Bultmann ein: „Bultmann scheint nun Barths Grenze irgendwie gespürt zu haben, aber er mißversteht sie im Sinne der liberalen Theologie, und verfällt daher in das typisch liberale Reduktionsverfahren (die ‚mythologischen' Elemente des Christentums werden abgezogen und das Christentum auf sein ‚Wesen' reduziert). Ich bin nun der Auffassung, daß die vollen Inhalte einschließlich der ‚mythologischen' Begriffe bestehen bleiben müssen – das Neue Testament ist nicht eine mythologische Einkleidung einer allgemeinen Wahrheit!, sondern diese Mythologie (Auferstehung etc.) ist die Sache selbst! – aber daß diese Begriffe nun in einer Weise interpretiert werden müssen, die nicht die Religion als Bedingung des Glaubens (vgl. die ‚Peritome' bei Paulus) voraussetzt. Erst damit ist m.E. die liberale Theologie (durch welche auch Barth, wenn auch negativ, noch bestimmt ist) überwunden, zugleich aber ist ihre Frage wirklich aufgenommen und beantwortet (was im Offenbarungspositivismus des B.K. *nicht* der Fall ist!): Die Mündigkeit der Welt ist nun kein Anlaß mehr zu Polemik und Apologetik, sondern sie wird nun wirklich besser verstanden, als sie sich selbst versteht, nämlich vom Evangelium, von Christus her" (Bonhoeffer 1951, 220f.). Freilich: Das Christentum hat sich Mythen wie die Vorstellung von einem dreieinigen Gott, einem Erlöser mittels Sühnopfer, einem Bestätiger der Überlieferung namens Heiliger Geist, Mythen von Himmelfahrt und Auferstehung einverleibt. Aber: Ohne Mythen und ohne Symbole und Riten können wir nicht kommunizieren, wohl aber müssen wir mit Mythen, Symbolen, Riten kritisch buchstabierend umgehen, sie gleichsam versuchsweise ins Heute übersetzen und dabei in ‚Kauf' nehmen, neue Mythologisierungen zu vollziehen. Der Bruch zwischen Glauben und vielversprechendem Theologisieren bleibt unhintergehbar, unaufhebbar, unentmythologisierbar bestehen, da alles Erkennen nicht hinter das Leben zurückgehen kann. Wenn Bonhoeffer schrieb, dass Gott mitten im Leben jenseits ist, dann bleibt Gott entzogen, weil das Leben entzogen bleibt. Die niederländische Schriftstellerin Connie Palmen hat in ihrem Roman „Die Gesetze" (1995, 214) formuliert: „Davon träume ich schon mein ganzes Leben lang, von etwas Realem. Die Wirklichkeit ist erschreckend echt, und trotzdem bleibt sie völlig unerreichbar. Ich habe immer das Gefühl, daß die Dinge nicht so sind, wie sie sind, daß etwas nicht stimmt. Die Wirklichkeit zeigt sich immer Hand in Hand mit etwas, was sie zugleich entkräftet, unecht macht, mit etwas Verlogenem, Falschem".

Wir können und dürfen und müssen Gottes Wirk-lichkeit in Mythen fassen, sie aber nicht darin aufgehen lassen, was Fundamentalismus oder Biblizismus wäre. So verdeutlichen die neutestamentlichen Mythen von der Verklärung Jesu (Markus 9, 2-13), von Jesu Himmelfahrt (Apostelgeschichte 1, 4-14), vom Sitzen des Gottessohnes Jesus Christus zur Rechten des Vater-Gottes im Himmel die Distanzierungs- und Abwesenheitsbewegung Gottes, damit wir Menschen im Distanziertwerden selbstständige Menschen werden. Der Mythos von Gottes Abwesenheit symbolisiert Gottes Geschenk seiner Anwesenheit in der Differenz zu uns Menschen und der Differenz von uns Geschöpfen zueinander. Dieser radikale Bruch, diese Differenz gebiert Menschsein in der Befreiung zu eigenem, einzigartigem Leben und Zusammenleben und gebiert zugleich den dazugehörenden Mythos.

Für die Bestimmung des Glaubens heißt es bei Bultmann: „Es stimmt, dass Grund und Gegenstand des Glaubens identisch sind… Sie sind ein und dasselbe, denn wir können nicht davon sprechen, was Gott in ihm selbst ist, sondern nur von dem, was er an uns und mit uns tut" (Bultmann 1964, 85). Insofern kann man mit Dalferth von Bultmanns „Glaubenstheologie" sprechen (Dalferth 2010, 219-223), weil dieser bei der vom Christus-Kerygma betroffenen und im Glauben antwortenden Existenz des Menschen einsetzt, um jeglichem metaphysischen, mythologischen, heilsdramatischen, also verobjektivierenden ‚Überbau' zu entgehen. Aber so gehe, wandte Dorothee Sölle kritisch gegen Bultmanns ‚Formalisierung' ein, die Einsicht ‚Politischer Theologie' verloren: „Nur durch die gesell-schaftliche Konkretion kann sich Wahrheit realisieren" (Sölle 1971, 93); Glauben konkretisiert sich schon immer ‚politisch'. Nur mit profan-sozialkritischem Theologisieren kann sich Wahrheit als Paradoxie der Menschwerdung Gottes dem liberalen Reduzieren bei Bultmann und dem ‚offenbarungspositivistischen' Setzen bei Barth entziehen.

5b. Karl Barth feierte „offenbarungspositivistisch" den „Triumph der Gnade" und vergaß vielleicht ein wenig uns Menschen.

Der holländische Theologe G.C.Berkouwer hat in seiner Studie „Der Triumph der Gnade in der Theologie Karl Barths" dessen Kritik an Bultmanns „heidegge-rischem" Integral so interpretiert, dass Barth nach seiner Selbstkritik an der „merkwürdigen Kruste kantisch-platonischer Begriffe" in seiner Römerbrief-Auslegung bestenfalls einen neutralen Gebrauch philosophischer Begriffe akzep-tierte und keinen „prinzipiellen" wie etwa Bultmanns Bindung „an den Existen-tialismus" (Berkouwer 1957, 11f.). Karl Barth (1886-1968) habe weitergehend „als erster Theologe – und das bleibt sein Verdienst – die Kritik der Religion begon-nen", aber – so Bonhoeffers Kritik an Barth – er habe dann an die Stelle der Reli-gion „eine positivistische Offenbarungslehre gesetzt, wo es dann heißt: ‚friß, Vogel, oder stirb' ... An der Stelle der Religion steht nun die Kirche – das ist an sich biblisch –, aber die Welt ist gewissermaßen auf sich selbst gestellt und sich selbst überlassen, das ist der Fehler" (Bonhoeffer 1951, 184f.). Hat sich Bultmann zu weit auf Heideggers Existentiale als ‚weltlichen' Interpretationshorizont ein-gelassen, so hat sich Barth umgekehrt mit seinem Rekurs in die Selbstoffenba-rung Gottes als eine Art Deduktionspunkt für seine Welt- und Menschendeutung unangreifbar gemacht. Deswegen merkt Dalferth zu Barth kritisch an: „Die Dogmatik konstruiert das Phänomen (die ‚Sache'), an dem sich alle Dogmatik zu orientieren hat, und auch wenn sie es als *Re*konstruktion dessen ausgibt, was die Schrift bezeugt, bleibt es doch eine dogmatische Konstruktion. Wie Bultmanns Theologie im Horizont des Selbstverstehens verbleibt, so Barths im Horizont des Schriftverstehens" (Dalferth 2010, 226). Dieser Ansatz Barths zeigt sich zentral – manche Kritiker sagen: monistisch – in dem Lehrstück der Christologie: „Der eine Gott offenbart sich nach der Schrift als der Versöhner, d.h. als der Herr mitten in der Feindschaft gegen ihn. Er ist als solcher der zu uns gekommene Sohn oder das uns gesagte Wort Gottes, weil er es als der Sohn oder das Wort Gottes des Vaters zuvor in sich selber ist" (Barth 1955, 419). Und um diese Formulierung „zuvor in sich selber" und um die Reduzierung der anthropologischen Seite auf ein bloßes „uns" geht es: Sind diese beiden Perspektiven ‚existential', also im kerygmatisch betroffenen Selbstverständnis überhaupt verifizierbar im Sinne Bultmanns oder ist dies eine dogmatische Setzung im Sinne Barths, die seiner eigenen Kritik der ‚Religion' zum Opfer fallen müsste?

Die Frage lautet jetzt: Ist der Zirkel des Selbstverstehens im Sinne Bultmanns und des dogmatisch präjudizierten Schriftverstehens und Ausweitens der Gottes-Begegnung in den trinitarischen Gott ‚an sich' hinein im Sinne Barths nicht im konkreten Begegnen aufzusuchen, wie es beispielsweise Dorothee Sölle versucht hat (und wie es den Überlegungen Dietrich Bonhoeffers und dem sogenannten dekonstruierenden Theologisieren zu Grunde liegt)?

5c. Dorothee Sölle integrierte „Glauben und Verstehen" in das (feministisch-)befreiungstheologische „Glauben und Handeln".

Glauben hat es mit „Gottes besonderer Vorliebe für die Armen" zu tun, mit der Behütung der Schöpfung, mit ‚vergeben können', sich verletzbar machen und solidarisch sein zu können, es hat zu tun mit der Fähigkeit zu Verzicht, mit Rücksicht und einander zu helfen. Dies ist der Grund-Satz desjenigen Politischen Theologisierens, das von der Kontextualität unseres Menschseins ausgeht. Diese ‚reale' Welt aber wird lt. Dorothee Sölle (1929-2003) von der simulierten Welt außer Kraft gesetzt, denn „die zweite Schöpfung ist effizienter als die erste. Für das Heilige ist kein Platz", denn es stört durch das Eintreten für die Opfer, durch ökologische Weltgestaltung, durch den Protest gegen das Konsumieren des Fetisch-Gottes ‚Ware'. Die ‚zweite Schöpfung' hat einen materialisierten Gott ganz im Sinne des Goldenen Kalbes der Israeliten (2. Mose 32), einen innerlich erfundenen und äußerlich darüber gestülpten Legitimierungs-Gott, einen unverbindlich jenseitigen Vertröstungs-Gott. Der Gott Jesu hingegen begegnet a-theistisch ohne Greifbarkeit, ohne Unmittelbarkeit und ohne Innerlichkeit, mitten im vieldeutigen Alltag, „in, mit und unter" unseren Beziehungen, unserem Eintreten für Opfer und unserem Anerkanntwerden durch andere Menschen. Gott will, besagt das Bekenntnis zum Schöpfer-Gott und zur Menschwerdung Gottes, nicht allein sein; er lebt und leidet mit uns Menschen; Gott manifestiert sich als Kraft und Symbol für Beziehungen, ohne aber selbst erfahren zu werden. Deswegen ist nicht die Freiheit (im Sinne von Autonomie) des Individuums das größte Geschenk der christlichen Religion, das wäre lt. Sölle „neoliberaler Horror". Und deswegen ist christliches Theologisieren stets sozial und politisch (im weiten Sinne von Beziehungen und nicht im engen Sinne von Parteipolitik) orientiert, prophetisch induziert im Blick auf unterdrückte, hilflose Menschen, befreiungstheologisch motiviert als Anliegen von Teilhabe in Gleichberechtigung und dialektisch auf die Tradition bezogen als Bewahrung und visionäres, utopisches, entgrenzendes Überschreiten (Nancy 2002). „Glauben heißt, gegen den herrschenden Zynismus kämpfen und Widerstand leisten".

Entsprechend hat Sölle ihren (feministisch-)befreiungstheologischen Ansatz einer „Politischen Hermeneutik" als Frage an Bultmann (und an Barth) formuliert: „An Bultmanns wie an jede Theologie ist die Frage zu stellen, ob sie tendenziell die Menschen liebesfähiger macht, ob sie Befreiung des einzelnen und der Gesellschaft fördert oder verhindert, das ist das Verifikationskriterium, um mich wissenschaftstheoretisch, oder der Beweis des Geistes und der Kraft (1. Kor. 2, 4), um mich biblisch auszudrücken. Die Frage stellt sich für Bultmanns Theologie als die nach der Offenheit für eine politische Theologie" (Sölle 1971, 15). Und noch einen Schritt weiter: „Für uns heute – nach dem Absterben der religiös-unmittelbaren Beziehung zu Gott – gilt: Gott kann nur im Menschen gehaßt und beleidigt werden", und geliebt werden (Sölle 1971, 95). Und Gott liebt uns (und sich) ‚in, mit und unter' unseren sterblichen, ambivalenten Beziehungen, in unserer Sozialität und Weltlichkeit. Diese „allgemeine theologische Wahrheit", so fährt Sölle fort, muss übersetzt werden im Sinne einer profanpolitischen Hermeneutik: „Die Übersetzung dieses Satzes ist die weltverändernde Praxis. Er braucht eine gewisse Anschaulichkeit, ohne die er leer bleibt. Zugleich allerdings transzendiert dieser Satz notwendig jede Anschaulichkeit und ist in seinen Übersetzungen nicht erschöpft oder abgegolten. Wir haben in ihm ein größeres Anrecht als das jeweils erfüllte, ein tieferes Bedürfnis als das gestillte. So macht er darauf aufmerksam, daß die Konkretion, die unser eigenes Leben darstellt, die Übersetzung der Liebe Gottes, die wir sind, begonnen hat und noch aussteht. Der Brief Christi, der wir selber sind, wird weiter geschrieben (2. Kor. 3, 3) und weiter empfangen und gelesen. Es gibt keinen anderen Brief Christi, der den Brief Christi, der wir sind, ersetzen könnte" (Sölle 1971, 119f.).

Zwei Aspekte seien nochmals betont: dass nämlich nicht „der religiöse Akt" im Sinne abstrakter Innerlichkeit Christinnen und Christen ausmacht, sondern „das Teilnehmen am Leiden Gottes im weltlichen Leben" (Bonhoeffer), an der Freude Gottes in unseren weltlichen Beziehungen. Und dass es sich beim Glauben, Lieben und Hoffen wie beim Leben überhaupt um einen sinnlich-körperlichen, *leiblichen*, ganz-menschlichen, ‚resonanten' Akt handelt, der nachfolgend, aber untrennbar damit verbunden, schon immer mental-kognitiv interpretiert, wahrgenommen wird. Damit ist auch gesagt, dass es keine eindeutige Aussage über einen begegnenden christlichen Gott als Initiator dieser Begegnung geben kann. Gott bleibt, metaphorisch, eine produktive, dynamische, schöpferische Beziehungs-Lücke (Dalferth 2010, 232-234) und eine in ihrem Entspringen nicht bestimmbare Kraftquelle unserer Beziehungen (Heyward 1986, 43ff.), was traditionell-theologisch als Wirken des Heiligen Geistes „ubi et quando visum est Deo" (wie es Gott gefällt) bezeichnet wird. Deswegen kann und muss Theologie ständig mutig Grenzüberschreitungen vollziehen, das Risiko der Häresie in Entgrenzungen des Glaubens ausleben und ausdenken. Diese Ermutigung atmet das theologische Buch „Gott denken" von Sölle (1990), das auf befreiungstheologische Art und Weise unternimmt, „Transzendenz zu denken, sie nicht mehr in der Unabhängigkeit von allem und in der Herrschaft über alles andere zu verstehen, sondern eingebunden in das Gewebe des Lebens. ... Wir hören auf, Gott als Allmacht, dem wir dann in totaler Ohnmacht gegenüberstehen, zu projizieren, und verändern damit auch das Verhältnis von Diesseits und Jenseits oder, um ein anderes geometrisches Bild zu gebrauchen, von Horizontale und Vertikale. ... Transzendenz ist radikale Immanenz" (Sölle 1990, 246f.). „Das Verhältnis von Immanenz und Transzendenz wurde innerhalb der neuzeitlichen Theologiegeschichte als dialektisch oder paradox gedeutet, aber diese Ansätze der Auflösung des hierarchischen Denkens sind nicht weit genug gegangen. Gottes Transzendenz, oft als seine männliche Seite reklamiert, war immer noch höher, wahrer, eigentlicher als seine Immanenz, die heute von feministischer Theologie eingeklagt wird" (Sölle 1990, 249). Vielleicht meint das Symbol der Transzendenz, dass für den Glauben nichts unmöglich, nichts unveränderbar ist – das ist eine befreiungstheologische Glaubens-Bekenntnis-Aussage.

V. ‚Atheistisch glauben' stellt neue Fragen.

1. Das Christentum kann als Religion der ‚Alterität' gedeutet werden.

Die beiden Grundfragen in unserer individualisierten, pluralisierten Spätmoderne lauten für viele Zeitgenossen: Wie werde ich mit mir selbst identisch? Diese Frage haben wir im vorherigen Kapitel diskutiert und festgehalten, dass dies nicht durch Selbstermächtigung geschehen kann, sondern dass meine Identität der Andere repräsentiert und konstituiert im Widerfahrnis des Glaubens – und es nur kognitiv konstruierte Identität geben kann. Und jetzt steht die zweite Frage an: Wie erfahren wir andere Menschen und die Welt und in diesem Spiegel uns selbst? Sind sie für uns resonant oder stumm (Charles Taylor), belebend oder neutral, in Anerkennungs- oder Missachtungsbeziehungen (Axel Honneth)? Können wir uns in unseren Personen- und Weltbeziehungen wiedererkennen und expressiv entfalten in Teilhabe und Teilnahme (Hartmut Rosa) oder bleiben uns Mensch und Welt kalt, fremd im Sinne von resonanzlos, gar feindlich-destruktiv? Verschiebt sich unsere gesellschaftliche wie subjektive Befindlichkeit immer deutlicher vom kommunikativen Teilnehmen, Einwirken, Mitgestalten, Solidarisieren – in der ‚Erlebnisgesellschaft' noch als Privileg der leicht begüterten Lebenskünstler ausgemacht – hin zum (bloßen) Wählen (auch auf dem Handy), Umsetzen, Ausführen von alternativlos ökonomisch und mediatisiert Vorgegebenem, was den Verlust sinnvoller Lebensgestaltung bedeutete? Präsident Herman van Rompuy hat im Juni 2012 bei einer Veranstaltung in der Auferstehungskapelle in Brüssel unseren Gesellschaften eine „Sinnkrise" attestiert und unter Bezugnahme auf Martin Bubers Schrift „Ich und Du" betont, dass alles Leben stets Begegnung sei: „Indem ich die Betonung auf den anderen lege, interessiere ich mich nicht für den anderen als Individuum, sondern für den anderen als Person, als Person, die ich im christlichen Sinne Nachbar, meinen Nachbar nenne. ... Ich wünsche mir, dass sich das Schicksal Europas im Lichte dieser Philosophie der Zusammengehörigkeit, dieser Philosophie der Begegnung entfaltet". (Aber: Liegt das Problem nicht eher im Wegpolitisieren der „Sinnkrise"? Wo bleibt das Paradox von Zusammengehörigkeit und Differenz, von Schicksal und Verantwortung?) Und die EKD (Evangelische Kirche in Deutschland) kommentiert, dass Kirchen und Kirchengemeinden „bestens geeignete Räume europäischer/ökumenischer Begegnungen" seien, denn „Kirchen und Religionsgemeinschaften bieten den Menschen ethische Orientierung und neue Sprache, um den Wert der europäischen Idee, von Freundschaft, Nachbarschaft und Solidarität zu vermitteln" (EKD-Europa-Information Nr. 140, 4) – auf Kosten christlicher Freiheit? Die Beschwörung von nachbarschaftlicher Begegnung droht die Krisenerfahrungen aktionistisch zu übertünchen und die Kirchen zu konfliktscheuen, moralisierenden Integrationsgehilfen zu funktionalisieren (Graf 2011, 65ff., auch zum „Fall Käßmann").

Was liefert eine begegnungsphilosophisch kostümierte Politik, wenn sie von sich aus den Anderen Nachbar nennt und damit Nachbarschaft aus der eigenen Perspektive bestimmt und lebt? Christliche Kirchen, mindestens die protestantischen, sollten sich von einem christlichen Werte- und Sitten-Europa (gar als Nachfahre des ‚Christlichen Abendlandes') distanzieren und auf die ‚Freiheit eines Christenmenschen' setzen. Sonst kommt in Bälde der verantwortungs- und schuldlose, ‚platte', unansprechbare Mensch in einer virtuellen sowohl Kuschel- als auch Gewaltwelt und in einer auf börseneroberte Bodenschätze reduzierten Natur-Welt, also eine Ansammlung von transparent identischen Menschen-Monaden und ein Naturwrack. Solche apokalyptischen Ausblicke machen traurig, bisweilen depressiv, aber auch zornig, *protestaktiv*, widerstandserfinderisch wie manche Propheten Israels, die wie etwa der Prophet Amos von Tekoa in Israel im achten vorchristlichen Jahrhundert mehrheitlich gegen die herrschende soziale Ungerechtigkeit zu Felde zogen. Dabei geht es um ein *anderes Wahrnehmen* von Welt, Menschen und uns selbst, im Falle der Propheten eben aus ihrem Leben im Bund mit Gott. Propheten sind keine Zukunftsforscher und -deuter, sondern Seher und Deuter der ungeschminkten Gegenwart, indem sie einen *Perspektivenwechsel* vom affirmativen Mitmachen zum kritisch-distanzierenden Teilnehmen vollziehen. Ein anderes Beispiel: So wie der von Günter Altner 1989 herausgegebene Sammelband „Ökologische Theologie" auf die Glaubens-, Hoffnungs- und Protestvision „Ehrfurcht vor dem Leben" (Albert Schweitzer) setzte, so kann und soll eine „Theologie der Alterität", des Anders- und Umgekehrtwerdens im Wahrnehmen des Anderen, auch diese ökologisch-, befreiungstheologisch motivierte, gesellschaftskritische Bewegung aufnehmen und unsere fünf Sinne auf die Anderen als Geschöpfe und auf das Andere als Schöpfung Gottes lenken.

Dieser in christlicher Tradition als *Buß-* und *Umkehrbewegung* bekannte Perspektiven- oder Wahrnehmungswechsel revolutioniert unsere Lebenseinstellung und macht unsere Wahrnehmungsgewohnheiten neu und wird verschieden erzählt, dokumentiert und reflektiert. Einer der bedeutendsten Alteritäts-Denker nach Auschwitz war – nach Martin Buber – der jüdische Religionsphilosoph Emmanuel Levinas (1905-1995) (Gerber 2008, 200-204; Dungs 2006, 143-171).

Sein phänomenologisch orientierter Ausbruch aus dem (anonymen) ‚Sein', das uns im Bann des vorlaufenden Zum-Tode-Seins festhält (im Sinne Heideggers), führte ihn zur Vorstellung von der grundlegenden *Verantwortung gegenüber dem anderen Menschen.* Slavoij Zizek hat Levinas' und Sartres Bestimmung des Menschseins im Bezug auf Transzendenz einander gegenübergestellt: „Wie bezieht sich Subjektivität auf Transzendenz? Es scheint zwei Grundformen dieses Bezugs zu geben, exemplifiziert durch die Namen Sartres und Levinas': zum einen die ‚Transzendenz des Egos' (Sartre), d.h. die Vorstellung vom Subjekt als der Kraft der Negativität, vom Subjekt, das sich selbst transzendiert und nie eine positive Entität ist, die identisch mit sich selbst wäre; zum anderen die Vorstellung von der Existenz des Subjekts als in der Offenheit gegenüber einer irreduzibel-unergründlich-transzendenten Andersheit gegründet – ein Subjekt gibt es hiernach nur insofern, als es nicht absolut, nicht selbstgegründet ist, sondern in einer Spannung zu einem undurchschaubaren Anderen verbleibt; Freiheit gibt es nur durch den Bezug auf ein Lücke, die den Anderen unergründlich macht (Manfred Frank et al. zufolge ist es dies, was Hölderlin, Novalis, Schelling usw. kritisch gegen den Idealismus zur Geltung brachten)" (Zizek 2005, 22). Und Levinas selbst formuliert dieses *Konstituiertwerden durch den Anderen* (als Spur Gottes) im Blick auf die bereits erwähnte Erzählung von dem Wunsch Moses, Gott von Angesicht zu Angesicht sehen zu dürfen (2. Mose 33): „Der Gott, der vorbeigegangen ist, ist nicht das Modell, dessen Abbild das Antlitz wäre. ‚Nach Gottes Ebenbild sein' bedeutet nicht, dass man die Ikone Gottes ist, sondern es bedeutet, dass man sich in einer Spur befindet. Der geoffenbarte Gott unserer jüdisch-christlichen Spiritualität bewahrt die ganze Unendlichkeit seiner Abwesenheit, die in der personalen ‚An-ordnung' selbst liegt. Er zeigt sich nur durch seine Spur, wie im Kapitel 33 des Buches *Exodus.* Auf ihn zugehen heißt nicht, dieser Spur, die kein Zeichen ist, folgen. Es heißt, auf die Anderen zugehen, die sich in der Spur dieser Illeität halten. Durch diese Illeität, die ihren Ort jenseits der Berechnungen und gegenseitigen Verhältnisse der Ökonomie und der Welt einnimmt, hat das Sein einen Sinn. Einen Sinn, der keine Finalität ist. Denn es gibt hier kein Ende, keinen Endpunkt. Das Verlangen nach dem absolut Anderen kann nicht wie ein Bedürfnis in einem Glück verlöschen" (Levinas 1989, 5). Wir werden nie identisch mit uns selbst als Konstituierung unseres Subjektseins, sondern hängen gewissermaßen am Tropf des Anderen: „Ich ist ein Anderer" (Luther 1992, 62ff.) – was klassisch theologisch als uns *widerfahrende Menschwerdung* allein durch Gottes Gnade in unseren Begegnungen mit anderen Menschen umschrieben wird. Levinas meint also eine asymmetrische Alterität ohne Reziprozität (Dungs 2006, 151-154), denn letztere kommt dann ins Spiel, wenn ein Dritter auftritt und es um die Ebene der ‚objektiven' Gleichheit und Gerechtigkeit als einer bewusst symmetrischen, synchronen Ordnung geht. Und dieser

Umschlag von der asymmetrischen in die symmetrische Ebene ist nicht herstellbar und nicht vorstellbar, sondern er ist das Widerfahrnis der Gnade: „Allein *dank* göttlicher *Gnade* werde ich als mit dem Anderen unvergleichliches Subjekt doch als Anderer wie die Anderen angesprochen, das heißt ‚für mich'. ‚Dank göttlicher Gnade', ‚gottlob' bin ich Anderer für die Anderen. Gott ist dabei nicht ‚im Spiel' wie ein sogenannter Gesprächspartner: Die wechselseitige Korrelation verbindet mich dem anderen Menschen in der Spur der Transzendenz, in der *Illeität*. Das ‚Vorübergehen' Gottes, von dem ich nicht anders sprechen kann als mit dem Verweis auf diese Hilfe oder diese Gnade, ist genau der Umschlag des unvergleichlichen Subjekts zum Mitglied der Gesellschaft" (Levinas 1992, 345). Bezogen auf Martin Luthers Vorstellung vom untrennbaren Ineinander des Handelns Gottes und des sündigen bzw. gerechtfertigten Menschen läßt sich sagen: „Weil jeder Mensch als gerechtfertigter Sünder, seine Rechtfertigung als Gerechtsprechung in Christus, also außerhalb seiner selbst, verstanden werden muss, bleibt das gute, also gottgemäße Handeln letztlich unverfügbar" (Meireis 2008, 246). Im 19. und 20. Jahrhundert wurden diese beiden Perspektiven oder ‚Reiche' neuprotestantisch so ausgelegt, als ob das ‚Reich zur Rechten' (also Gottes Handeln) der Raum einer Art Glaubensgesinnung sei, und das ‚Reich zur Linken' (also das Handeln des Menschen) eine naturrechtlich begründete und deswegen eigengesetzliche Welt-Ordnung ohne Impulse aus dem Gnaden-Glaubens-Reich sei. Dann fallen Glauben und Handeln, Gott und Welt, Heil und Wohl dualistisch auseinander.

Kehren wir zurück zur Alteritäts-Konzeption von Levinas (Gerber 2008, 200-204): Die Kritiken dieser asymmetrischen ‚Ethik' erheben den Vorwurf, dass Levinas nicht ohne eine universalistische Perspektive auskommen könne, der alle zustimmen können müssten, z.B. Menschenrechte (Dungs 2006, 158-171). Liest man Levinas' Ethik entsprechend „mit empirischen Augen und deutet man die Verantwortung für den Anderen als ein normatives Prinzip, dann tritt die spezifisch *transzendent-phänomenologische* Dimension von Levinas' Werk in den Hintergrund" (Dungs 2006, 165). Hier kann an Luthers paradoxe Glaubens-These in „Von der Freiheit eines Christenmenschen" (1520) erinnert werden: „Ein Christenmensch ist ein freier Herr über alle Ding und niemand untertan. Ein Christenmensch ist ein dienstbarer Knecht aller Ding und jedermann untertan". Der Christ und die Christin können (empirisch und/oder normativ) nur insofern „in die Logik der traditionellen moralischen Verpflichtung", z.B. der Zehn Gebote als einer universalistischen Ordnung der Nächstenliebe, integriert werden, als ihr Wahrnehmen, Entscheiden und Handeln in der Freiheit geschieht, „die ihm (ihr) Christus erworben und gegeben hat". Indem Christus den sündigen Menschen durch das in der Person des Anderen ‚Fleisch' gewordene Wort Gottes (Evangelium) befreit, zwingt er den Gerechtfertigten zugleich zu eigenem Antworten in

dieser Beziehung auf den Nächsten, indem der gerechtfertigte Sünder seine De-
kaloge (Zehn Gebote) selbst entwerfen und leben muss und kann. Dann tritt der
Andere, der Nächste, nicht zuerst als Objekt meiner Handlungspflicht mir gegen-
über, sondern als beraubende und zugleich nährende Gabe und Aufgabe Gottes.
„Als Nächster im Sinne eines Versöhnungszeichens kommt ein Mensch in den
Blick, wenn wir ihn oder sie als Ermöglichungsgrund statt als Grenze unserer
Freiheit wahrnehmen – denn gerade die in Christus geschehene Versöhnung
muss als Geltungsgrund der Möglichkeit einer Weltgestaltung in Freiheit gelten"
(Meireis 2008, 354; Körtner 2010, 79ff.). Freilich darf dieser Ermöglichungsgrund nicht irgendwie transzendental oder seinsontologisch oder im Sinne von
Barths biblisch verbürgtem Vorgegebensein des Handelns des trinitarischen
Gottes oder pneumatologisch oder gar ekklesiologisch (durch die sich päpstlich-
unfehlbar gerierende Kirche) eingeholt werden, weil damit der Andere letztlich
als einzigartiger, fremder Anderer verschwindet und ich mit ihm (Gerber 2008,
252-256). Der ‚Nächste' ist nicht diakonisches Objekt (für einen mit einem Hel-
fersyndrom motivierten Werk-Gerechten), er ist nicht als sozialarbeiterisch zu
bearbeitender ‚Fall' gegeben, wie es manche Auslegungen der Beispielerzählung
vom barmherzigen Samariter (Lukas 10, 30-37) unterstellen. Gerd Theißen hat
darauf hingewiesen, dass „‚Nächster' keinen festen Status, sondern einen dyna-
mischen Prozess (des sich Nahekommens) markiert" (Meireis 2008, 354), und
hat damit die Intention von Levinas biblisch gleichsam rekonstruiert, also Aspekte
einer „Theologie der Alterität" entdeckt. In diesem Sinne ist der Barmherzige
Samariter zunächst Jesus als der Christus und in dieser Spur sind es wir dem
Nächsten gegenüber.

2. Wir leben in zwei ‚Welten' (‚Reichen', Dimensionen) gleichzeitig.

Luthers Satz, dass der Christenmensch ein freier Mensch und zugleich Diener
eines jeden Menschen sei, soll besagen, dass Christen in dieser Welt zugleich
von einer Macht leben, die nicht in dieser Welt aufgeht. Diese sogenannte Zwei-
Reiche-Lehre – wobei jetzt nicht über die Begriffe Reiche, Welten, Dimensionen, Regimente u.a.m. diskutiert werden soll – wurde z. B. ordnungstheologisch
im Blick auf die Funktion des Welt-Reiches auf pure Erhaltung der gefallenen
‚Welt zur Linken' verengt und dabei Gott als gnädiger und als verborgener Gott
einfach vorausgesetzt. Zwei Gefahren sind abzuwehren: eine Abwertung unserer
menschlichen Aufgaben und Möglichkeiten im Blick auf das Welt-Reich und
ebenso deren Aufladung zu Erlösungsmöglichkeiten im Blick auf das Gnaden-

Reich. Beide ‚Reiche' bleiben stets ambivalent zueinander (Ebeling 1960, 407-428). Und diese permanente Ambivalenz (oder Paradoxie) nötigt uns zum Unterscheiden (nicht: Trennen) von zwei ‚Welten' oder ‚Reichen' (oder Lebensdimensionen): Einerseits leben wir in der sinnlich wahrnehmbaren, zu ordnenden Welt unserer Bedürfnisse (z.B. zu essen und trinken), unserer Wünsche (z.B. eine wohltuende Begegnung zu haben), unserer Planungen (z.B. eine Ausbildung zu machen), unserer Möglichkeiten und Kompetenzen (z.B. die Ausbildung erfolgreich einsetzen zu können) und all der Dinge, über die wir im Rahmen von Konventionen und Gesetzen verfügen können. Zugleich sind wir andererseits in diesen Erfahrungen hineingezogen in das Widerfahrnis einer anderen Welt, einer Dynamik des uns Unmöglichen und Unzugänglichen, des uns Entzogenen, Überschüssigen, Unabgegoltenen und Ausstehenden. Theologisch wird hier einerseits von ‚Gesetz' (als Inbegriff von ‚Welt' und menschlichen Möglichkeiten) gesprochen im widersprechenden und zugleich entsprechenden konfliktreichen Gegenüber zum gesetzesfreien ‚Evangelium' andererseits. Dies ist eine Bekenntnisaussage, die aber insofern alle Menschen betrifft, als damit die grundsätzliche Zweiheit (Gespaltenheit) unseres Menschseins angezeigt wird – was manche Philosophen mit der Unterscheidung von Ich und Mich anzeigen. Diesen Zwiespalt leugnet aber die ‚Welt des Gesetzes' in ihrem Selbstwiderspruch, selbst heilsam sein zu können. Diese ‚Sünde' wird durch das ‚Evangelium' überwunden, indem der Glaubende aus diesem Selbstwiderspruch insofern befreit wird, als er „gerecht und sündig" zugleich ist: gerecht durch und vor Gott, sündig im Blick auf sich selbst. Insofern stehen die beiden ‚Reiche' in einer doppelten Relation zueinander: in einer kontradiktorischen, einander ausschließenden Beziehung des Entweder-Oder und zugleich (paradox) in einer konträren Beziehung des Entsprechens als einer asymmetrischen Wort(Gottes)-Antwort(des Menschen)-Relation und nicht eines irgendwie analogischen, symmetrischen Nebeneinanders (Ebeling 1970, 416). Deswegen tritt uns das verkündigte Evangelium als Befreiung durch Gottes Wort im Angesprochenwerden durch Andere nicht Welt-los gegenüber, sondern stets in Beziehung auf unsere Weltsituation, auf den Kontext, auf den Dritten. Einen ‚reinen' Gott ohne Welt und Inkarnation hätten wir zwar manchmal gerne, aber damit verlören wir die Schöpfungswelt und ineins damit uns selbst als leiblich kommunizierende Menschen.

Gottes durch uns Menschen verlautbartes Evangelium-Wort macht im Geschehen unseres antwortenden Glaubens das sich ständig selbst heiligende ‚Welt-Reich' zum bloßen Welt-Reich ohne Heiligenschein. Denn der Heiligenschein ist – um im Bild zu bleiben – die asymmetrische Beziehung zwischen dem ‚an sich' nicht erfahrbaren Gott und unserer weltlichen Lebensexistenz in ihrer Verantwortung für die Welt. Es geht, wie gesagt, um sich ständig verändernde, neue, kontingente Begegnungen und Beziehungen und nicht um systematisch bestimmbare Eigenschaften von Gott und Welt. So heißt: mit der Welt weltlich umgehen im Namen Gottes, sie weder überzuinterpretieren durch vereindeutigende Religion, Ideologie, Wissenschaft, noch sie materialistisch unterzuinterpretieren unter Absehung ihres paradoxalen Charakters. Hierfür ist „der Glaube insofern die Voraussetzung ..., als er die Freiheit eröffnet, die iustitia civilis (sc. weltliche Gerechtigkeit) wirklich nur iustitia civilis sein zu lassen und aus den Werken nicht etwa die Rechtfertigung der Person zu schöpfen" (Ebeling 1970, 427f.).

Diese Verschränktheit von Gott und Welt lässt sich auch am sogenannten *Bilderverbot* bedenken (Brumlik 1994, 27-60). ‚Glauben' ist die Erfahrung des Bilder-Verbotes, weshalb wir nicht *an* einen Gott glauben können. Gott ist im strikten Sinne, also als Inbegriff für das Widerfahrnis unserer Anerkennung und Rechtfertigung, für uns Menschen unerfahrbar. Wohl aber machen wir Erfahrungen mit unseren eigenen religiös, speziell christlich gedeuteten Begegnungen (was Eberhard Jüngel als Erfahrungen mit der Erfahrung thematisiert hat). In diesem Sinne können wir über das Geschehen einer befreienden und zugleich behaftenden Liebesbegegnung nicht selbst verfügen, weder dass sie geschieht bzw. geschehen ist, noch von wem sie ausgeht (als anderer einzigartiger Person) und wie sie geschieht, warum und wie lange sie geschieht, wie sie unser Bedürfnis nach Liebe stillt und welche Sehnsüchte sie mitbringt. Wir können Liebe eines anderen Menschen zu uns und die Intention oder Motivation unserer eigenen, Resonanz unterstellenden Liebes-Antwort nicht von uns aus herstellen – sie stellen sich ‚vor uns' und ‚hinter unserem Rücken' ein.

Der Reformator Martin Luther (1483-1546) hat diese beiden ‚Welten' theologisch dargestellt: Zum einen handelt es sich um das schon immer geschehende, eschatologische, den Glaubenden verheißende „Reich Gottes", an dem uns Gott durch den von ihm durch andere Menschen geschenkten Glauben teilnehmen lässt. Und zum anderen handelt es sich um das von uns sündigen Menschen in Kooperation mit dem Schöpfer zu betreibende „Reich der Welt". Mit dem Luther-Experten Gerhard Ebeling, auch als Kritik an der neulutherischen These von der ‚Eigengesetzlichkeit' des Welt-Reiches: „Die Zwei-Reiche-Lehre läßt sich nicht in einem Diagramm darstellen. Denn hier ist alles Bewegung, Geschehen und Kampf. Der vorzufindende Sachverhalt ist die Vermischung der beiden Reiche. Und es ist Sache nicht einmaliger Erklärung, sondern unablässiger Verkündigung, die Unterscheidung der beiden Reiche zu vollziehen" (Ebeling 1964, 200). Mit dieser Unterscheidung wollte Luther auf ein Element im Glaubensvollzug hinweisen, das wir ebenso in unseren Liebes-Begegnungen erfahren: dass ich lieben, glauben, hoffen kann, wenn Gott mich durch andere Menschen dazu erweckt, befreit, verpflichtet, und dass ich in dieser Liebeserfahrung in der Radikaldifferenz von Gott zu mir zutiefst menschlich (im Sinne der Menschwerdung Gottes) und gerade nicht göttlich werde. „Es ist allein diese Distanz, aus der die

Menschen in einer heillosen Welt Hoffnung schöpfen können" (Brumlik 1994, 26). Manche, etwa Emmanuel Levinas, sprechen von einem asymmetrischen Geschehen, weil ich mich immer als vom Anderen (im Glauben) schon Angesprochener und Anerkannter, als bereits Hingezogener oder als Ablehnender, jedenfalls immer als im Wahrnehmen Antwortender verhalte, bevor ich diese Situationen überblicken, reflektieren und mich dann entsprechend bewusst verhalten kann. Die ‚unmögliche Welt', die philosophisch als Wirklichkeit und theologisch als Schöpfung, als in Jesus von Nazareth inkarniertes Reich Gottes bezeichnet werden kann, trägt schon immer die ‚Welt der Möglichkeiten', die philosophisch Realität genannt und theologisch mit der Mitschöpferschaft der Geschöpfe umschrieben werden kann. Beide ‚Welten' durchdringen sich schon immer unentwirrbar – wie im christologischen Bekenntnis zu den beiden Naturen Jesu als des Christus –, so dass sich menschliches Leben in, mit und unter ständiger Ermunterung und Verpflichtung zu gewissenhaftem Unterscheiden dieser beiden ‚Welten' vollzieht.

In der ständigen Herausforderung, die beiden umschriebenen ‚Welten' zu unterscheiden, was uns Menschen aber nie gelingt, weil wir dieses Unterscheiden immer nur vermutend und unterstellend, also glaubend vollziehen können, lauern zwei Gefahren. Einerseits kann der Unterscheidungsprozess zu der *gnostischen Trennung* der beiden ‚Welten' in eine gute geistige und in eine böse materielle ‚Welt' führen. Damit gibt man die Schöpfungswelt verloren an ein geistig-immaterielles (platonisches Ideen-)Jenseits und man reduziert Heilwerden auf einen meist asketischen Entkörperungs- und Vergeistigungsprozess. Eigentlich haben wir dann auf der Erde nichts verloren. Und die andere Gefahr besteht in der *Identifizierung* dieser beiden ‚Welten' mit dem Ziel, das Himmelreich auf Erden zu errichten, wie es z.B. Gruppen der Schwärmer, der sogenannte linke Flügel der Reformation, Fundamentalisten, aber auch manche Hegel verpflichtete Theologen, Philosophen und Politiker versucht haben. Dann wird der Himmel überflüssig, die sakralisierte Erde ersetzt ihn. In beiden Fällen wird das paradoxe Ineinander und Zueinander der beiden ‚Welten' nicht ausgehalten, weil man Gott und entsprechend Menschsein gleichsam pur erfahren möchte.

Im Katholizismus gibt es derartige Tendenzen, wenn sich die römische Kirche als Abbild des himmlischen Gottesreiches zur ‚perfekten Gesellschaft' stilisiert und in den Status der Heilsnotwendigkeit erhebt. Den reformatorischen Kirchen wird konsequent der volle Kirchen-Charakter abgesprochen, weil allein der Papst (dazu) Unfehlbares zu sagen vermag. Hier werden so etwas wie heilige Oasen in den profanen Erdenrasen gestochen, damit die Enderlösung in minimierter Form schon heute auf Erden vorgeschmacklich garantiert ist. Weitere Beispiele solcher himmlischer Enklaven mögen dies verdeutlichen: die heilige Hostie als Ort der Realpräsenz Gottes, Reliquien vor allem aus dem Lebensbereich des Gottessohnes

wie etwa Schweißtücher, Balken-Splitter und Nagel-Reste, oder das Kirchenge-
bäude als heiliger Raum, der mit einer mittels Weihwasser purifizierenden Bekreu-
zigung zu betreten ist. Es gibt hier viel zu glauben, mehr sakrales Vorfindliches
und anderes Heiliges, das im nachtheistischen Protestantismus keinen Platz hat.
Aber beide Kirchen schließen die beiden ‚Welten‘ immer wieder kurz durch
Moralisieren, Dogmatisieren, institutionalisierte Selbstherrlichkeit, Exklusivi-
tätsansprüche in Sachen des Glaubens (Graf 2011, 24-27).

Für das Verständnis der Kirche, der *Ekklesiologie*, gilt im Protestantismus die
theologische Einsicht, „daß das ‚Wesen‘ der Kirche allein funktional, über den
Vollzug der Wortverkündigung und Sakramentenspendung zu bestimmen ist"
(Graf 2007, 124) und nicht über heilige Institutionen, Ämter, Sakramente, Personen, Orte. Der protestantische Mensch lebt in dieser unserer unheiligen Welt
zugleich in Distanz zu ihr. Er verwendet diese Welt *als ob* diese ihm gehören
würde, ist sie ihm doch zur verantwortlichen Pflege – so erzählt im zweiten
Schöpfungsbericht in 1. Mose 2 – überantwortet. Er relativiert aber seine Welt-
Situation nicht durch den christlich üblichen Verweis auf die Vorläufigkeit seiner
Erdenexistenz angesichts der dereinstigen (End-)Vollendung (Graf 2007, 124),
sondern er bleibt Welten-Mensch und nimmt seine Kondition als sterblicher
Mensch an, der die Anforderungen des Nächsten, also das Gebot der Nächstenliebe, nie erfüllen kann. Dieser Pfahl im Fleisch gereicht dem Sünder – wie er in
der Geschichte von Adam und Eva in 1. Mose 3 in Szene gesetzt wird – zur
Selbstständigkeit durch Aussetzung aus dem ‚Paradies‘ und zugleich zum Un-
vermögen, klar zwischen gut und böse unterscheiden und entsprechend handeln
zu können. So wird die von Peter Gross „am Wesen des Menschen" gemessene
Neudeutung des Christentums verständlich: „Eine Neudeutung vielleicht, welche
an die Stelle der Erlösung nicht die Versöhnung als Stillstand, als Differenzak-
zeptanz setzt, sondern den Makel in ein Heilszeichen umdeutet und eine immer-
während Passion ohne endgültige Erlösung feiert" (Gross 2007, 10). Mag man
darüber streiten, ob die hier vorgelegte Interpretation von Glauben als „Diffe-
renzakzeptanz" und Alteritätsereignis Stillstand und Erlösung bedeuten müssen,
so soll mit der mythologischen Vorstellung von der Menschwerdung und der
Kenose (‚Entleerung‘) Gottes gerade diese radikale Menschlichkeit des Menschen
seit Adam und Eva ausgesagt werden: „Der Gott vertretende Christus ist so in die
Welt gekommen, daß seine Vertretung nun zur einzig möglichen Gotteserfah-
rung wird, einer nicht mehr im geläufigen Sinne religiösen Erfahrung, die im
Erlebnis des Heiligen, des fascinosum und tremendum gipfelt". Dies verstand
Dorothee Sölle unter der neuen, in Ohnmacht und Leiden gestifteten Vertretung
Gottes, unter dem Paradox der profan-weltlichen, atheistischen Vertretung Gottes
(Sölle 1982, 191). Und sie fährt fort: „Gott leidet an seinem nicht oder nur
stückweise realisierten Dasein in der Welt. Er leidet an seinen Niederlagen, die

niemand so gut weiß wie seine Schauspieler in der Welt, die ihn unter den Bedingungen der Ohnmacht spielen. Er will vertreten werden, er hat sich selber vertretbar gemacht ... Er vermittelte sich in die Welt. Er wurde Mensch ... Nur in Christus erscheint die Auffassung vom leidenden Gott, nur hier sind es Gottes eigene Leiden, die von einem Menschen übernommen werden, erst seit Christus ist deutlich geworden, daß wir Gott töten können, weil er sich uns ausgeliefert hat. Erst seit Christus ist Gott angewiesen auf uns" (Sölle 1982, 201, 204).

Um die Bestimmung und Notwendigkeit dieses christologisch-soteriologischen Zentrums geht es: „Der christliche Glaube bleibt, so die Behauptung, lebensfähig, auch wenn ihm das soteriologische Zentrum entzogen wird" (Gross 2007, 10). Wo die christologische Konkretion christlichen Glaubens in der Person des Gott-Suchers Jesus von Nazareth suspendiert wird, wandelt sich christliches Glauben dann nicht in einen zeitlos-schicksalhaften Humanismus des Sisyphos, der sich in seinem lebenslangen Stigma ständig selbst ermächtigen muss? Wo bleibt der Andere, wo bleibt die Schöpfungswelt? Es wird hier nicht behauptet, dass das Leiden Jesu heilsgeschichtlich notwendig gewesen sei, und es wird auch nicht behauptet, dass wir schicksalhaft am Leiden genesen. Das Leiden Jesu war seine Antwort auf diejenigen, die im Bann ihres Gerechtigkeitsbewusstseins statt auf Liebe mit den geopferten Verlorenen auf die vorgegebene religiöse und gesellschaftliche Ordnung setzten und dieser Ordnung diesen Reformer Jesus opferten. Mit diesem Opfer stellten sie die durch Jesu Auftreten in eine Krise geratene Religions- und Gesellschafts-Ordnung wieder her – und zugleich hat Jesus mit seinem Verhalten diese Opferung ad absurdum geführt, weil kein Leben ein ‚damit‘ oder ‚um ... willen‘ oder eine sonstige Bedingung hat und deswegen nicht geopfert werden kann und darf (Agamben 2002). Einen Sinn hat der Tod Jesu also nur insofern, als er das *Ende der Gewalt* vollzieht und das Menschheitsverhängnis des Opferns aufbricht (Girard 1983). Sinnlos ist er als Fortsetzung der Gewalt auch durch seine Nachfolgenden. Sühnopfertheorien, von Paulus angefangen, wiederholen den Tod Jesu, in der Eucharistie zwar unblutig, aber als Sühn-Opfer-Geschehen, das eigentlich mit Jesu Tod beendet wurde. Hier trafen und treffen die beiden ‚Welten‘ von Gott und Mensch zusammen und schließen sich zugleich aus: Gott gerät in diesem Jesus von Nazareth mit seiner Beendigung der Gewalt in die Gewalt der Menschen, deswegen ist der Tod Jesu sinnlos und sinnvoll zugleich. In diesem Sinne hat Dorothee Sölle das Kreuz in den Mittelpunkt gestellt: „eine Bejahung der gewaltfreien Ohnmacht der Liebe, in der Gott selber nicht mehr Leidverhänger ist, sondern Mitleidender" (Sölle 1990, 244). Und der Glaube an die *Auferstehung* verdeckt dann die Tragik des durch Gewalt umkommenden, dabei auf Gewaltlosigkeit setzenden Jesus, wenn mit dem Glauben an eine Auferstehung nicht zugleich die Gewalt des Opferns durchbrochen wird und unsere Beziehungen umgekehrt werden – im Sinne Bonhoeffers, dass uns die Botschaft von der Auferstehung Jesu zur Gestaltung unserer Welt befreit und verpflichtet und keine Ausflucht in einen nicht uns und unsere Welt verändernden Nachtodesraum zulässt. Wenn die mythologische Vorstellung von der Auferstehung Jesu als Widerfahrnis des Selbstständig- und Erwachsenwerdens von uns Menschen im Verlassenwerden und Entlassenwerden in die atheistische Welt und als Erfahrung eines Trauerns gedeutet wird, das die Gewaltlosigkeit akzeptieren lernt, dann ist der Ostersonntagglaube nicht die Rettung in ein religiöses Jenseits des Vater-Gottes, sondern der andere, neue, zugleich seine eigene Ohnmacht bekennende Umgang mit anderen Menschen als Geschöpfen und der Welt als Schöpfung (von Wedel 1990), in Solidarität mit den Opfern unserer Gesellschaft, in sozialer Gerechtigkeit mit den ungerecht Behandelten, mit friedenfördernden Maßnahmen, in ökologischer Verpflichtung. Mit der Auferstehung Jesu wird lt. Sölle „eine ungeheure Macht-Verteilung" angesagt, indem den Frauen am Grabe Jesu „Anteil an der Lebensmacht gegeben" wird (Sölle 1990, 245).

So wie wir die Botschaft von der Menschwerdung Gottes in Jesus von Nazareth als das Ende theistischen Theologisierens und zugleich als den Anfang a- oder nachtheistischen Theologisierens interpretiert haben, so gilt dies auch für die Botschaft von der Auferstehung (und Himmelfahrt) Jesu: Mit dem Selbstständig- und Erwachsenwerden im Weggehen Jesu (und unserer Mütter, Väter, Geschwister, Freundinnen und Partner) sind wir zu eigenständigem Antworten, zu eigenem Wahrnehmen, Handeln und Interpretieren eingeladen und gezwungen – die Freiheit eines Christenmenschen.

3. Im Glauben geht es um Beziehungen und nicht um Eigenschaften.

Ein protestantischer Grundsatz lautet, dass die Vorstellungen von den rechtfertigenden Distanzierungsbegegnungen Gottes mit uns sündigen Menschen in unseren Beziehungen mit anderen Menschen auf solche persönlichen Begegnungen zurückgehen. Nach protestantischem Verständnis können wir Menschen uns nicht aus eigener Kraftanstrengung zum Glauben an Gott aufschwingen (wie auch die Heilungs-Wundergeschichte aus Markus 9, 14-29 zeigt). Glauben – sei es als *der* Glauben oder als *das* Glauben verstanden – gilt als Geschenk Gottes durch andere Menschen und wird von uns als von Gott geschenkte Befreiung und Verpflichtung in neuer Lebensdynamik erfahren. Der Ursprung des Glaubens liegt in einer zustoßenden Geschenk-Beziehung, die traditionell als eine direkte Gott-Mensch-Begegnung und die nach-theistisch (oder atheistisch) als eine durch andere Menschen vermittelte Begegnung vorgestellt wird. Diese Gabe-Beziehung des Glaubens geschieht in persönlicher Zueignung, und sie kann und darf – wie eine Liebesbeziehung – nicht von anderen Menschen be- oder gar verurteilt werden (Beck 2008, 13 ff.). Wir dürfen uns gegenseitig nicht den jeweils persönlichen Glauben absprechen, wie dies z.b. christliche Fundamentalisten und Islamisten mit je eigenem Ausschließlichkeits- und Absolutheitsanspruch für ihre eigene Art und Weise von Religiosität machen und wie die römisch-katholische Kirche die reformatorischen Kirchen nicht als christliche Kirchen im Vollsinn des römischen Katholizismus gelten lässt. Wohl aber kann und soll man sich über die vielfältigen *Vorstellungen* von Gott, von der Schöpfung, von uns Menschen und unserer Erlösung kundig machen und sich darüber in einer dialo-gischen Streitkultur auseinandersetzen, denn diese verschiedenen Gottes-, Men-schen- und Weltbilder und ebenso auch deren Ablehnung sind leitend für unser Wahrnehmen, Verstehen, Denken, Kommunizieren und Handeln.

Wie wir selbst mit unseren christlichen Überzeugungen und wie andere Men-schen mit ihren Glaubenserfahrungen denkend und handelnd umgehen, das ist grundlegend wichtig für die dialogische Entwicklung auch unserer Demokratie. Der *interreligiöse Dialog* und das interreligiöse und interkulturelle Zusammen-leben gehören zum ‚Wesen‘ des christlichen Glaubens, Denkens und Verhaltens, weshalb hier, wie schon formuliert, z.B. für einen „Religionsunterricht für alle im Klassenverband" (für die deutsche Schullandschaft) eingetreten wird (Gerber 2006). Wenn sich der römische Katholizismus weiterhin selbst verabsolutiert als kirchliche Repräsentanz des gesamten Christentums – und diese Tendenz hat der vorherige Papst Benedikt XVI. deutlich verstärkt –, dann ist diese vorneuzeitliche, anti-pluralistische, anti-moderne und vor allem undemokratische Vorstellung und Ausübung von Religion für Protestanten und protestantische Kirchen nicht akzeptabel, liefe doch diese Einstellung auf eine römisch-katholische Vervoll-kommnung des Protestantismus hinaus. Damit ist der interkonfessionelle Dialog leider, aber notwendigerweise eigentlich erledigt, und man kann der protestanti-schen Seite nur – paradoxerweise – wünschen, mit ihren Glaubens-, Liebens- und Hoffnungsvorstellungen „semper reformanda" zugleich die römisch-katholische Kirche auf Trab zu halten.

Wir formulierten bereits, dass der Protestantismus quasi die *Religion der Be-ziehungen* sei, wie es z.B. Dorothee Sölle und Carter Heyward exemplarisch ausge-führt haben. „Die Beziehungen zu Gott und zum Nächsten, zur Mitwelt und zu sich selbst konstituieren menschliche Existenz" (Huber 2005, 84) – wobei m.E. erst die Beziehungen von Gott zu mir, des Nächsten, der Mitwelt und dann meines Ich zu mir asymmetrisch konstituierend vor dem ‚von‘ geschehen, ohne dass sich eine kausal objektivierbare Beziehung zeigen ließe. Das Angenommensein kommt uns zu vor den (An-)Forderungen; die Abhängigkeit begründet erst Freiheit im Paradox mit dem Zwang; das Angewiesensein ruft bei uns Antworten in Selbstständigkeit hervor. Luther hat dieses Ineinander von vorausgehend notwendiger Gnade Gottes und der Freiheit ineins mit dem Zwang zum Entwerfen und Verfolgen eigener Dekaloge immer wieder betont. Deswegen gelingt es Luther „nicht zu erklären, welchen Sinn seine Aufforderung zur Reue hat, richtet sie sich doch an Menschen, die die Gnade, wenn sie sie nicht haben, auch nicht erlangen können, und wenn sie sie haben, seine Worte nicht brauchen" (Magris 2009, 133). Dieses Paradox kann und darf nach Luthers Meinung nicht aufgelöst werden.

Die umgekehrte Frage lautet: Trägt der Schöpfergott Schuld an unseren Leiden und Trennungen, an Katastrophen und Untergängen? Leibniz hatte, um diese *Theodizee*-Frage beantworten zu können, dem allwissenden Gott an dieser Stelle den ebenso allmächtigen Willen gestutzt mit dem Hinweis: Gott hat in seiner Allwissenheit dem Menschen einen verantwortlichen Entscheidungswillen offen gelassen (obwohl er natürlich wusste, dass dies auch auf der besten aller möglichen Welten beim Menschen schief gehen wird). Erst wenn solche Ausgleichsversuche der verschiedenen Eigenschaften Gottes und der Menschen als Begegnungen, als Beziehungen, als sich ständig verändernde Relationen aufgefasst werden, tritt das bereits mehrfach formulierte Paradoxe christlichen Glaubens hervor. Selbstverständlich leiden wir an Gott. Deswegen hat Jakob am Fluss Jabbok mit Gott gerungen (1. Mose 32, 22-32); deswegen hat Hiob über sein Leiden mit Gott gestritten (Gerber 2008, 245f.); deswegen starb Jesus am Kreuz mit dem Aufschrei „Vater, warum hast du mich verlassen?" (von Wedel 1990; Dalferth 2006, 198-219). Die Metapher der (paradoxen) Menschwerdung Gottes, die Leiden und das Verschwinden von Sinn ebenso einschließt wie Freude und Liebe und das Durchleben eines Schicksalsschlages, mag hier weiterhelfen: Dieser *Selbstwiderspruch Gottes* ruft überhaupt erst unsere Frage nach dem Leiden und Katastrophen zulassenden bzw. diese schickenden Gott hervor, indem unsere Trennung von Gott mit der Entzweiung Gottes geschieht, ohne dass wir uns selbst schuldig sprechen. Deswegen ist die Theodizee-Frage als kontingentes Lebens-Paradox nicht logisch-argumentativ auflösbar. Wir können und müssen post festum fragen, ob der paradoxe Gott sich in sich selbst um unseretwillen abgründig wird, ob er sich mit der Menschwerdung und dem Sterben am Kreuz selbst zerstört oder ob er sich auf diese Weise treu bleibt in der Ohnmacht von Barmherzigkeit und Liebe? Hinter dieses Fragen, das jeweils kontingent aufkommt in bestimmten Lebenslagen wie bei einer Erkrankung an Krebs, bei einer Trennung, einem Todesfall oder bei einer Naturkatastrophe, kommen wir nicht zurück zu einem einleuchtenden Sinn-Geber-Gott, zu einem evidenten Urgrund und Zielpunkt auch allen Leidens (Dalferth 2006, 110ff., 176ff.), zu einem ausschließlich „lieben Gott" (von Wedel 1990, 100ff.). Mit Emmanuel Levinas formuliert: „Leibniz' Frage, *Warum gibt es überhaupt etwas und nicht vielmehr nichts?,* ist längst nicht mehr die erste Frage der Metaphysik. Diese lautet: *Warum gibt es das Böse und nicht vielmehr das Gute?* Der Unterschied zwischen Gut und Böse geht der ontologischen Differenz voraus. Ja, Differenz selbst ist dieser Unterschied; in ihm entspringt Bedeutung" (zit. bei Neiman 2006, 468). Wir erhalten keine eindeutigen Antworten, sondern müssen selbst Sinn stiften oder schmerzhaft darauf verzichten. Wir müssen zwischen Allmachtsphantasien und Erwachsenwerden, zwischen einem Banalisieren des Bösen und einer Flucht vor dem Bösen, zwischen dem Wunsch nach Beherrschung des Bösen und dem Resignieren vor dem Bösen Entscheidungen treffen.

Es ist die immer wieder bedrängende *Warum-Frage*, die uns zwischen Leben und Tod schweben lässt: Warum habe ich Krebs bekommen? ... einen partnerschaftlichen Menschen verloren? ... Glück gehabt in einer lebensgefährlichen Situation? Ausweichen können wir nicht. Verleugnen infantilisiert uns. Auf Vorsehung, Prädestination, Schicksal, Unvermeidliches können wir uns nicht protestlos zurückziehen. Den (Allmachts-)Wunsch, dass dies nie geschehen sei, können wir haben, aber nicht verwirklichen. Böses mit Gutem zu überwinden kann zwar nur auf der Ebene unserer eigenen Möglichkeiten geschehen, muss aber sofort dem Pochen auf gute Gesinnung misstrauen, weil wir – im Rückblick auf den Mythos vom Sündenfall in 1. Mose 3 – Gut und Böse nur unterstellend und hoffend zu unterscheiden vermögen. Wir bleiben in der paradoxen Situation, denkend und handelnd ohnmächtig zu sein gegenüber dem Bösen ,als solchem' und dem Leiden einerseits und zugleich andererseits zerstörerische Verhältnisse zu benennen und zu dem unserer Meinung nach Guten zu führen und stets einzugestehen, dass wir vielem Bösen, Katastrophen, Schicksalhaften keinen Sinn abgewinnen können. Mit solchen Schicksalsschlägen umzugehen, dass das Leben lebenswert bleibt, ist eine Frage des Glaubens als *Trauern*: „Trauer heißt demnach: die Differenz wahrzunehmen, zuzulassen, auszuhalten und zu bearbeiten, die durch den Verlust gegeben ist, der uns als Lebende von dem geliebten Gestorbenen trennt. Der lebenswichtige ,Andere' hat sich uns entzogen. Er ist damit in einen gesteigerten Zustand des Andersseins übergegangen: ein Zustand, den wir hassen und fürchten. Spätestens seit ,Totem und Tabu' wissen wir, dass die Rache der Toten zu fürchten ist" (Jureit 2010, 186f.). Trauer als ,Bearbeitung' des Verlustes und der Katastrophe geschieht gegen solche magische Vermischung als „Selbstreflexion im verlorenen Anderen". Wie gehe ich mit dieser Katastrophe (mit diesem bösen Tod und meinem Leiden daran) um, ohne ins Vergessen zu fallen und ohne magische (Wieder-)Einverleibung etwa in Prozessen der Selig- und Heiligsprechung und ohne Umdeutung z.B. eines Tsunamis in eine gerechte Strafaktion Gottes? Die Theodizee-Frage ist unsere gleichsam angeborene Beziehungs- und Glaubensfrage, die kein Sich-Abfinden mit dem Elend in dieser unserer Welt zulässt, die aber unser Leben, Zusammenleben und die

Schöpfungswelt auch nicht als elends- und schmerzfreies Paradies – im Gegenzug zur Sündenfallsmythologie in 1. Mose 3 – zum Ziel hat. Unser Leben führen wir in der Ambivalenz von Liebe und Kreuzes-Elend, wie Luther glaubte, dass Gott uns sub contrario: als liebender (und zugleich strafender) Gott im gekreuzigten Jesus, begegnet. Unser Leben vollzieht sich in der Ambivalenz von Verletzlichkeit und Gewalt, von der Gestaltung solchen ambivalenten Lebens und Erlösung (oder besser: Lösung=Lysis; Jureit 2010, 186).

Erwachsen zu werden, auch im Glauben, schließt ein, dass wir unterscheiden lernen zwischen dem, wofür wir (Mit-)Verantwortung tragen und wofür wir keine Verantwortung tragen (können und müssen). Wo hört das Reden von Gott auf, weil sich kein Sinn mehr zeigt, weil eine Katastrophe sich allen unseren Sinngebungsversuchen entzieht, weil uns dieses ganz Andere unzugänglich bleibt?

Ich schließe die Überlegungen zur Theodizee-Frage mit einem Zitat aus Dorothee Sölles Buch ‚Stellvertretung': „In allen Religionen sind die Schmerzen der Menschen zur Frage an die allmächtigen und glückseligen Götter geworden; nur in Christus erscheint die Auffassung vom leidenden Gott, nur hier sind es Gottes eigene Leiden, die von einem Menschen übernommen werden, erst seit Christus ist deutlich geworden, daß wir Gott töten können, weil er sich uns ausgeliefert hat" (Sölle 1982, 172f.). Der *Theismus* sagt: Gott kann nicht leiden und sterben!, und er fragt deswegen bis heute nach dem Sinn des Bösen und Leidens unter der Prämisse, dass diese Frage grundsätzlich beantwortbar sei. Setzt man Gott als omnipotente Person voraus, dann bleibt die Theodizee-Frage im Rahmen einer Debatte über diese Eigenschaften Gottes angesichts unseres Leidens. Da der theistisch vorgestellte Gott allmächtig und allwissend ist und in alle Ewigkeit bleibt, können Böses und Leiden nur auf menschliches Tun und Lassen zurückgehen. Die Erzählung vom Sündenfall in 1. Mose 3 erklärt den Sinn unseres Menschseins mit Gebärschmerzen, Erntemühen und Unklarheit im Entscheiden von gut und böse im sterblichen Leben – und streift mit dieser Ätiologie (als vaticinium ex eventu) menschlichen Schuldigseins die gleichzeitige Sinn-losigkeit und Klage-Situation. *Hiob* hat geklagt, weil er keinen Sinn in seinem Malheur finden konnte, Hiob hat angeklagt, weil er kein schuldhaftes Verhalten auf seiner Seite sah, Hiob hat sein Leid hinausgeschrien und gleichzeitig angenommen, was ihm zustieß. „Das Christentum gibt der Hiob-Geschichte (dem von Gott Verlassenen) eine spezifische Wendung: es ist Christus (Gott) selbst, der den Platz Hiobs einzunehmen hat. Die Identität des Menschen mit Gott ist nur in/durch Gottes radikale Selbstverlassenheit bestätigt, wenn seine Distanz zu Gott sich überschneidet mit der inneren Distanz Gottes zu sich selbst. Es ist dieses Paradox, das den Raum für die vom Christentum gebrachte ‚frohe Botschaft' öffnet" (Zizek, zit. Gerber 2008, 247). Ein christlich-nachtheistisches Umgehen mit der Theodizee bekennt paradoxerweise: Gott litt in Jesu Leiden und Sterben am

Kreuz! Christlicher Glaube lebt nicht von einem ausgesparten Raum im Himmel und entsprechend auf Erden. Gott ist ganz ‚weltlich' geworden, oder gar nicht. Oder mit Dietrich Bonhoeffer: „Ich möchte von Gott nicht an den Grenzen, sondern in der Mitte, nicht in den Schwächen, sondern in der Kraft, nicht also bei Tod und Schuld, sondern im Leben und im Guten des Menschen sprechen. An den Grenzen scheint es mir besser, zu schweigen und das Unlösbare ungelöst zu lassen. Der Auferstehungsglaube *ist* nicht die ‚Lösung' des Todesproblems. Das ‚Jenseits' Gottes ist nicht das Jenseits unseres Erkenntnisvermögens! Die erkenntnistheoretische Transzendenz hat mit der Transzendenz Gottes nichts zu tun. Gott ist mitten in unserem Leben jenseitig. Die Kirche steht nicht dort, wo das menschliche Vermögen versagt, an den Grenzen, sondern mitten im Dorf" (Bonhoeffer 1951, 182.). „Nicht der religiöse Akt macht den Christen, sondern das Teilnehmen am Leiden Gottes im weltlichen Leben ... schließlich Joseph von Arimathia, die Frauen am Grabe. Das einzige, ihnen allen Gemeinsame, ist das Teilhaben am Leiden Gottes in Christus. Das ist ihr ‚Glaube'" (Bonhoeffer 1951, 244f.), und die ‚Lösung' der Theodizee-Frage als Sensibilisierung für widerfahrendes Leid (Sölle 1989).

4. „Die ungestörte Religionsausübung wird gewährleistet" (Grundgesetz Art. 4, 2 und 7, 3).

Dieser Übergang von der Theodizee-Frage zum grundgesetzlich geregelten Umgang mit Religion will anzeigen, welche Konsequenzen aus dem Verständnis von Religion als des Geschehens einer Alteritätsbeziehung gezogen werden können, nämlich keine Legitimierung einer Staatsreligion. Für die persönliche Ausübung der Religiosität, für Rechte und Pflichten der Konfessionen und Religionen, die im Grundgesetz zusammengefasst Religions- und Weltanschauungsgemeinschaften genannt werden, und für das konkrete, gesetzlich zu regelnde interreligiöse und ideologische Zusammenleben haben wir in der Bundesrepublik Deutschland einen ‚Leitfaden' in Gestalt unseres Deutschen Grundgesetzes von 1949. In diesem demokratisch-rechtsstaatlichen Grundgesetz werden die passive und aktive Religionsfreiheit (Art. 3, 3; 4, 1.2), das Recht der (zugelassenen) Religionsgemeinschaften auf Religionsunterricht in öffentlichen Schulen (Art. 7, 2.3) formuliert, und in den Artikeln 136-139.141 der Deutschen (Weimarer) Verfassung vom 11. August 1919 werden die Religionsfreiheit, die Ablehnung einer Staatskirche, die Berechtigung der Steuererhebung, die Sonntags-Ruhe, die geistliche Arbeit im Heer, in Krankenhäusern, Strafanstalten usw. festgeschrieben. Und die Präambel weist darauf hin, dass das deutsche Volk „im Bewußtsein seiner Verantwortung vor Gott und Menschen" dieses Grundgesetz beschlossen hat.

Dieses in der Präambel vorausgesetzte Verhältnis der Bürger und Bürgerinnen zu Gott wird bei uns in Deutschland mehrheitlich als ein „balancierendes" oder „balanciertes" Verhältnis von demokratischem Rechtsstaat und Kirche(n)/ Religionsgemeinschaften interpretiert (Böckenförde 2000; Gerber 2008, 18ff.). Abgelehnt ist damit sowohl eine Staatskirche als auch eine laizistische Trennung von Staat und privatisierten Kirche(n)/Religion(en) wie etwa in Frankreich oder in der Türkei. Und in diesem „balancierenden" Rahmen haben sich sowohl die gemäß GG Art. 7, 3 zugelassenen Religionsgemeinschaften und deren Glaubenden (Bekennenden) als auch der Staat in seiner Verpflichtung auf weltanschauliche Neutralität zu bewegen. (Im europäischen Einigungsprozess spielt entsprechend in den Diskussionen um die Präambel die Frage eine wichtige Rolle, welchen Stellenwert die christliche Religion und Tradition haben soll, etwa auch im Blick auf die Beitrittsverhandlungen mit der islamisch geprägten Türkei.) Unser deutsches „balancierendes" Modell erlaubt beides, nämlich (1.) dass jede und jeder Bekennende ihre und seine persönlichen Gottes-, Menschen- und Weltbilder entwerfen und vertreten kann. Und es folgt weiter daraus, dass diese Art von grundgesetzlich garantierter Glaubens- und Meinungsäußerungsfreiheit etwa im Fall der Darstellung eines Frosches am Kreuz dann an den religiösen Gefühlen von Christen und Christinnen ihre Grenze finden kann, wenn sich diese über die angebliche Gotteslästerei beschweren und ein Gericht zum Verbieten solcher Darstellungen anrufen. Dabei kann es wie im Fall des Klinsmann-Kreuzes passieren, dass das eine Gericht diese Kreuzigungs-Darstellung des ehemaligen Trainers von Bayern München zu dessen Gunsten untersagt, aber dass das nächst höhere Gericht dieses Urteil wieder aufhebt um der Wahrung der journalistischen und künstlerischen Freiheit willen. Und (2.) ist es in diesem „balancierenden" Verhältnis von Staat und Kirche/Religionsgemeinschaften erlaubt, dass Bürger und Bürgerinnen keiner Religion/Konfession/Kirche angehören (müssen) bzw. jederzeit ihre Religionsgemeinschaft verlassen können. Dies ist in islamischen Ländern de facto nicht erlaubt und z.B. im staatskirchlich geprägten orthodoxen Griechenland höchst problematisch geregelt (Filos 2004).

Diese immer wieder aktuellen Hinweise auf unsere *religionspolitischen Rahmenregulierungen* durch das Grundgesetz zielen letztlich darauf ab, was wir oben die Unantastbarkeit der persönlichen Glaubensüberzeugung (in Abhebung von den zu diskutierenden Glaubensvorstellungen) genannt haben. Sie gehen nämlich von der „unantastbaren Würde" eines jeden Menschen in seiner Einzigartigkeit auch in seinem Glauben aus, das heißt: Sie gehen von der grundsätzlichen Differenz von uns Menschen untereinander (und Gott gegenüber) aus und fragen dann nach der Gleich-Behandlung auch in Religionsangelegenheiten. Der Glaube ist als persönliche Überzeugung unantastbar – der jeweilige Gott der Glaubenden ist unantastbar –, aber seine Ausübung in Form und Inhalt unterliegt sowohl den rechtlichen Bestimmungen als auch kritischen Auseinandersetzungen. *Heil* zielt auf die Wahrung unserer Einzigartigkeit und Differenz zu den anderen Menschen ab und nicht auf Vereinigung und Gleichwerdung durch Recht, durch einheitliche Lehre oder/und Moral, Mystik u.a. Das *Wohl* von uns Menschen (und der Natur/Schöpfung) hat es mit Gleichbehandlung und weltlicher Gerechtigkeit zu tun (wie oben zur ‚Zwei-Welten-Vorstellung' ausgeführt wurde).

Hier stellt sich aber angesichts der Stellung vor allem des Islam bei uns in Deutschland die grundsätzliche Frage, wer bzw. was in Deutschland eine *Religionsgemeinschaft* im Sinne von GG Art. 7, 3 und Art. 137, 2-6 sei und wie es mit der Gleichstellung der Religionsgemeinschaften mit Weltanschauungsgemeinschaften (Art. 137, 7) steht? Die Diskussionen um ein Religionsverfassungsrecht bzw. -gesetz haben erst begonnen und werden von den Kirchen nicht in der Öffentlichkeit geführt. Die erste Frage nach der ‚Religionsgemeinschaft' ist in dem Augenblick aufgekommen, als Muslime mit Migrationshintergrund und muslimische Migranten einen muslimischen Religionsunterricht in den Schulen für ihre Kinder wünschten, parallel zum christlichen (und jüdischen) Religionsunterricht und zum Wahlfach Ethik. Da der Islam keine landeskirchlichen Organisationsformen mit einem rechtlich ausgewiesenen Ansprechpartner, wovon das Grundgesetz in Art. 7, 3 ausging, aufweist, werden Hilfskonstruktionen wie Zusammenschlüsse muslimischer Verbände, Elternpatenschaften in den Schulen u.a.m. angewandt, um seitens des Staates muslimischen Religionsunterricht einzuführen. Der springende Punkt besteht darin, das in GG Art. 7, 3 vorausgesetzte Religionsverfassungsrecht so zu erweitern bzw. zu formulieren, dass ein muslimischer Religionsunterricht (und Religionsunterricht aller dann zugelassenen Religionsgemeinschaften) rechtlich abgedeckt ist (Corlazzoli 2009; Mohr 2009). Diese Anliegen werden in den Bundesländern – im Sinne der Länderhoheit in Bildungsfragen – und in den Kirchen und Religionsgemeinschaften verfolgt bei gleichzeitiger Auseinandersetzung mit den verschiedenen neuerlichen Säkularismus-Bewegungen.

Die andere Frage nach der grundsätzlichen Gleichstellung von Religionen und Weltanschauungen geht über den Rahmen der (bei uns etwa 30 verschiedenen) Religionsgemeinschaften hinaus und intendiert die rechtliche Gleichstellung der Weltanschauungsgemeinschaften, der religiösen und humanitären Vereine und Atheistischer Vereinigungen mit den Religionsgemeinschaften: „Den Religionsgesellschaften werden die Vereinigungen gleichgestellt, die sich die gemeinschaftliche Pflege einer Weltanschauung zur Aufgabe machen" (GG Art. 137, 7). An dieser Stelle könnte und müsste der Staat so weit gehen, dass nicht mehr zwischen Gläubigen und Atheisten unterschieden wird, sondern zwischen denen, die sich der Pflege einer Religion oder (humanitären) Weltanschauung im Sinne einer Verpflichtung im Rahmen der geltenden Gesetze und Rechte unterziehen, und denen, die sich religiös oder weltanschaulich abstinent oder rein singulär verhalten. Dabei muss der Staat auf seine rechtspolitischen Grundsetzungen wie Menschenwürde, Rechte der Person, die Volkssouveränität, das Gewaltmonopol pochen, aber eben in einer solchen ‚neutralen' Weise, dass der Pluralismus der Religionen und Weltanschauungen gewährt bleibt. In diesem Sinn hat der kanadische Philosoph Charles Taylor das herkömmliche Verständnis des Laizismus insofern neu definiert, als er darunter nicht den konsequenten *Laizismus* Frankreichs (und der Türkei) versteht, den Präsident Sarkosy auf Grund religiös motivierter Streitigkeiten aufgeweicht hatte, denn dieser traditionelle Laizismus stelle eigentlich das „säkulare Äquivalent der Religion" dar, er lösche also politisch alle Differenzen der Bürger und Bürgerinnen mindestens im Blick auf Religion und Weltanschauung aus und sei eben nicht neutral, sondern bewusst atheistisch (oder agnostisch). Taylor fordert eine „*offene Laizität*", um mit der Vielfalt der Religionsgemeinschaften, Weltanschauungen, Atheisten und Agnostikern „liberal" umgehen zu können. Da es diese „Liberalität" aber nie in Reinform geben kann, muss sich der Staat genau genommen ständig selbst „laisieren" (oder laizisieren), ohne dass er dadurch eine Säkularisierung der Gesellschaft mit laizistischer Konsequenz bewirkt. Wahre Laizität heißt bei Taylor: Alle Religionen und Weltanschauungen sind seitens des Staates in der Öffentlichkeit nach festgelegten Regeln eines weiten Religions- und Weltanschauungsverfassungsrechtes zuzulassen. Umgekehrt gilt für die zugelassenen Religions- und Weltanschauungsgemeinschaften in der „offenen Laizität", dass sie ihrerseits eine „Offenheit" pflegen, die „andere Überzeugungs- und Wertesysteme" in der Gesellschaft nicht nur toleriert, sondern auf gleicher Augenhöhe achtet. Und sie müssen sich auf Dialoge mit dem Staat einlassen (wie es auch die EU-Verfassung vorsieht). Der Staat selbst muss gleichsam hinter den klassischen (französischen, türkischen) Laizismus zurückgehen auf seine Bürger und Bürgerinnen in ihrer Vielfalt. Der Staat ist hier nicht nur als abstrakte Institution gedacht, sondern als Vollzug von Staat, der stets die Forderung an die betroffenen Staats-Personen nach ‚Neutralität' und ‚Liberalität' und das Dialogisieren der Bürger und Bürgerinnen einschließt. Nur so wird der Balanceakt der Bürger und Bürgerinnen, dass sich ihr „Verhältnis zum Spirituellen immer stärker von (ihrem) Verhältnis zur politischen Gesellschaft abkoppelt" (Taylor 2002, 97), und der Balanceakt des Staates, dass er mit dem „Spirituellen" (als Sammelbegriff für Religion und Weltanschauung) in der gesellschaftlichen Öffentlichkeit liberal umgeht, diskursiv vollzogen. Und nur so bleibt die Freiheit der Religions- und Weltanschauungsgemeinschaften gewahrt, dass diese selbst entscheiden, inwieweit sie sich zu Diensten in der Gesellschaft durch den Staat (und die Gesellschaft) heranziehen lassen, ohne ihre „inkommensurable Position" zu verlieren und ohne auf „einen Integrationsfaktor der staatlichen Ordnung" reduziert zu werden (Böckenförde 2000, 183).

5. Ist protestantische Alteritäts-Religion nicht nutzlos und umsonst?

Kann man bei Religion überhaupt von Sinn und Nutzen sprechen? These: Religion ist im wahrsten Sinn des Wortes umsonst, sofern sie in ihrem Widerfahrnis-Geschehens-Charakter keinerlei Zweckhaftigkeit unterliegt. Und zugleich wird Religion als sinnvoll und nützlich empfunden, sofern sie wie jede Weltanschauung oder Ideologie nützliche und von uns Menschen gesetzte sinnvolle Funktionen hat, z.b. als Instrument gesellschaftlicher Integration, als Bildungsgut, als Moralisierungsinstanz u.a.m. Demnach wäre unsere Frage mit Ja und Nein zugleich zu beantworten. Dies soll weiter erläutert werden.

In einer Zeitung stand die Überschrift: „Weil der Bürger Erlösung sucht", und der erste Satz lautete als dazugehörende Frage: „Wozu ist Religion im säkularen Rechtsstaat gut?" (FAZ vom 10.11.2008). Zur Behandlung dieser berechtigten Frage knüpfen wir bei den eingangs gemachten Überlegungen zur Vorläufigkeit aller religiösen Vorstellungen, Aussagen, Bekenntnisse, Bilder, Ordnungen und Riten an und fragen: Welche Bedeutung, welchen Stellenwert und welche Tragweite haben dann überhaupt die Glaubensvorstellungen von Gott, von uns Menschen, von Jesus und den Kirchen, von Schöpfung und Erlösung, wenn sie uns keinen festen Sinn (mehr) garantieren können? Welche Interessen und Ziele stehen jeweils hinter dem Umgang mit Religion und welche Funktionalisierungen ergeben sich daraus? Welchen Nutzen haben sie? Geht Religion im Trösten in Unglücksfällen auf, im Erleichtern des Lebens durch Trauerriten und Verheißungen wie z.b. der individuellen Auferstehung und eines guten Endes der Weltgeschichte, im Verzieren des ansonsten eintönigen Alltags durch eine festliche Trauung, in Problemlösungsangeboten und als Komplexitätsreduktion, im Funktionieren als gesellschaftlichem Integrationskitt und in therapeutischen Engel-Workshops, ohne dass die Betroffenen ansonsten überhaupt etwas mit Kirche und Christentum am Hut haben müssten? Religion tragen manche ‚zivil' wie einen Hut, religiöser Angebote bedient man sich wie man z.b. Werkzeuge zur Herstellung von Produkten verwendet. Kriterium ist der Beitrag der betreffenden Religion zur hedonistischen Selbstinszenierung des erschlaffenden spätmodernen Individuums.

Aber schauen wir einmal näher hin, dann steckt in der Verwendung von Religion ebenso wie in der Anwendung unseres funktional-instrumentellen Wissens schon immer ein Moment von Ungewissem, von *Unbestimmbarem*, von Unvorhersehbarem. Da bleibt ein Überschuss, eine Offenheit, eine Anfangslosigkeit und Unabschließbarkeit (auch den unser Leben abschließenden Tod erleben wir ja nicht). Wenn ich anfange zu sprechen, dann weiß ich noch lange nicht, wann ich angefangen habe zu sprechen, wenn ich unter ‚sprechen' mehr als Phonetik verstehe, vielleicht ein unentwirrbares (paradoxes) Ineinander von innerer und für Andere vernehmbarer Stimme. Sprache haben wir nicht, Sprache bringt uns auf Wege. Theologisch spricht man (seit Philo von Alexandrien, 20/13 v.Chr. bis 45 n.Chr.) von der creatio ex nihilo, von der Unbestimmbarkeit der Herkunft unseres Sprechens und Handelns, überhaupt unseres Lebens. Wenn wir den Anfang unseres Wahrnehmens, Tuns, Fühlens, Denkens bestimmen, dann ist dies immer unsere eigene Denkleistung, unser individuelles Zeit-Konstrukt, unsere Zeit-Messung, der unser Leben aber schon immer vorausgelaufen ist – so voraus, wie wir theologisch von dem schon immer ,vorauslaufenden' Schöpfer unseres Lebens (und der ganzen Welt) sprechen, womit wir ,etwas' außerhalb der Kategorien der messbaren Zeit und der Nützlichkeit meinen. Aber dieses ,etwas', dieses Erschaffungs- und Beziehungsgeschehen ereignet sich für uns gleichsam auf der Echo-Seite wahrnehmbar, verstehbar und mitteilbar schon immer ,in, mit und unter' dem Vorfindlichen, Nützlichen, Vergleichbaren – so wie Luther in seiner Abendmahlsvorstellung einerseits gegen die römisch-katholische Vorstellung von der Realpräsenz Gottes in der Hostie (und im Wein) und andererseits gegen die reformierte symbolisch-spirituelle Deutung der Elemente von Brot und Wein als Leib und Blut Christi seinerseits auf der zugesprochenen Präsenz Jesu Christi „in, mit und unter" den beiden Elementen, dem Vorfindlichen, dem Nützlichen, bestand. Dies ist eine unauflösbare Paradoxie: Mit ,etwas' Nutzen-Losem wie unserem Leben, wie Gott, wie Religion, wie der Liebe, die wir umsonst bekommen (haben) und worüber wir nicht verfügen können, müssen wir dennoch schon immer in utilitären, abwägenden Vorstellungen und Begrifflichkeiten antwortend umgehen. Gott pur, Menschsein pur, Glauben pur, Liebe pur, das wäre sowohl unmenschlich als auch gottlos, ein Allmachtswahn.

Christliche Lehr- und Moralsätze gelten nicht ,an sich'; sie sind einschließlich ihrer Begründungen ständig auf den Prüfstand ihrer Sach-, Bibel-, Traditions- und Zeitgemäßheit zu stellen: Kirche und Theologie sind stets zu *reformieren*; ecclesia semper reformanda. Aber wohin und nach welchen Kriterien? Ist der kirchliche Protestantismus seit seiner Entstehung in der Reformationszeit im 16. Jahrhundert und vor allem seit seiner landeskirchlichen Organisationsform durch den Westfälischen Friedensschluss von 1648 (cuius regio, illius religio: wessen die Herrschaft, dessen die Bestimmung der Religion) nicht zu einem Moral-, in Aufklärungszeiten zu einem Sinngebungs- und in der Spätmoderne zu einem Therapie-Angebot geworden? Benutzen wir heute Religion im Allgemeinen als Lebenserleichterung, als Religion light (Gerber 2008, 117. ff.), als Hilfe zum Überschaubarmachen unserer hoch komplexen Welt, als Moral- und Sittenwächterin (Graf 2009, 13ff.), als säkulare Religion der Sozialen Arbeit oder als „Glaube an die Menschenwürde als Religion der Moderne" (Joas 2004, 151-168)? Ist der Protestantismus nicht mehr durch den Zuspruch der Versöhnung und durch das Widerfahrnis versöhnender Begegnungen evozierter Protestantismus mit der Selbstaufklärung im Religiösen wie Politischen und Gesellschaftlichen? Ist auch im Protestantismus Religion zum Leitfaden für innere Lebensmuster und -führung und als Weg in das eigene Innere und zur ganzheitlichen Erfahrung von Körper, Seele und Geist utilitaristisch mutiert? Und dies jenseits aller Erlösung (Gross 2007, 29ff., 63ff.), indem wir uns in und mit unserer Unvollkommenheit in unserer ohnehin nie perfekten Welt heilsam einrichten und konsequent unsere Stigmatisierungen zur spätmodernen Form der inszenatorischen (Selbst-)Erlösung machen (Gerber 2008, 117ff.)? Oder öffnet und sensibilisiert speziell das protestantische Glaubensverständnis unsere Sinne, unser Fühlen und Denken für die unvorhersehbare Gratwanderung unseres Lebens in der Orientierung am Nächsten, die wir als befreiendes und zugleich zwingendes Geschenk von Gott durch andere Menschen wagen können und woran die Frage nach dem Nutzen solchen Glaubens schon immer zerbrochen ist?

Dieses Lebens-Paradox, dass wir uns (ex nihilo) gegeben und gleichsam im Anderen voraus sind und zugleich Verantwortung für unsere Lebensgestaltung auch im Religiösen tragen, kennen wir von unseren *Liebes-Beziehungen* her: Wir möchten und brauchen im Zuge entsprechender Erinnerungserfahrungen Liebe, Anerkennung, Versöhnung ‚von außen'; wir wünschen uns und erhoffen vom anderen Menschen her Anerkennung zu erfahren. In dieser paradoxen Offenheit müssen wir unser Leben und Zusammenleben ständig mit unseren Möglichkeiten planen und dabei versuchen, Zeiten und Räume für das Lebendige und Erfüllende unseres Lebens, das uns aber generell entzogen bleibt und wofür wir keinen Zugang eröffnen können, dennoch projizierend offen zu halten. Wo und wie und wann und von wem sollte ich Glauben, Lieben, Hoffen erwarten? Wo soll ich mich hinwenden? Welcher Andere wird mich anerkennen? Mit dieser Frage haben wir den Nächsten schon versäumt. Wir möchten mit unseren Möglichkeiten das Unmögliche planen und herbeiholen – und genau darin übernehmen wir uns schon immer und verleugnen unsere Endlichkeit, unsere Menschlichkeit, unsere Abhängigkeit und funktionalisieren unsere religiösen Erfahrungen zu bestätigenden Gottes-Begegnungen (was theologisch als Sünde im Sinne von Beziehungslosigkeit interpretiert wird) (Heyward 1986, 43ff.). Wir sind darauf getrimmt, allem einen Nutzen abzugewinnen, das gehört zu unserer condition humaine, so dass wir nur dadurch ein nutzloses, sich verschwendendes Leben führen können, dass der Andere mich ins Selbst-Verschwenden, ins Bedingungslose und Un-nütze befreit und zwingt.

Das Paradebeispiel für den Nutzen von Religion ist im Christentum das Verständnis des Lebens und Kreuzestodes *Jesu von Nazareth*. Hat Jesus gelebt und den Kreuzestod erlitten, um durch dieses Sühnopfer uns sündige Menschen zu erlösen? (Der Erzbischof Anselm von Canterbury (1033-1109) hat in seinem syllogistisch verfahrenden Buch zur Satisfaktionstheorie „Cur Deus homo" (Warum ist Gott Mensch geworden?) diesen Sühnopfer-Mechanismus zur Grundlage der römisch-katholischen Eucharistie- und Erlösungslehre gemacht.) Bindet der Vater-Gott seine vergebende Zuwendung zu den sündigen Menschen an die Opferung seines Gott-Sohnes, oder müssen wir nicht umgekehrt sagen: „Jesus starb umsonst" (Mainberger 1970)? Jesus hat diese Frage nach dem ‚Warum?' und ‚Wozu?' nicht beantwortet, sondern ohne Tausch- und Opfer-Erwägungen gelebt und durchlitten: „In die totale Leere hineinsterben heißt aber Gott Platz machen und Raum geben. ... Mit seinem radikalen Umsonst wird Jesus für uns Christus. ... Jesus hat also nicht durch Leiden erlöst, sondern in erster Linie durch seinen Glauben an unsere Zukunft. Er hat uns die große Zukunft erlitten und erzeigt. Darum konnten die ersten Glaubenden ihm glauben und ihm trauen als dem Menschen, der umsonst gelebt hat" (Mainberger 1970, 86f.). Es verhält sich wie in einer Liebes- und Anerkennungs-Beziehung, wo die beiden Liebenden und Geliebten keine Bedingungen bis hin zu (Selbst-)Opfern stellen; sonst wird es eine bedingte Liebe mit Tauschcharakter. Also: „Jesus hat gerade nicht durch sein Leiden, noch durch seine Tapferkeit, noch in der Agonie den Tod überwunden, sondern durch seine Freiwilligkeit" (Mainberger 1970, 88). Für die jüdischen und römischen Machthaber hingegen war Jesu Tod nicht umsonst, sondern die Chance zur Stabilisierung der fragilen Gesellschaft und religiösen und politischen Ordnung. Sie schnappten sich diesen Nächstbesten, beschuldigten diesen des religiösen und politischen Rechts- und Ordnungsbruches und ließen ihn zur Bewältigung der damals kriselnden Situation und zur Wiederherstellung der angeschlagenen Ordnung und Hierarchie als Sündenbock hinrichten. Jesu ‚umsonst' wird von der Religions- und Staatsmacht zur Stabilisierung der Gesellschaft geopfert, er wird gewaltsam zum Sühnopfer gemacht. Gewalt wird zur Heils-Notwendigkeit erklärt, Gewalt wird geheiligt, diese Gewalt an Jesus wird sakrifiziert, und im Sühnopfer-Abendmahl wird sie (wenn auch unblutig) wiederholt statt widerlegt. Diesen *Gewalt-Opfer-Mechanismus* hat Rene Girard als „Menschheitsverhängnis" aufgedeckt, das aber immer dort durchbrochen wird, wo Gewalt durch den Gewaltlosen ans Licht gebracht und dieser als Schuldloser erkannt wird. „Wirklich neu ist dies, daß man nicht mehr zur Gewalt Zuflucht nehmen kann, um die Krise zu lösen; man kann nicht mehr auf die Gewalt abstellen" (Girard 1983, 270). Die Divinisierung und Rechtfertigung der Opfer, exemplarisch bei ‚Helden'-Gedenktagen (Jureit/Schneider 2010), diesen Opfer-Mythos müssen wir entschlüsseln als „mythische Illusion" und aufheben, indem wir uns auf die Seite der Opfer stellen. Die Selbstkritik des Christentums muss zur Aufkündigung der bis heute gesellschaftlich wirksamen Riten des Opferns führen, angefangen beim Sühnopfer-Abendmahl bis zur sakrifiziellen Exkommunikation durch die römisch-katholische Kirche im Namen des christlichen Gottes. Ebenso müssen die sakrifizielle Steinigung im Islam im Namen Allahs oder die israelitische Praxis abgelehnt werden, den Sündenbock, der ein Mal im Jahr mit der Schuld des Volkes priesterlich beladen wird, in die Wüste zu jagen, geschildert in 3. Mose 16 (Girard 1983, 232ff.). Die „mythische Illusion" möchte die Schuld der Täter und Verfolger auf das Opfer laden (weil man selbst Täter, also herrschend bleiben möchte) und sie durch dessen Vertreibung oder Opferung tilgen. Aber mit diesen Illusionen und Praktiken geht die Spirale der Gewalt weiter, und das religiöse Opferritual, dargestellt in der Eucharistie, kann uns Menschen nicht vom Skandalon der Gewalt befreien. Indem Gott sich im Kreuzestod und in der Auferweckung Jesu als des Christus zum alleinigen Opfer macht und machen lässt, öffnet er den Glaubenden die Augen für den Opfer-Mechanismus und kehrt das Verhältnis von Unschuld und Schuld um auf den unschuldigen Jesus und die schuldigen religiös-jüdischen und politisch-römischen Machthaber (und ebenso die späteren Christen und Christinnen). Das ist die Stärke des jesuanischen Christentums als Manifestation der Inkarnation Gottes laut René Girard: sich selbstlos und umsonst für das Opfer, für die Schwachen, für Verfolgte und für die Schöpfung einzusetzen. So beantwortete Jesus die Frage der Pharisäer, warum er mit Zöllnern und Sündern esse: „Nicht die Starken bedürfen des Arztes, sondern die Kranken. Gehet aber hin und lernet, was das heißt: ‚Barmherzigkeit will ich und nicht Opfer'. Denn ich bin nicht gekommen, Gerechte zu berufen, sondern Sünder" (Matthäus 9, 11-13). (Giorgio Agamben hat diesen verfluchten und zugleich heiligen Menschen als die altrömische Figur des homo sacer rekonstruiert, an dem sich die Paradoxie von ‚nacktem Leben' und Recht bzw. Unrecht zeigen lässt (Agamben 2002, bes. 81ff.).)

Wir können die Frage, ob wir Menschen Religion brauchen oder ob sie nutzlos ist, im Nachhinein nur tautologisch beantworten: Der Glaubende ‚braucht' seinen Glauben als die ihn durch Andere konstituierende Gottes-Beziehung. Er erhält seinen Glauben umsonst und unbegründbar und auf keine Bedingungen und auf keinen Zweck bezogen, wie es im Anerkennen geschieht. Glauben hat kein Ziel, er widerfährt als ein Ziel, er lässt sich weder auf eine Nachfolge Jesu imitatorisch und moralisierend festlegen noch auf die dereinstige Auferweckung von den Toten als Hoffnungsziel ‚teleologisch' festmachen. Glauben liegt als Widerfahrnis allem Abwägen voraus und „ent-täuscht unsere Bedürfnisse nach Identifikation, Einheit, Übereinstimmung, Erfüllung", nach ‚perfekt' und ‚besser als die Anderen'.

Und dennoch müssen wir Religion bzw. Glauben unterstellend funktional, substantiell, inhaltlich umschreiben, etwa durch Erzählungen aus den Evangelien oder selbst formulierte Glaubenserinnerungen, in Lehrsätzen, durch Riten, in Form von Verpflichtungen. Wir reduzieren ‚für uns' zur Verständigung Religion schon immer auch auf Bedürfnisbefriedigung, obwohl Religion – nach protestantischem Verständnis – schon immer „von außen her", von uns nur im Antwort-habitus ‚umsonst', ‚allein aus Gnade' erhalten und gelebt wird. Entsprechend dürfen Glaubensaussagen nie als unumstößliche Wahrheiten formuliert und be-hauptet werden, weil dann ‚glauben' zweckhaft an ‚Dogmen' gebunden wäre. Entsprechend bleiben Vorstellungen von und Aussagen über unseren Glauben narrativ, prozesshaft, prozedural, disputativ, konsensuell, also Unterstellungen in der aufgezeigten Spannung von kontingenter Glaubenserfahrung und Theologie, Bekenntnis, Interpretation, Ritualisierung. Und diese Spannung tut sich als Glauben auf; sie liegt gleichsam quer zu allen unseren Erfahrungen, indem wir Vergebung, Versöhnung, Freiheit durch Andere erhalten und unterstellend Ver-antwortung für den Anderen übernehmen können und müssen. Rudolf Bultmann hat dieses Paradox in dem wichtigen Aufsatz „Welchen Sinn hat es, von Gott zu reden?" im Anschluss an Luther umschrieben: „Ja, für uns selbst kann der Glau-be nie ein Standpunkt sein, woraufhin wir uns einrichten, sondern stets neue Tat, neuer Gehorsam... Stets sicher nur als der Glaube an die Sünden vergebende Gnade Gottes, die mich, der ich nicht aus Gott zu reden, sondern nur über Gott zu reden mir vornehmen kann, rechtfertigt, wenn es ihm gefällt. All unser Tun und Reden hat nur Sinn unter der Gnade der Sündenvergebung, und über sie verfügen wir nicht; wir können nur an sie glauben" (Bultmann 1958,37). Und Karl Barth hat diese Paradoxie in ähnlicher Weise artikuliert. „Wir sollen als Theologen von Gott reden. Wir sind aber Menschen und können als solche nicht von Gott reden. Wir sollten beides, unser Sollen und unser Nicht-Können, wis-sen und eben damit Gott die Ehre geben. Das ist unsere Bedrängnis. Alles andere ist daneben Kinderspiel" (Barth 1924, 158). In nicht-theologischer ‚Übersetzung' könnte man mit Niklas Luhmann sagen: „Die Welt ist in der Kommunikation für die Kommunikation immer nur als Paradox gegeben" (Luhmann/Fuchs 1989, 7).

Glauben geschieht als Widerstreit eines Lebens aus Zukunft, Offenheit, aus dem nie heilenden Riss unseres Menschseins und der Lücke zwischen uns Men-schen einerseits und einem Leben aus und in Ordnung, Sinn, Geboten, Nutzen, Brauchbarkeit. Insofern sind Glaubende Opfer und Gewinner ihrer durch Andere gegebenen Gottes-Begegnung und zugleich (asymmetrisch) gezwungenermaßen und befreit antwortende Subjekte. Auch Pascal wies auf dieses Paradox hin, dass der Glaube (als Widerfahrnis Gott) im Subjekt glaubt und nicht das Subjekt glaubt. Deswegen kann man mit Hannah Arendt Religiosität, Glauben, als „eine Art gesunder Geisteskrankheit" auffassen, ohne Nutzen und Notwendigkeit. Dann aber ‚gibt' es Gott nicht. Gott bleibt Atheist, kann man zugespitzt sagen. In diesem Sinne hat protestantische Religion – wie Lieben – keinen *Wert*.

6. Gott ‚gibt' es nicht – „Wir haben ihn getötet" (Nietzsche).

Nietzsche meinte mit dem ‚Tod Gottes', dass es ab dieser Erfahrung kein unmittelbares Verhältnis mehr geben kann zu dem traditionell metaphysisch-theistisch vorgestellten Gott. Damit wird uns auch jegliche Chance aus der Hand genommen, im Glauben den ‚richtigen Lebensweg' zu erkennen und gehen zu können. Entsprechend hat der dänische protestantische Philosoph Sören Kierkegaard (1813-1855) geschrieben: „Man kann das Leben nur rückwärts verstehen, aber leben muss man es vorwärts". Es *gibt* unser Leben – und Gott als Widerfahrnisbeziehung – nicht wie ein Ding oder einen Gedanken oder einen Wunsch oder als Erfüllung von Geboten. Unser Leben können wir zwar mit Ideen verbinden, aber diese bleiben eben abstrakte Konstrukte und unsere jeweils eigenen Sinngebungen. Unsere *Lebens-Identität* ist weder biologisch noch im Selbstbewusstsein gegeben, sie ist unser Selbst-Konstrukt, ein Anhalten von Zeit und Raum in der Re-Flexion, im denkend-konstruierenden Zurückbeugen auf uns selbst und unsere Beziehungen. Entsprechend schreiben wir unsere Biographie und unsere Beziehungen einschließlich der Gottes-Beziehungen stets neu, je nach Situation, Absicht und Erfordernis. Die üblichen kulturellen und religiösen Identitätsvorstellungen höhlen uns dabei als Individuen eher aus als dass sie auf unsere Einzigartigkeit verweisen könnten. Wer „Christsein in Identität" verspricht, erhebt uniforme, repressive Bilder von „christlicher Persönlichkeit" zur Norm und nimmt jeglichen Mut zur Selbstbestimmung im Antworten auf Andere und anderes. Spätmodernes Dekonstruieren wendet sich gegen solche Identifikationen sowohl im einzelnen Menschen als auch in dessen Beziehungen einschließlich denen von und zu Gott als „Macht der Beziehungen". Mit Nietzsche muss man sagen, dass es den bisherigen Fixpunkt Gott oder Geist oder Lebenssinn oder Heilsgeschichte nicht mehr geben kann, und dass die einst ‚großen Erzählungen' wie Christentum, Kirche(n), Nation, Rasse oder christlich geprägte ‚Einheitskultur' nur noch bedingt gemeinschaftsstiftend wirksam sind. „Das Ende der großen Entwürfe" bestimmt auch unser Theologisieren (Fischer u.a. 1992). Entsprechend können wir auch keinen identitätsstiftenden *roten Faden* mehr in unserem Leben und Zusammenleben reklamieren, der nicht als konstruiertes Produkt mit seinem Entstehen schon revidiert wäre. Mit den grassierenden religiösen wie kulturellen, politischen, ästhetisierenden Identitätswünschen sollten wir aufklärerisch-kritisch umgehen, dienen sie doch als ‚Kitt' für unsere fragmentierten Lebensgestaltungen und verhindern eher Aufbruch, warnen vor dem Weg in die Fremde, vor dem Exodus (Auszug), wie ihn einst Abraham aus Ur in Chaldäa und später die Israeliten nach und dann wieder aus Ägypten vollzogen haben im Hören auf ihren Gott.

Was heißt das alles? Wir müssen im Sinne von Kierkegaards Hinweis kritisch – und Kritik heißt (griech.): unterscheiden – zu unterscheiden versuchen zwischen unserem augenblicklichen, unfassbaren Lebensvollzug (was wir unsere ‚Lebendigkeit', Widerfahrnis genannt haben und andere z.b. Begehren nennen) und unserem erinnernden, begreifenden, gestaltenden Hinterherdenken, Nachfragen, Kommunizieren. Entsprechend können wir unsere Vorstellungen von Gott im Himmel und von Jesus als dem Gottessohn und von der Versöhnung Gottes mit uns Menschen, von Schöpfung und Erlösung, von mythologischen Verheißungen wie etwa dem von Jesus (vergeblich) erwarteten und verkündigten Hereinbrechen des Reiches Gottes auf diese Erde oder von einer Auferweckung vom Tode am Ende der Zeiten und unsere Überlegungen zu Glaube, Liebe und Hoffnung nur rückwärts entwerfend verstehen oder als unverständlich ablehnen. Alle Deutungen unserer Glaubenserfahrungen vollziehen wir als *Unterstellungen* und Vermutungen, als Illusionen und Wunschvorstellungen von Gott, Mensch und Welt. Die jeweils ‚gemeinten' Ereignisse geschehen in unserem Leben nach vorwärts oder von vorwärts, oder genauer: sie sind schon immer geschehen, ohne dass wir sie festhalten und ‚objektiv' beschreiben könnten. Zwischen unseren von Gott durch andere Menschen uns geschenkten Glaubenserfahrungen und unserem nachträglich-erinnernden Reflektieren liegt ein absoluter Bruch. Wir können uns auch in unserem Glauben nie einholen, durchschaubar machen und nicht identisch werden, es bleibt ein ausstehender, unerfüllter, unerklärbarer, weil anarchischer ‚Rest' oder Überschuss, Entzug oder Riss, den wir als das Geschenk des Lebens von Gott durch andere Menschen oder als unsere Gottebenbildlichkeit oder auch als Gottes stets wirkenden (heiligen) Geist bezeichnen können.

Versuchen wir, diese ‚religiöse' Sprache in eher alltagssprachlicher Begrifflichkeit zu buchstabieren, dann können wir sagen: Es geschieht wohl dasselbe wie wenn in einer *Liebesbegegnung* vom anderen Menschen her eine lebendig machende, befreiende und zugleich bindende Kraft auf uns stößt, die wir weder festhalten noch erklären, geschweige denn selbst bewirken, in gleicher Weise beantworten oder gar wiederholen können. Der andere Mensch liebt mich, indem er oder sie mir gerade gegenüber bleibt, indem er oder sie auf Distanz, entzogen, letztlich fremd, ‚bei sich selbst' bleibt und nicht mit mir irgendwie eins wird in einem gedanklichen oder mystischen oder pantheistischen Einheitserlebnis. In Liebesbegegnungen werden wir nicht in einen (siebenten) Himmel gehoben, wie es der Sehnsuchtskitsch in Film, Musik, TV-Soap zu erfüllen vorgibt. Liebe macht uns in der Gleichzeitigkeit von äußerster Nähe und Distanz lebendig in unserer Vergänglichkeit, Sterblichkeit, Menschlichkeit. Und wir Menschen sind eben schöpfungsmäßig so ‚gestrickt', dass wir uns unser Glaubens- und Liebesleben im Moment dieses Erlebens nicht zugleich vergegenwärtigen können und auch nicht anderen Menschen gegenüber als wahr und evident beweisen können.

Wir ‚dichten' oder bekennen zu unseren sichtbaren Beziehungen immer schon ‚etwas' hinzu, das über das sogenannte Vorfindliche hinausschossen ist und unsere ganz persönliche Überzeugung und deswegen das ‚Eigentliche' in dieser Beziehung ausmacht, eben die Liebe zu gerade diesem Menschen, den ich ‚anbete', der mein Prinz oder Prinzessin ist, der mein Leben verändert hat – was sich ‚empirisch' mit einer Rose symbolisieren lässt. Ebenso wie mit solchem Lieben verhält es sich mit Glauben und Hoffen. Wir erhalten sie als *Geschenke*, ohne Vorleistungen und Bewährungen, ohne ‚gute Werke', zufällig, und doch halten wir uns zugleich für *erwählt* für eben diese Liebe, für diese Gabe des Glaubens, für dieses an die Anderen verweisende Hoffen.

Jetzt lässt sich die Behauptung der Kapitelüberschrift weiter klären. Gott ist gewissermaßen die uns zustoßende Macht unseres ‚Hinzugedichteten'. Er ist das mit dem Hinzugedichteten symbolisierte Andere in der personalen Begegnung mit dem Anderen, das bzw. der bzw. die mir widerfahren ist. Zur Befriedigung unserer Bedürfnisse greifen wir auf den Anderen – als Stellvertreter Gottes, wie einst Jesus – zu, wir bemächtigen uns seiner und ihrer als letzte Rettung, wir opfern den Anderen unserem Bedürfnis, wir wollen ihn als den Anderen dieses Anderen und zugleich als den Anderen unser selbst haben. Indem wir ihn haben wollen, stirbt er sozial in unserem Zugreifen, dann ist auch Gott als der allmächtig vorgestellte Gott ‚tot' – wir Menschen haben ihn mit unserem Selbst-Verwirklichen und unserem Gleich-sein-Wollen mit Gott, mit unseren Vergegenwärtigungen Gottes in Greifbarem getötet, wie Nietzsche formuliert hat. Zurück bleiben wir mit unseren Wünschen, Bedürfnissen, Hoffnungen, die nicht im Erfahrbaren aufgehen. Konkretisieren wir diese mit unserem Menschsein gegebene ‚Sünde', vielleicht Ursünde, an unseren Beziehungen: Indem wir uns ein Bild vom anderen Menschen machen, ja schon immer machen müssen und gemacht haben, ‚töten' wir ihn, legen wir ihn (und übrigens zugleich uns selbst) fest, vergleichen wir ihn (und/mit uns), nehmen wir ihm seine Einzigartigkeit oder Gottebenbildlichkeit, seine Würde und Zukunft. Gottebenbildlichkeit kann hier gerade nicht eine Identifizierung mit Gott oder göttlichen Eigenschaften meinen – dann gäbe es Gott und uns wie Dinge –, sondern verweist auf den Entzug Gottes und der anderen Menschen in unseren Beziehungen der Abhängigkeit und der Befreiung. Unser Leben und Zusammenleben dreht sich – abstrakt gesprochen – immer um dieses konkrete, unaufhebbare ‚Zugleich', um dieses unentwirrbare Ineinander von Abhängigkeit, Angewiesensein, entzogenem Schon-immer-in-der-Welt-Sein einerseits und Befreitwerden, Verantwortung, Offenheit in unseren Beziehungen andererseits. Ob es um Glauben, Lieben, Hoffen oder um Anerkennen geht, stets leben wir in diesen beiden sich schon immer überschneidenden ‚Welten' oder Reichen Gottes, wie es Luther formuliert hat (Dungs 2006, 17ff.).

136

7. Es geht um unser sterbliches Leben vor dem Tod.

Kehren wir nochmals zurück zu dem ungeheuren Postulat des „Todes Gottes". Dorothee Sölle hat dies umschrieben: „In allen Religionen sind die Schmerzen der Menschen zur Frage an die allmächtigen und glückseligen Götter geworden; nur in Christus erscheint die Auffassung vom leidenden Gott, nur hier sind es Gottes eigene Leiden, die von einem Menschen übernommen werden, erst seit Christus ist deutlich geworden, daß wir Gott töten können, weil er sich uns ausgeliefert hat. Erst seit Christus ist Gott angewiesen auf uns. Denn Christus hat sich nicht mit dem gelassenen Zuschauer unserer Schmerzen identifiziert, sondern er hat lehrend, lebend und sterbend die Ohnmacht Gottes in der Welt als das Leiden der nichts ausrichtenden Liebe dargestellt" (Sölle 1982, 173). Die christlich-kirchliche Überlieferung hat diesen Entzug des Jenseits-Gottes oftmals überspielt durch Moralisierung des Alltagslebens und durch die Vorstellung einer Erlösung als Auferstehung in das Ewige Leben nach dem Tod zur Gemeinschaft mit Gott. So heißt es im Glaubensbekenntnis von 381, dem Nicaeno-Constantinopolitanum, im 3. Artikel: „Wir glauben auch an den Heiligen Geist ... Wir warten auf die Auferstehung der Toten und ein Leben der zukünftigen Welt". Im Apostolischen Glaubensbekenntnis, um 500 entstanden, lautet diese Erwartung: „Ich glaube an den Heiligen Geist ..., Auferstehung des Fleisches und ein ewiges Leben". Und in dem heute üblichen Ökumenischen Bekenntnis wird formuliert: „Ich glaube an den Heiligen Geist ..., Auferstehung der Toten und das ewige Leben". Sind solche Aussagen so weit verständlich und sinnvoll im Blick auf unser sterbliches Leben, dass wir darin Trost und zugleich Mut zu weltveränderndem Handeln finden? Wie lässt sich ein solcher Überschuss in die Ewigkeit nachtheistisch plausibilisieren?

Wenn sich Theologie mit dem ‚Leben vor dem Tode' befasst und nicht mit Vertröstungswünschen hantiert, inwiefern kann sie sich dann mit solchen weitreichenden Aussagen über den Heiligen Geist und seine Wirksamkeit der ‚Auferstehung der Toten' und über das entsprechende Geschehen der Totenauferstehung von uns Menschen zu beschäftigen? Lassen sich solche Nach-Todes-Symbolisierungen weltbezogen buchstabieren (wobei es bis dato trotz mancher gegenteiliger Beteuerungen keine ‚Rückkehrer' aus der Jenseitswelt gibt und wir also kein gesichertes Wissen weder vom Hier noch vom ‚Dort' haben können)? In einem Glaubensbekenntnis Ende des 20. Jahrhunderts heißt es zum „lebenstiftenden Geist in unseren Herzen": „Der Glaube an Gottes heilendes Wirken in dieser Welt gibt uns die Kraft, Botschafter der Hoffnung gegen alle Bedrohungen des Lebens zu sein". Aber die folgende Zeile bringt dann doch die traditionell erwartete heilsgeschichtlich-endzeitliche Aufladung mittels der Vision einer heilen, perfekten, vollendeten, über-irdischen, erlösten Endzeit-Welt, die unser Erdenleben zur Vorläufigkeit und Bewährung degradiert: „Gegen den Zweifel und die Angst setzen wir die Vision einer versöhnten Welt ohne sinnloses Leiden, Naturzerstörung und Krieg". Können und sollen wir uns nicht gegen sinnloses Leiden, gegen Krieg und Naturzerstörung wenden auch ohne Fixierung auf eine kommende perfekte Jenseitswelt, auf eine „Endlösung" (Gross 2007), nämlich gerade um des Erdenlebens anderer Menschen und unseres eigenen Lebens und der Erhaltung der Schöpfungswelt willen, da sich Gott inkarniert hat? Den Abschluss kann man als atheistische Deutung der sonst mit Auferstehung, messianischen Wehen und Kämpfen und der Erschaffung einer neuen Erde umschriebenen mythologisch-apokalyptischen Geschehnisse verstehen: „Für die Erneuerung und Verwandlung der Welt treten wir vor Gott mit unserem Gebet und vor dem Menschen mit unserem Tun ein" (Frankfurter Rundschau vom 21. Januar 1992).

Die konsequenteste Position präsentischer und futurischer *Eschatologie* hat Rudolf Bultmann eingenommen, der im Blick auf unser heutiges Welt-Bild die christologischen, soteriologischen und futurisch-eschatologischen Mythen für nicht mehr aussagekräftig erklärte: „Für den Menschen von heute sind das mythologische Weltbild, die Vorstellung vom Ende, vom Erlöser und der Erlösung vergangen und erledigt" (Bultmann 1980, 15). Bedeutet dies, so fragte er weiter, dass Jesu eschatologische Botschaft von der hereinbrechenden Gottesherrschaft „auf das sogenannte ‚soziale Evangelium' zusammen zu streichen" sei, also als ethische Predigt beibehalten werden könne, wie es Albert Schweitzer vorgeschlagen hatte? Bultmann plädierte demgegenüber dafür, „die tiefere Bedeutung hinter den mythologischen Vorstellungen wieder aufzudecken", nämlich sie zu *entmythologisieren* (wobei der Begriff ‚hinter' unglücklich gewählt ist, weil er eine metaphysische Jenseitswelt suggerieren könnte). Und da Mythen jeweils ein bestimmtes Verständnis der menschlichen Existenz ausdrücken, z.B. Sorge um das eigene Leben beim Aufkommen eines heftigen Windes bei der Fahrt der Jünger Jesu mit dem ‚Meister' auf dem See Genezareth (Markus 4, 35-41), sind Texte auf ihre existenz-bedeutsame Bedeutung hin zu entmythologisieren, nämlich auf die Abwendung der Todesangst durch den ‚Meister' (Bultmann 1980, 17). Die Verengung auf das Selbstverständnis hatte Dorothee Sölle mit ihrem feministisch-befreiungstheologischen Ansatz kritisiert. Das Theologumenon von den Letzten Dingen besagt laut Bultmann, dass in den Mythen vom Ende der Welt, vom Endgericht über uns Menschen, vom Ewigen Leben bzw. von der ewigen Verdammnis die *Transzendenz Gottes* mit irdisch-zeitlichen Mitteln dargestellt wird. „Es ist allerdings nicht die Idee der Transzendenz als solche, sondern die Idee der Bedeutung der Transzendenz Gottes, der niemals als eine bekannte Erscheinung gegenwärtig ist, sondern der immer der kommende Gott ist, durch die unbekannte Zukunft verhüllt. Eschatologische Predigt sieht die gegenwärtige Zeit im Licht der Zukunft und sagt dem Menschen, daß diese jetzige Welt, die Welt der Natur und der Geschichte, die Welt, in der wir leben und unsere Pläne machen, nicht die einzige Welt ist, sondern daß diese Welt zeitlich und vorübergehend ist" (Bultmann 1980, 21f.).

Die Vorstellung von dem „kommenden Gott", von dem unverfügbar ‚von vorne' uns zustoßenden Gott ist so etwas wie der entmythologisierte Gehalt der Mythen futurischer Eschatologie. So wie der liebende, geliebte Mensch aus der Zukunft in die gegenwärtige Begegnung tritt, eben in diesen Begegnungen widerfährt Gott ‚von sich aus'. Der kommende, uns wiederfahrende Gott ist ein anderer Begriff für das Wunder, dass sich Leben verändert und verändern lässt, dass also menschliches Leben eine nicht vorhersehbare Zukunft und Offenheit hat bis in den Tod hinein. Entsprechend werden in der christlichen Bibel Wunder in mythologischer Weise von Jesus erzählt, wenn er die Tochter des Jairus auferweckt (Markus 5, 21-43). Jede und jeder kann von solchen Wundern, auch von *Auferstehungswundern,* in seinem Leben erzählen. Und es finden sich auch explizit endzeitliche Texte bei Markus: über die Wehen, die der Endzeit als Katastrophen vorangehen werden (Markus 13, 3-13), über den Anbruch der Endzeit (Markus 13, 14-23) und über die Wiederkunft des Menschensohnes „nach jener Drangsal", deren Terminierung aber niemand weiß außer dem Vater (Markus 13, 24-32) – alles Projektionen der damaligen Glaubenden über die Zukunft, die entsprechende Anweisungen erhalten: „Wer aber ausharrt bis ans Ende, der wird gerettet werden" (Markus 13, 13); „Ihr jedoch, sehet zu! Ich habe euch alles vorhergesagt" (Markus 13, 23). Diese Bilder und diese Tröstungen und Mahnungen wurden in damaligen Glaubenshorizonten verwendet.

Andere Spekulationen über die Zukunft nach dem Tod kreisen um eine *unsterbliche, ewige Seele,* die den Tod ‚überlebt' (so z.B. im römischen Katholizismus im Gegensatz zur sogen. Ganz-tot-Vorstellung der Reformatoren). Andere Projektionen haben Vorstellungen einer Reinkarnation, Wiedergeburt, einer Erlösung als Eingehen in eine kosmisch-holistische Welt im Blick. Immer geht es darum, ein Stück Leben durch Sterben und Tod zu retten und Kontakt zu den Toten halten zu können. Um solche Wünsche geht es im Christentum nicht: „Nicht um das Jenseits, sondern um diese Welt, wie sie geschaffen, erhalten, in Gesetze gefasst, versöhnt und erneuert wird … Was über diese Welt hinaus ist, will im Evangelium *für* diese Welt da sein; ich meine das nicht in dem anthropozentrischen Sinne der liberalen, mystischen, pietistischen, ethischen Theologie, sondern in dem biblischen Sinne, der Schöpfung und der Inkarnation, Kreuzigung und Auferstehung Jesu" (Bonhoeffer 1959, 184). Die biblischen Glaubensaussagen über eine Welt nach dem Tod können nicht als Verlängerungen unseres sterblichen Lebens in eine Ewigkeit hinein naturalisiert werden; dann wären sie ‚weltlich' verfügbar und in moralischer Eigeninitiative mittels Askese, Spiritualität, Mystik mindestens beeinflussbar. Alle Auferstehungs-Bilder müssen auf unser Leben und unsere Deutungen bezogen bleiben. Dies meint Slavoj Zizek: „Im Gegensatz zum Buddhismus setzt das Christentum auf die Möglichkeit eines radikalen Bruchs, darauf, die ‚Große Kette' des Seins' in *DIESEM* Leben, solange wir leben, zerbrechen zu können" (Zizek 2000, 138). Dies kommt Rudolf Bultmanns Theologie der Präsentischen Eschatologie mit Entmythologisierung und ‚existentialer Interpretation' nahe, wobei Zizek den Mythos, das Phantasma, nicht aufhebt.

Aus dieser Perspektive wird Bonhoeffers kritische Stellung zu den sogenannten *Erlösungsreligionen* verständlich: „Im Unterschied zu den anderen orientalischen Religionen ist der Glaube des Alten Testaments keine Erlösungsreligion. Nun wird doch aber das Christentum immer als Erlösungsreligion bezeichnet. Liegt darin nicht ein kardinaler Fehler, durch den Christus vom Alten Testament getrennt und von den Erlösungsmythen her interpretiert wird? Auf den Einwand, daß auch im A.T. die Erlösung (aus Ägypten und später aus Babylon, vgl. Deuterojes.) eine entscheidende Bedeutung habe, ist zu erwidern, daß es sich hier um *geschichtliche* Erlösungen handelt, d.h. *diesseits* der Todesgrenze, während überall sonst die Erlösungsmythen gerade die Überwindung der Todesgrenze zum Ziel haben. Israel wird aus Ägypten erlöst, damit es als Volk Gottes auf Erden vor Gott leben kann. Die Erlösungsmythen suchen ungeschichtlich eine Ewigkeit nach dem Tod ... Die christliche Auferstehungshoffnung unterscheidet sich von der mythologischen darin, daß sie den Menschen in ganz neuer und gegenüber dem Alten Testament noch verschärfter Weise an sein Leben auf der Erde verweist" (Bonhoffer 1959, 225f.). Das Christentum hält keine letzte Ausflucht ins Ewige bereit, auch keine ewig-unsterbliche, rein geistige Seele (in Erinnerung an Platon): Der Christ „muß das irdische Leben wie Christus (‚Mein Gott, warum hast Du mich verlassen?') ganz auskosten und nur indem er das tut, ist der Gekreuzigte und Auferstandene bei ihm und ist er mit Christus gekreuzigt und auferstanden: Das Diesseits darf nicht vorzeitig aufgehoben werden" (Bonhoeffer, 1959, 227). Während Erlösungsmythen und Mythen vom Weiterleben in einem Jenseits aus den menschlichen Grenzerfahrungen entstehen, ist das Herzstück des Christentums die Inkarnation Gottes in Jesus von Nazareth. Die Vermischung von Leben und Tod, z.B. durch die Vorstellung einer sich durchhaltenden Geist-Seele, durch ‚realistische' Schilderungen eines Lebens nach dem Tod, auch in christlichen mythologisch-apokalyptischen Endzeit-Phantasien, ebenso in Engel- und Heiligen-Verehrung muss und kann in Trauerarbeit als Anerkennung der Differenz zwischen Diesseits und Jenseits aufgearbeitet werden. Deswegen gibt es Trauerrituale, um weder den Tod zu überspielen noch ihn zu vermischen mit dem Leben – eine nie endende Aufgabe gerade derjenigen, die sich zu dem Heiligen Geist als dem ‚Erlöser' im trinitarischen Gott bekennen (Jureit/Schneider 2010, 250f.). Auch hier stützt sich der Glaubende nicht auf ein Dogma oder eine innere Gewissheit, sondern „auf die Erfahrung eines Mangels", nämlich der „Anwesenheit des Abwesenden", des abwesend-‚toten' Gottes.

VI. Der Protestantismus ist sich selbst voraus.

Der in der Theologie bislang eher ungewöhnliche Begriff der *Selbstüberschreitung*, den z.B. Jean-Luc Nancy thematisiert hat (2002), oder des Transgressionsdiskurses des protestantischen Christentums deutet darauf hin, dass es eine den Protestantismus ausmachende ‚innere' Dynamik oder eine spezifische Glaubenserfahrung gab und gibt, die stets im Kommen begriffen ist und die nie festgehalten und objektiv beschrieben werden kann. Nicht dass hier so etwas wie ein ‚guter Geist' reklamiert würde, sondern das „semper reformanda" Luthers macht den Protestantismus aus, und der Zweifel (Tillich), und die Anklage der Armen für Teilhabe und soziale Gerechtigkeit (Sölle, Befreiungstheologie), und das „unstillbare Begehren nach humanen Beziehungen in allen erfüllbaren Bedürfnissen „(Zilleßen/Gerber), und Widerfahrnisse, die wir nicht einordnen können und als Gottes-Begegnungen erzählt werden können. Immer geht es um die Dynamik der Subjektwerdung durch Andere, um die paradoxe „Erfahrung mit der Erfahrung" (Jüngel), dass das Widerfahrnis unserer Mensch- und Subjektwerdung mit unserem Antworten geschieht (Levinas). Fundamentalistisch kann es Selbstüberschreitung nur als persönlich entschiedene Aufopferung an einen Pool von Heilsfakten und Glaubenswahrheiten geben. Ähnlich sichert der römische Katholizismus seine Heilsnotwendigkeit ‚objektiv' ab durch verschiedene unumstößliche Glaubenseckpfeiler wie z.B. die Seinsanalogie zwischen ‚oben' und ‚unten' einschließlich dem Modell des Naturrechtes, die Unsterblichkeit der Geist-Seele, Realgegenwart Gottes im eucharistischen Sühnopfer, und durch hierarchische Strukturen wie z.B. das Papstamt mit Unfehlbarkeit ‚ex cathedra', Ausschluss der Frauen aus der Hierarchie. So etwas wie Überschreitung ist nur innerhalb dieses vorgegebenen Religionssystems erlaubt und möglich. Religion hat eine zu befolgende eigengesetzliche Ordnung, die einer relativen Autonomie und dem Mut zum eigenen Glaubens- als Lebensexperiment einen Riegel vorzuschieben Gefahr läuft und zugleich ihre Anhänger mit Glaubens- und Moralpflichten überfordert. Aber auch das umgekehrte Problem, die Religion im Sinne Karl Barths ‚rein' zu halten von allem Menschlichen, verfehlt die Paradoxie des selbst-überschreitenden Christentums: Barth habe zwar „die Vorläufigkeit allen menschlichen Tuns betont. Aber indem Barth Selbstentwurf und Selbstgesetzgebung theologisch schlechthin verwirft, muß er die Theologie von allen menschlichen Projektionen reinigen. Er muß eine Theologie des lieben Gottes vorstellen, dessen Liebe ,ganz anders' ist. Wie soll aber seine menschliche Rede vom lieben Gott anders als von menschlichen Erfahrungen im Lieben und Hassen getragen sein? Auch die Offenbarungssprache transportiert Welterfahrung" (Beuscher/Zilleßen 1998, 34).

Mit der mythologischen Vorstellung der Menschwerdung Gottes in Jesus von Nazareth und überhaupt in menschlichen Beziehungen – und dem Pendant der Kreuzigung – wurde Theologie hier als menschliches, endliches, sterbliches Reden von Gott verstanden und praktiziert, also atheistisch im Sinne des notwendigen, aber immer neu zu vollziehenden Verzichtes auf einen wie auch immer präsenten Gott. Von Gott, von Anderen und von der Welt als Schöpfung reden wir paradox (nicht: dialektisch), weil sich diese Beziehungen nicht rational ,auflösen' lassen. Theologisieren betreiben wir haltlos, weil der Halt namens Gott schon immer abwesend, ,tot' ist, wenn wir ihn als Zeugen anrufen möchten, und weil Theologisieren als Selbstüberschreitung keinen Halt machen kann: semper reformanda. In diesem Sinne schrieb der Theologe Paul Tillich: „Der Begriff der Religion enthält in sich selbst eine Paradoxie. ,Religion' ist der Begriff einer Sache, die eben durch diesen Begriff zerstört wird". Mit ,Religion' ist hier nicht ein bestimmtes Glaubensbekenntnis oder bestimmte Glaubensform oder eine bestimmte als religiös geltende Erfahrung gemeint. Der Künstler Sigmar Pohlke hat die ,Religion' auf seine Weise veranschaulicht, indem er (1969) auf einen hellen Hintergrund die rechte obere Ecke schwarz malte und darauf schrieb: „Höhere Wesen befahlen: rechte obere Ecke schwarz malen!" Und man kann die folgende Notiz des New Yorker Künstlers Barnatt Newman auf den Umgang mit Religion, auf das Betreiben von Theologie münzen: „Was ist die Erklärung für den scheinbar verrückten Trieb des Menschen, Maler und Dichter zu sein, wenn dies nicht ein Akt des Trotzes gegen den Sündenfall ist und eine Erklärung, daß er zurückkehre zu dem Adam aus dem Garten Edens? Denn die Künstler sind die ersten Menschen".

Dieser im Widerfahren sich entziehenden Dynamik wurde nachgespürt mit der Frage, wie sich das Christentum in unserer Gesellschaft manifestiert und wie sich die Spätmoderne in Auseinandersetzung von Philosophen, Soziologen, Schriftstellern mit dem Überlieferungsbestand christlicher Erfahrungen und Interpretationen von Gott, Mensch und Welt herausbildet? Wir haben Stimmen gefunden, die wie der theologische Versuch einer atheistischen Deutung das *Paradoxe unseres Zusammenlebens und Lebens* in den Blickpunkt rücken. Mit dem Ende einer theistisch, ontologisch bestimmten Metaphysik fällt uns westlich Geprägten die Aufgabe zu, unseren Umgang mit Welt, Mensch und Gott nachtheistisch, atheistisch zu praktizieren und zu interpretieren. Damit werden zugleich mit religiösen Verabsolutierungen jegliche nationalistischen, rassistischen, naturalistischen, ökonomistischen und sonst wie ausgrenzenden Absolutismen entlarvt und ihnen ein Riegel vorgeschoben. Wenn unter atheistisch der Verzicht auf solche Orientierungen verstanden wird, die sich auf eine paradoxerweise entzogene Wirklichkeit beziehen, dann wird atheistisch einfach nur naturalistisch verstanden, um nicht zu sagen materialistisch, und definiert sich negativ im Metaphysik-Modell. Auch die Berufung mancher Atheisten auf das aktuelle wissenschaftliche Weltbild ist lediglich die Positivierung und Verabsolutierung einer Welt, die nicht ambivalent sein und keine Paradoxien haben darf (wobei meistens der Kurzschluss gemacht wird, als ob Wissenschaft endgültige Wahrheiten zutage fördere, während Wissenschaft und speziell Forschung gerade die Überschreitung ihrer selbst betreibt im Zweifeln). Auf theologischer Seite stellt die *Negative Theologie* ein ebenfalls überholtes, weil exklusiv kognitiv orientiertes Modell dar: Gott bleibt der verstandesmäßig Unbegreifliche, dem man sich via negationis annähert. Übersteigt man diesen bewußtseinsfocussierten Ansatz mit sinnlichen und emotionalen Umgangsweisen, dann mutiert das Unbegreifliche in das den ganzen Menschen betreffende Widerfahrnis des distanzierenden Entzogenen, das den Betroffenen zum Antworten befreit und zwingt. Das kann man atheistisch als Glauben bezeichnen.

VII. Literatur

Agamben, Giorgio 2002: Homo sacer. Die souveräne Macht und das nackte Leben. Frankfurt/M.

Altner, Günter 1998: Leben in der Hand des Menschen. Die Brisanz des biotechnischen Fortschritts. Darmstadt.

Barth, Claudia 2011: Esoterik – die Suche nach dem Selbst. Sozialpsychologische Studien zu einer Form moderner Religiosität. Bielefeld.

Barth, Karl 1924: Das Wort Gottes als Aufgabe der Theologie, in: Barth, Karl: Das Wort Gottes und die Theologie. Gesammelte Vorträge. München.

Barth, Karl 1950: Die Lehre von der Schöpfung. Die Kirchliche Dogmatik. Dritter Band. Dritter Teil. Zollikon-Zürich.

Barth, Karl 1955: Die Lehre vom Wort Gottes. Prolegomena zur Kirchlichen Dogmatik. Zollikon-Zürich.

Bataille, Georges 1973: Sur Nietzsche, in: Oeuvres Completes. Band 6. Paris, 7-205.

Baudrillard, Jean 1994: Die Illusion und die Virtualität. Bern.

Bauman, Zygmunt 2005 (1991): Moderne und Ambivalenz. Das Ende der Eindeutigkeit. Hamburg.

Bauman, Zygmunt 2007: Leben in der flüchtigen Moderne. Frankfurt/M..

Beck, Ulrich 1986: Risikogesellschaft. Auf dem Weg in eine andere Moderne. Frankfurt/M.

Beck, Ulrich 2008: Der eigene Gott. Von der Friedensfähigkeit und dem Gewaltpotential der Religionen. Frankfurt/M./Leipzig.

Beck, Ulrich/Beck-Gernsheim, Elisabeth 1990: Das ganz normale Chaos der Liebe. Frankfurt/M.

Berger, Peter L. 1999 (Hrsg.): The Desecularization of the World. Resurgent Religion and World Politics. Washington-Grand Rapids.

Berger, Peter L. 2006: Erlösender Glaube? Fragen an das Christentum. Berlin/ New York.

Berkouwer, Gerd C. 1957: Der Triumph der Gnade in der Theologie Karl Barths. Neukirchen.

Bernhardt, Reinhold 2005: Ende des Dialogs? Die Begegnung der Religionen und ihre theologische Reflexion. Zürich.

Beuscher, Bernd/Zilleßen, Dieter 1998: Religion und Profanität. Entwurf einer profanen Religionspädagogik. Weinheim.

Blumenberg, Hans 1966: Die Legitimität der Neuzeit. Frankfurt/M.

Böckenförde, Ernst-Wolfgang 2000: Notwendigkeit und Grenzen staatlicher Religionspolitik, in: Thierse, W. (Hrsg.): Religion ist keine Privatsache. Düsseldorf, 173-184.

Böttigheimer, Christoph/Bruckmann, Florian 2009 (Hrsg.): Religionsfreiheit – Gastfreundschaft – Toleranz. Der Beitrag der Religionen zum europäischen Einigungsprozess. Regensburg.

Bonhoeffer, Dietrich 1951 (1998): Widerstand und Ergebung. Brief und Aufzeichnungen aus der Haft. München.

Branz, Martin 2005: Gelungenes Scheitern. Scheitern in der Postmoderne, in: Kunstzeitschrift Kunstforum International. Band 174, 262-267.

Bröckling, Ulrich 2007: Das unternehmerische Selbst. Soziologie einer Subjektivierungsform. Frankfurt/M.

Brumlik, Micha 1994: Schrift, Wort und Ikone. Wege aus dem Verbot der Bilder. Frankfurt/M.

Bürger, Peter 2000: Ursprung des postmodernen Denkens. Weilerswist.

Bultmann, Rudolf 1948: Neues Testament und Mythologie, in: H.W. Bartsch (Hrsg.): Kerygma und Mythos. Ein theologisches Gespräch. Hamburg.

Bultmann, Rudolf 1958 (1933): Glauben und Verstehen. Gesammelte Aufsätze. Erster Band. Tübingen.

Bultmann, Rudolf 1964: Jesus Christus und die Mythologie. Gütersloh.

Corlazzoli, Claudia Maria 2009: Religionsunterricht von kleineren Religionsgemeinschaften an öffentlichen Schulen. Frankfurt/M.

Dalferth, Ingolf U. 2006: Leiden und Böses. Vom schwierigen Umgang mit Widersinnigem. Leipzig.

Dalferth, Ingolf U. 2010: Radikale Theologie. Leipzig.

Dalferth, Ingolf U. 2011: Umsonst. Eine Erinnerung an die kreative Passivität des Menschen. Tübingen.

Danz, Christian 2005: Einführung in die Theologie der Religionen. Wien.

Dawkins, Richard 2007: Der Gotteswahn. Berlin.

DIE ZEIT 2005: Das Lexikon. Band 05. Hamburg.

Drehsen, Volker/Gräb, Wilhelm/Weyel, Birgit 2005 (Hrsg.): Kompendium Religionstheorie. Göttingen.

Düttmann, Alexander Garcia 2002: Dichtung und Wahrheit der Dekonstruktion, in: Kern, A./Menke, Chr. (Hrsg.): Philosophie der Dekonstruktion. Frankfurt/M., 72-79.

Dungs, Susanne 2006: Anerkennen des Anderen im Zeitalter der Mediatisierung. Sozialphilosophische und sozialarbeitswissenschaftliche Studien im Ausgang von Hegel, Levinas, Butler, Zizek. Hamburg.

Ebeling, Gerhard 1960/1969/1975: Wort und Glaube. Bd. I./II./III. Tübingen.

Ebeling, Gerhard 1963: Vom Gebet. Predigten über das Unser-Vater. Tübingen.

Ebeling, Gerhard 1964: Luther. Einführung in sein Denken. Tübingen.

EKD (Synode der Evangelischen Kirche in Deutschland) 1988: Glauben heute, Christ werden – Christ bleiben. Gütersloh.

EKD 2013: Zwischen Autonomie und Angewiesenheit. Familie als verlässliche Gemeinschaft stärken. Gütersloh.

Filos, Altana 2004: Religiöse Toleranz im Verfassungsstaat. Rechtsprobleme der staatskirchlichen Strukturen in Griechenland. In: Lehmann, H. (Hrsg.): Koexistenz und Konflikt von Religionen im vereinten Europa. Göttingen, 130-139.

Fischer, Hans Rudi/Retzer, Arnold/Schweitzer, Jochen (Hrsg.) 1992: Das Ende der großen Entwürfe. Frankfurt/M.

Gamm, Gerhard 2002: Perspektiven nachmetaphysischen Denkens, in: Kern, A./Menke, Chr. (Hrsg.): Philosophie der Dekonstruktion. Frankfurt/M., 103-124.

Gerber, Uwe 1966: Katholischer Glaubensbegriff. Die Frage nach dem Glaubensbegriff in der katholischen Theologie vom I. Vatikanum bis zur Gegenwart. Gütersloh.

Gerber, Uwe 2006 (Hrsg.): Auf die Differenz kommt es an – Interreligiöser Dialog mit Muslimen. Leipzig.

Gerber, Uwe 2008: Wie überlebt das Christentum? Religiöse Erfahrungen und Deutungen im 21. Jahrhundert. Zürich.

Gerber, Uwe 2010: Der ‚Bildungsplan' der Bildungs-Standardisierung und sein Anderes, in: Klein, R./Dungs, S. (Hrsg.): Standardisierung der Bildung. Wiesbaden, 133-145.

Gerber, Uwe 2012: Und Gott entthront Könige. Eine Paraphrase der beiden Königsbücher, in: Dressler, B./Schroeter-Wittke, H. (Hrsg.): Religionspädagogischer Kommentar zur Bibel. Leipzig, 118-130.

Gerber, Uwe/Höhmann, Peter/Jungnitsch, Reiner 2002: Religion und Religionsunterricht. Frankfurt/M.

Gerber, Uwe/Kemler, Herbert/Schröer, Henning/Zilleßen, Dietrich/Zirker, Hans 1992: Grundlinien Religion. Band 2. Frankfurt/M.

Girard, René 1983: Das Ende der Gewalt. Analyse des Menschheitsverhängnisses. Freiburg/Basel/Wien.

Graf, Friedrich Wilhelm 2004: Die Wiederkehr der Götter. München.

Graf, Friedrich Wilhelm 2007: Der Protestantismus, in: Joas, H./Wiegandt, K. (Hrsg.): Säkularisierung und die Weltreligionen. Frankfurt/M., 78-124.

Graf, Friedrich Wilhelm 2009: Missbrauchte Götter. Zum Menschenbilderstreit in der Moderne. München.

Graf, Friedrich Wilhelm 2011: Kirchendämmerung. Wie die Kirchen unser Vertrauen verspielen. München.

Grözinger, Albrecht 1995: Praktische Theologie als Kunst der Wahrnehmung. Gütersloh.

Gross, Peter 1994: Die Multioptionsgesellschaft. Frankfurt/M.

Gross, Peter 1999: Ich-Jagd. Im Unabhängigkeitsjahrhundert. Frankfurt/M.

Gross, Peter 2007: Jenseits der Erlösung. Die Wiederkehr der Religionen und die Zukunft des Christentums. Bielefeld.

Groys, Boris 1992: Über das Neue. Versuch einer Kulturökonomie. Frankfurt/M.

Habermas, Jürgen 1985: Theorie des kommunikativen Handelns. Band 1: Handlungsrationalität und gesellschaftliche Rationalisierung; Band 2: Zur Kritik der funktionalistischen Vernunft. 3. Aufl. Frankfurt/M.

Habermas, Jürgen 1988: Nachmetaphysisches Denken. Frankfurt/M.

Habermas, Jürgen 1999: Israel oder Athen: Wem gehört die anamnetische Vernunft?, in: Geyer, C.-F. (Hrsg.): Religionsphilosophie der Neuzeit. Darmstadt, 246-254.

Habermas, Jürgen 2001: Glauben und Wissen. Friedenspreis des Deutschen Buchhandels 2001. Laudatio: Jan Philipp Reemtsma. Frankfurt/M.

Habermas, Jürgen 2005: Zwischen Naturalismus und Religion. Philosophische Aufsätze. Frankfurt/M.

Habermas, Jürgen 2012 a: Diskussion J.H. und Charles Taylor, in: Mendieta, E./ VanAntwerpen, J. (Hrsg.): Religion und Öffentlichkeit. Berlin, 89-101.

Habermas, Jürgen 2012 b: Nachmetaphysisches Denken II. Aufsätze und Repliken. Berlin.

Häring, Hermann 2013: Versuchung Fundamentalismus. Glaube und Vernunft in einer säkularen Gesellschaft. Gütersloh.

Hauser, Linus 2004: Kritik der neomythischen Vernunft. Band 1: Menschen als Götter der Erde. Paderborn/München/Wien/Zürich.

Heidbrink, Ludger/Hirsch, Alfred 2006: Verantwortung in der Zivilgesellschaft. Zur Konjunktur eines widersprüchlichen Prinzips. Frankfurt/M.

Heyward, Carter 1986: Und sie rührte sein Kleid an. Eine feministische Theologie der Beziehung. Mit einer Einleitung von Dorothee Sölle. Stuttgart.

Höllinger, Franz/Tripold, Thomas 2012: Ganzheitliches Leben. Das holistische Milieu zwischen neuer Spiritualität und postmoderner Wellness-Kultur. Bielefeld.

Huber, Wolfgang 2005: Die jüdisch-christliche Tradition, in: Joas, H. /Wiegandt, K. (Hrsg.): Die kulturellen Werte Europas. Frankfurt/M., 69-92.

Huber, Wolfgang/Friedrich, Johannes/Steinacker, Peter (Hrsg.) 2006: Kirche in der Vielfalt der Lebensbezüge. Die vierte EKD-Erhebung über Kirchenmitgliedschaft. Gütersloh.

Illouz, Eva 2006: Gefühle in Zeiten des Kapitalismus. Adorno-Vorlesungen 2004. Frankfurt/M.

Illouz, Eva 2009: Die Errettung der modernen Seele. Therapien, Gefühle und die Kultur der Selbsthilfe. Frankfurt/M.

Jellinek, Georg 1895: Die Erklärung der Menschen- und Bürgerrechte. Ein Beitrag zur modernen Verfassungsgeschichte. 3. Aufl. München/Leipzig 1919.

Joas, Hans 2004: Braucht der Mensch Religion? Über Erfahrungen der Selbsttranszendenz. Freiburg i. Br.

Joas, Hans 2011: Die Sakralität der Person. Eine neue Genealogie der Menschenrechte. Berlin.

Jörns, Klaus-Peter 2004: Notwendige Abschiede. Auf dem Weg zu einem glaubwürdigen Christentum. 3. Aufl. Gütersloh 2006.

Jörns, Klaus-Peter 2007: Lebensgaben feiern. Abschied vom Sühnopfermahl: eine neue Liturgie. Gütersloh.

Jüngel, Eberhard 1978: Gott als Geheimnis der Welt. Zur Begründung der Theologie des Gekreuzigten im Streit zwischen Theismus und Atheismus. 3. Aufl. Tübingen.

Jüngel, Eberhard 2008: Erfahrungen mit der Erfahrung. Unterwegs bemerkt. Stuttgart.

Jureit, Ulrike/Schneider, Christian 2010: Gefühlte Opfer. Illusionen der Vergangenheitsbewältigung. Stuttgart.

Körtner, Ulrich, H.J. 2010: Reformatorische Theologie im 21. Jahrhundert. Theologische Studien NF 1. Zürich.

Krech, Hans (Hrsg.) 2006: Handbuch Religiöse Gemeinschaften und Weltanschauungen. 6. Aufl. Darmstadt.

Küng, Hans 1999: Spurensuche. Die Weltreligionen auf dem Weg. München/Zürich.

Laeuchli, Samuel 2001: Die Mimesis vom barmherzigen Samariter, in: Zilleßen, D. (Hrsg.): Religion, Politik, Kultur. Münster, 133-144.

Lempp, Reinhart 1996: Die autistische Gesellschaft. Geht die Verantwortlichkeit für andere verloren? München.

Leonhardt, Rochus 2008: Christliche Identität in postsäkularer Zeit. Die Rückkehr der Religion im Spiegel neuerer Einführungen in den christlichen Glauben, in: ThLZ 133, 124-142.

Levinas, Emanuel 1988: Eigennamen. Meditationen über Sprache und Literatur. München/Wien.

Levinas, Emmanuel 1989: Humanismus des anderen Menschen. Hamburg.

Levinas, Emmanuel 1992: Jenseits des Seins oder anders als Sein geschieht. Freiburg/München.

Levinas, Emmanuel 1999: Die Spur des Anderen. Freiburg/München.

Lewitscharoff, Sibylle 2011: Blumenberg. Roman. Berlin.

Liebsch, Burkhard 2010: Das ausgesetzte Subjekt – Widerfahrnis *versus* praktische Souveränität, in: Marx B. (Hrsg.): Widerfahrnis und Erkenntnis. Leipzig, 57-80.

Liessmann, Konrad Paul 2007: Zukunft kommt! Über säkularisierte Heilserwartungen und ihre Enttäuschung. Wien/Graz/Klagenfurt.

Luhmann, Niklas/Fuchs, Peter 1989: Reden und Schweigen. Frankfurt/M.

Luther, Henning 1992: Religion und Alltag. Bausteine zu einer Praktischen Theologie des Subjekts. Stuttgart.

Maclure, Jocelyn/Taylor, Charles 2011: Laizität und Gewissensfreiheit. Berlin.

Magris, Claudio 2009: Utopie und Entzauberung. Geschichten, Hoffnungen und Illusionen der Moderne. München.

Mainberger, Gonsalv 1970: Jesus starb – umsonst. Sätze, die wir noch glauben können. Freiburg/Basel/Wien.

Marion, Jean-Luc 2009: Der Leib oder das Sich-selbst-gegeben-Sein, in: Valentin, J. (Hrsg.): Wie kommt Gott in die Welt? Frankfurt/M./Leipzig, 35-69.

Marx, Bernhard (Hrsg.) 2010: Widerfahrnis und Erkenntnis. Zur Wahrheit menschlicher Erfahrung. Leipzig.

Meireis, Torsten 2008: Tätigkeit und Erfüllung. Protestantische Ethik im Umbruch der Arbeitsgesellschaft. Tübingen.

Menke, Christoph 2004: Spiegelungen der Gleichheit. Politische Philosophie nach Adorno und Derrida. Frankfurt/M.

Menke, Christoph 2005: Die Gegenwart der Tragödie. Versuch über Urteil und Spiel. Frankfurt/M.

Meyer-Drawe, Käte 1990: Illusionen von Autonomie. Diesseits von Ohnmacht und Allmacht des Ich. München.

Mohr, Irka-Christin/Kiefer, Michael (Hrsg.) 2009: Islamunterricht – Islamischer Religionsunterricht – Islamkunde. Viele Titel – ein Fach? Bielefeld.

Moltmann-Wendel, Elisabeth/Kirchhoff, Renate 2005: Christologie im Lebensbezug. Göttingen.

Moltmann-Wendel, Elisabeth 2010: Der auf der Erde tanzt. Spuren der Jesusgeschichte. Stuttgart.

Nancy, Jean-Luc 2002: Entzug der Göttlichkeit. Zur Dekonstruktion und Selbstüberschreitung des Christentums, in: Lettre International Nr. 59/2002, 76-80.

Neiman, Susan 2006: Das Böse denken. Eine andere Geschichte der Philosophie. Frankfurt/M.

Ott, Heinrich 1969: Der persönliche Gott. Göttingen/Zürich.

Pfleiderer, Georg/Stegemann, Ekkehard W. 2004 (Hrsg.): Politische Religion. Geschichte und Gegenwart eines Problemfeldes. Zürich.

Pieper, Annemarie 1998: Gibt es eine feministische Ethik? München.

Pieper, Annemarie 2008 (1997): Selber denken. Anstiftung zum Philosophieren. Stuttgart.

Rauterberg, Hanno 2012: Die Ohnmacht der Parolenpinsler. Was war doch gleich der Sinn der Kunst? Eine Erkundung aus Anlass der gescheiterten Biennale Berlin, in: DIE ZEIT 19 vom 03.05.2012, 46.

Richter, Horst-Eberhard (1979) 2005: Der Gotteskomplex. Die Geburt und die Krise des Glaubens an die Allmacht des Menschen. Gießen.

Rosa, Hartmut 2005: Beschleunigung. Die Veränderung der Zeitstrukturen in der Moderne. Frankfurt/M.

Rosa, Hartmut 2012: Rasender Stillstand. Die Beschleunigung der Gesellschaft. Manuskript der Sendung vom 23.09.2012/swr 2.

Safranski, Rüdiger 2002: Nietzsche. Biographie seines Denkens. Frankfurt/M.

Schultheiß, Wolfgang 2003: Zukunft der Religionen. Religion, Kultur, Nation und Verfassung. Multiple Identitäten in modernen Gesellschaften. Mit einem Geleitwort von Johannes Rau. Frankfurt/M.

Seel, Martin 2002: Sich bestimmen lassen. Frankfurt/M.

Sloterdijk, Peter 2007: Gottes Eifer. Vom Kampf der drei Monotheismen. Frankfurt/M./Leipzig.

Sloterdijk, Peter 2009: Du musst dein Leben ändern. Über Anthropotechnik. Frankfurt/M.

Sloterdijk, Peter 2013: Im Schatten des Sinai. Berlin.

Smoltczyk, Alexander 2006: Ein Papst für die traurige Moderne, in: Weltmacht Religion. Wie der Glaube Politik und Gesellschaft beeinflusst. Spiegel special Nr. 9/2006, 24-29.

Sölle, Dorothee 1971: Politische Theologie. Auseinandersetzung mit Rudolf Bultmann. Stuttgart/Berlin.

Sölle, Dorothee 1982 (1965): Stellvertretung. Ein Kapitel Theologie nach dem „Tode Gottes". Stuttgart.

Sölle, Dorothee 1990: Gott denken. Einführung in die Theologie. Stuttgart.

Sölle, Dorothee 1994: Atheistisch an Gott glauben. Beiträge zur Theologie. München.

Sölle, Dorothee 1989: Leiden. Stuttgart.

Taylor, Charles 2002: Die Formen des Religiösen in der Gegenwart. Frankfurt/M.

Taylor, Charles 2009: Ein säkulares Zeitalter. Frankfurt/M.

Taylor, Charles 2012: Für eine grundlegende Neubestimmung des Säkularismus, in: Mendieta, E./VanAntwerpen, J. (Hrsg.): Religion und Öffentlichkeit. Berlin, 53-88.

Tillich, Paul 1991: Der Mut zum Sein. Berlin/New York.

Valentin, Joachim 2009 (Hrsg.): Wie kommt Gott in die Welt? Fremde Blicke auf den Leib Christi. Frankfurt/M./Leipzig.

Vattimo, Gianni 2004: Jenseits des Christentums. Gibt es eine Welt ohne Gott? München/Wien.

Vattimo, Gianni 2009: Nur ein kenotischer Gott kann uns retten, in: Valentin, J. (Hrsg.): Wie kommt Gott in die Welt? Frankfurt/M./Leipzig, 23-34.

Waldenfels, Bernhard 2006: Grundmotive einer Phänomenologie des Fremden. Frankfurt/M.

Weder, Hans 1988: Die Entdeckung des Glaubens im neuen Testament, in: EKD (Hrsg.): Glauben heute. Hannover, 52-64.

Weimer, Wolfgang 2006: Credo. Warum die Rückkehr der Religion gut ist. München.

Welsch, Wolfgang 1988: Religiöse Implikationen und religionsphilosophische Konsequenzen „postmodernen" Denkens, in: Halder, A./Kienzler, K./Möller, J. (Hrsg.): Religionsphilosophie heute. Düsseldorf, 117-130.

Wimmer, Michael 2006: Dekonstruktion und Erziehung. Studien zum Paradoxieproblem in der Pädagogik. Bielefeld.

Wüstenberg, Ralf K. 1996: Der Einwand des Offenbarungspositivismus – Was hat Bonhoeffer an Barth eigentlich kritisiert?, in: ThLZ 121, 997-1004.

Zander, Helmut 1999: Geschichte der Seelenwanderung in Europa. Alternative religiöse Traditionen von der Antike bis heute. Darmstadt.

Zilleßen, Dietrich/Gerber, Uwe 1997: Und der König stieg herab von seinem Thron. Das Unterrichtskonzept religion elementar. Frankfurt/M.

Zizek, Slavoj 2000a: Liebe ohne Gnade, in: DIE ZEIT vom 15.06.2000, 52.

Zizek, Slavoj 2000b: Das fragile Absolute. Warum es sich lohnt, das christliche Erbe zu verteidigen. Berlin.

Zizek, Slavoij 2009: Auf verlorenem Posten. Frankfurt/M.

Theologisch-Philosophische Beiträge zu Gegenwartsfragen

Herausgegeben von Susanne Dungs, Uwe Gerber,
Lukas Ohly und Andreas Wagner

www.peterlang.de

www.ingramcontent.com/pod-product-compliance
Lightning Source LLC
Chambersburg PA
CBHW030244100426
42812CB00002B/309